ライブラリ 経済学15講 BASIC編 ⑩

経済数学 15講

小林　幹
吉田　博之 共著

Fifteen Lectures on
Mathematics
for Economics

新世社

編者のことば

　『ライブラリ 経済学 15 講』は，各巻は独立であるものの，全体として経済学の主要な分野をカバーする入門書の体系であり，通年 2 学期制をとる多くの大学の経済学部やそれに準じた学部の経済学専攻コースにおいて，いずれも半学期 15 回の講義数に合わせた内容のライブラリ（図書シリーズ）となっている．近年では通年 4 学期のクォーター制をとる大学も増えてきているが，その場合には，15 講は講義数を強調するものではなく，講義範囲の目安となるものと理解されたい．

　私が大学生のころは，入学後の 2 年間は必修となる語学や一般教養科目が中心であり，専門科目としての経済学は，早目に設置・配当する大学においても，ようやく 2 年次の後半学期に選択必修としての基礎科目群が導入されるというカリキュラムだった．一般教養科目の制約が薄れた近年は，多くの大学では 1 年次から入門レベルの専門科目が開講されており，学年進行に合わせて，必修科目，選択必修科目，選択科目といった科目群の指定も行われるようになった．

　系統だったカリキュラムにおいて，本ライブラリは各巻とも入門レベルの内容を目指している．ミクロ経済学とマクロ経済学の基本科目，そして財政学や金融論などの主要科目は，通常は半学期 15 回で十分なわけではなく，その 2 倍，3 倍の授業数が必要なものもあろう．そうした科目では，本ライブラリの内容は講義の骨格部分を形成するものであり，実際の講義の展開によって，さまざまに肉付けがなされるものと想定している．

　本ライブラリは大学での講義を意識したものであるのは当然であるが，それにとどまるものでもないと考えている．経済学を学んで社会に出られたビジネスパーソンの方々などが，大学での講義を思い出して再勉強する際には最良の復習書となるであろう．公務員試験や経済学検定試験（ERE）などの資格試験の受験の際にも，コンパクトで有効なよすがになると期待している．また，高校生や経済学の初心者の方々には，本ライブラリの各巻を読破することにより，それぞれの分野を俯瞰し，大まかに把握する手助けになると確信している．

　このほかの活用法も含めて，本ライブラリが数多くの読者にとって，真に待望の書とならんことを心より祈念するものである．

　　　　　　　　　　　　　　　　　　　　　　　　　　　浅子　和美

はしがき

　経済理論の多くは，数学を用いて構成されているので，経済理論を学ぶためには数学の知識が必要不可欠である．本書では中級レベルの経済理論の中でも特に重要な，効用と利潤の最大化，45度線モデル，産業連関分析や経済成長論などを扱い，それらを理解するために必要な数学として微分，積分と線形代数（もちろんこれらは純粋に数学の基礎としても重要である）を掲載した．（なお，入門レベルのミクロ経済学やマクロ経済学など，理論経済学の初歩を理解するのに最低限必要な数学の単元については本「ライブラリ経済学15講」の既刊『経済学のための数学の基礎15講』で解説している．）

　本書の特徴の一つは，重要な経済理論を理解するために必要な数学と，その経済理論の説明が，それぞれ独立に前半と後半に分けられ，そして，数学と経済理論との関連が明確に分かりやすく書かれていることである．よって，読者は，前半の数学パートから読み始めれば，各数学の単元が経済学のどのような内容と関係するのかを意識しながら数学を学ぶことができるし，または，後半の経済学パートから読み始めれば，必要に応じて関連する数学の内容を学びながら経済学を理解することもできる．

　数学パートでは，読者に標準的な計算問題を解けるようになってもらうことを目標に書かれているので，公式の証明などは完全に省いて，その代わり公式の意味や計算方法の説明を丁寧に書いた．また，経済学パートでは，経済学における特有な数式利用の方法について習熟してもらい，さらに，数学を利用することによって明快な議論が可能になることを実感してもらいたい．最終講には，中級レベルの教科書には珍しく経済動学の解説がなされていることも本書の大きな特徴の一つである．経済動学は，インフレやGDP成長率などの日常観察される経済現象を理論的に解明するツールであり，経済学でも重要な分野の一つである．また，カオス理論や非線形力学系といった重要な数学分野との関連も深い．

数学パートも経済学パートも練習問題を多く載せていることも大きな特徴である．適切な問題を自身の力で解くことで，数学も経済学も理解がより深まるので，ぜひ全ての問題を解いてみて欲しい．

　最後に，本書の刊行にあたり執筆を薦めて下さった浅子和美先生に心よりお礼を申し上げます．また，本書の出版にあたり，新世社編集部の御園生晴彦さんと谷口雅彦さんには，執筆がなかなか進まないときには辛抱強く待っていただき，執筆が進んでいる際には数々の助言をいただきましたことを感謝いたします．

　　2020 年 8 月

　　　　　　　　　　　　　　　　　　　　小林　幹・吉田博之

目　次

第 II 部　経済学解説編

ギリシャ文字一覧

大文字	小文字	
A	α	アルファ
B	β	ベータ
Γ	γ	ガンマ
Δ	δ	デルタ
E	ε	イプシロン
Z	ζ	ゼータ
H	η	エータ
Θ	θ	シータ
I	ι	イオタ
K	κ	カッパ
Λ	λ	ラムダ
M	μ	ミュー
N	ν	ニュー
Ξ	ξ	クシー
O	o	オミクロン
Π	π	パイ
P	ρ	ロー
Σ	σ	シグマ
T	τ	タウ
Υ	υ	ウプシロン
Φ	φ	ファイ
X	χ	カイ
Ψ	ψ	プサイ
Ω	ω	オメガ

第Ⅰ部
数学解説編

第1講
微 分 1
――1変数関数の微分

■「ライブラリ 経済学 15 講」の 1 冊である『経済学のための数学の基礎 15 講』（以下『数学基礎 15 講』）では，微分の定義や微分の計算法などを最も基本的な関数である x の多項式に関して解説している．本章では，微分の定義などの復習を行ったあと，対数関数や指数関数といった経済理論でよく現れる関数の微分を学ぶ．また，本書第 11 講にかかれているように，微分は経済学における「限界」や「弾力性」の概念と直接結びつく．

1.1 微 分

関数の極限

x を点 a の右側（a より大きい方）から a に近づけるとき，$f(x)$ の値が限りなく b に近づくなら，b を $f(x)$ の点 a における右極限といい，$\lim_{x \to a+0} f(x) = b$ とかく．

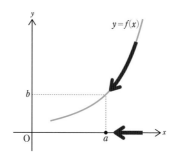

そして同様に，x を点 a の左側（a より小さい方）から a に近づけるとき，$f(x)$ の値が限りなく b に近づくなら，b を $f(x)$ の点 a における左極限といい，

$\lim_{x \to a-0} f(x) = b$ とかく.

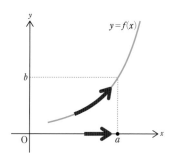

これら 2 つの極限が一致するとき，単に $\lim_{x \to a} f(x) = b$ とかく.

（注）$\lim_{x \to a} f(x) = b$ であることと，$\lim_{x \to a} |f(x) - b| = 0$ であることは同値である.
この事実はよく使われるので覚えておこう.

例　題

(1) $\lim_{x \to 2} (x - 2)$ を求めなさい.

[解]

$\lim_{x \to 2} (x - 2) = 2 - 2 = 0$

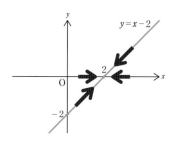

(2) $f(x) = \begin{cases} -1 & (x \leq 0) \\ 1 & (x > 0) \end{cases}$ のとき (i) $\lim_{x \to 0+0} f(x)$ と (ii) $\lim_{x \to 0-0} f(x)$ を求めなさい.

[解]

(i) x を $x = 0$ より右側（0 より大きい方）から近づけるので $\lim_{x \to 0+0} f(x) = 1$.

(ii) x を $x = 0$ より左側（0 より小さい方）から近づけるので $\lim_{x \to 0-0} f(x) = -1$.

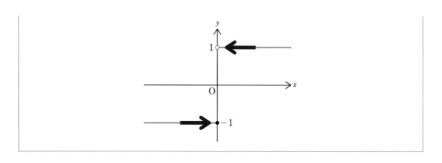

関数の連続性

　関数 $f(x)$ が $x=a$ で連続とは，$\displaystyle\lim_{x \to a} f(x)=f(a)$ が成り立つこと（つまり，x の点 a における $f(x)$ の右極限と左極限が $f(a)$ に一致すること）である．

　また $f(x)$ がある x の区間 I の全ての点で連続であるとき，$f(x)$ は区間 I で連続であるという．

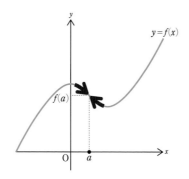

公式●関数の和，スカラー倍，積，商の連続性

　関数 $f(x), g(x)$ が点 a で連続ならば，

$$f(x) \pm g(x), \quad cf(x) \text{（cは定数）}, \quad f(x)g(x), \quad \frac{f(x)}{g(x)} \quad (g(a) \neq 0)$$

も点 a で連続である[1]．

例1

　$f(x)=x^2$ は $x=0$ で連続である．実際，

$$\lim_{x \to 0+0} x^2 = \lim_{x \to 0-0} x^2 = 0 = f(0)$$

1　点 a における連続の議論を区間 I に拡張しても同様である．

つまり $\lim_{x \to 0} f(x) = f(0)$ を満たすので連続である.

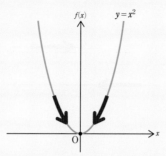

（注）グラフをかけばこの事実は直感的に明らかである．また，$f(x) = x$ が $x = 0$ で連続であることを認めれば，**公式「関数の和，スカラー倍，積，商の連続性」**より，$f(x) = x^2$ が $x = 0$ で連続であることはただちに分かる．

例2

$f(x) = x^2$ は x の全ての範囲で連続である．実際，任意の a に対して，

$$\lim_{x \to a} |x^2 - a^2| = \lim_{x \to a} |(x+a)(x-a))| = 2a \times 0 = 0$$

つまり $\lim_{x \to a+0} x^2 = \lim_{x \to a-0} x^2 = a^2 = f(a)$ を満たすので x の全ての範囲で連続である．

（注）例1と同様に $f(x) = x$ が x の全ての区間で連続であることを認めれば，**公式「関数の和，スカラー倍，積，商の連続性」**の議論を区間に拡張して，$f(x) = x^2$ は x の全ての区間で連続であることも分かる．

例3

$$f(x) = \begin{cases} 0 & (x \leq 0) \\ 1 & (x > 0) \end{cases}$$ は $x = 0$ で不連続である．実際，

$$\lim_{x \to 0+0} f(x) = 1, \quad \lim_{x \to 0-0} f(x) = 0$$

なので右極限と左極限は一致せず，$\lim_{x \to 0} f(x) = f(0)$ を満たさないので $x = 0$ で不連続である.

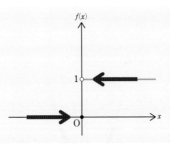

関数の微分可能性

関数 $f(x)$ について，極限値 $\displaystyle\lim_{h\to 0}\frac{f(a+h)-f(a)}{h}$ が存在するとき，$f(x)$ は $x=a$ で微分可能であるという．そしてこの極限値 $\displaystyle\lim_{h\to 0}\frac{f(a+h)-f(a)}{h}$ を $f(x)$ の $x=a$ における微分係数とよび，

$$f'(a)=\lim_{h\to 0}\frac{f(a+h)-f(a)}{h}$$

とかく．

$h=x-a$ とおけば，$h\to 0$ は $x\to a$ であることに注意すると，$f'(a)=\displaystyle\lim_{h\to 0}\frac{f(x)-f(a)}{x-a}$ ともかける．

導 関 数

$f(x)$ が区間 I の全ての点で微分可能なとき，$f(x)$ は区間 I で微分可能という．このとき，微分係数における区間 I の各点 a を x で表し，

$$f'(x)=\lim_{h\to 0}\frac{f(x+h)-f(x)}{h}$$

を $f(x)$ の導関数という．

一般に，関数 $f(x)$ の導関数を求めることを関数 $f(x)$ を微分するという．

（注）$y=f(x)$ の導関数を以下のようにかくこともある．

$$y',\ f',\ \frac{dy}{dx},\ \frac{df(x)}{dx}$$

そして，$y=f(x)$ の $x=a$ における微分係数 $f'(a)$ を以下のようにかくこともある．

$$y'(a),\ f'(a),\ \left(\frac{dy}{dx}\right)_{x=a},\ \frac{df}{dx}(a)$$

例 1

$f(x)=x^2$ は全ての x の区間で微分可能であり，

$$f'(x)=\lim_{h\to 0}\frac{f(x+h)-f(x)}{h}=\lim_{h\to 0}\frac{(x+h)^2-x^2}{h}$$
$$=\lim_{h\to 0}\frac{2xh+h^2}{h}=\lim_{h\to 0}(2x+h)=2x$$

例 2

$f(x)=|x|$ のとき，$f(x)$ は $x=0$ で微分不可能である．

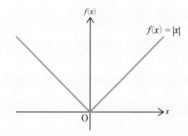

実際，

$$\lim_{h\to 0+0}\frac{f(h)-f(0)}{h}=\lim_{h\to 0+0}\frac{|h|-0}{h}\underset{\text{右から近づけるから}}{=}\lim_{h\to 0+0}\frac{h-0}{h}=1$$

$$\lim_{h\to 0-0}\frac{f(h)-f(0)}{h}=\lim_{h\to 0-0}\frac{|h|-0}{h}\underset{\text{左から近づけるから}}{=}\lim_{h\to 0-0}\frac{-h-0}{h}=-1$$

このことから右極限と左極限が一致せず極限値が存在しないので微分不可能である．

微分の計算には以下の公式が役に立つことがある[2].

2　より基本的な説明は『数学基礎 15 講』第 11, 12 講参照.

(1)[3]　$(x^n)' = nx^{n-1}$　（n は実数）

(2)　$(c)' = 0$　（c は定数）

(3)　$(cf(x))' = cf'(x)$

(4)[4]　$(f(x) \pm g(x))' = f'(x) \pm g'(x)$

(5)　$\{f(x)g(x)\}' = f'(x)g(x) + f(x)g'(x)$

(6)　$\left(\dfrac{f(x)}{g(x)}\right)' = \dfrac{f'(x)g(x) - f(x)g'(x)}{\{g(x)\}^2}$　（ただし，$g(x) \neq 0$）

(7) 合成関数の微分

　$y = f(g(x))$ において $u = g(x)$ とおくと，$y = f(u)$ とかけ，

$$\frac{dy}{dx} = \frac{dy}{du}\frac{du}{dx} = \frac{df(u)}{du}\frac{dg(x)}{dx}$$

　微分可能の定義から，$f(x)$ が $x = a$ で微分可能であるためには極限 $\lim\limits_{h \to 0} \dfrac{f(a+h) - f(a)}{h}$ が存在しなくてはならないが，連続性の定義からも分かるように，もし $f(x)$ が $x = a$ で不連続であればこの極限は存在しないので，関数 $f(x)$ は $x = a$ で微分不可能である．

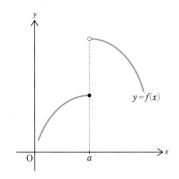

　このように一般的に微分可能性と連続性には次のような関係がある．

3　『数学基礎 15 講』では n を有理数に限定したが，実は n は実数に拡張可能である（講末の**練習問題** 5 を参照）．

4　3 つ以上の関数の和，差の場合も同様に成立．

▶ **微分可能性と連続性の関係**

関数 $f(x)$ が $x=a$ で微分可能ならば，$x=a$ で連続である．

（注）この事実の逆は必ず成り立つとは限らない．つまり「連続ならば微分可能」は必ずしも成り立たない．例えば，$f(x)=x+1$ $(x<0)$, $f(x)=-x+1$ は全ての x で連続であるが，$x=0$ で微分不可能である（講末の**練習問題** 3 を参照）．

例　題

(1) $f(x)=x^2$ を微分しなさい．

［解］

上の例では $f(x)=x^2$ を導関数の定義式より導いた．ここでは，公式「微分の計算」を用いて求める．

公式（1）において $n=2$ とすると，$f'(x)=(x^2)'=2x$

(2) $f(x)=2x^3-3x^2+x-3$ を微分しなさい．

［解］

$$f'(x)=(2x^3-3x^2+x-3)' \underset{\text{公式 (4)}}{=} (2x^3)'-(3x^2)'+(x')-(3)'$$

$$\underset{\text{公式 (3)}}{=} 2(x^3)'-3(x^2)'+(x)'-(3)' \underset{\text{公式 (1) (2)}}{=} 2\times3x^2-3\times2x+1$$

$$=6x^2-6x+1$$

(3) $f(x)=(x+2)(x^2-x+1)$ を微分しなさい．

［解］

公式「微分の計算」(5) より，

$$f'(x)=\{(x+2)(x^2-x+1)\}'=(x+2)'(x^2-x+1)+(x+2)(x^2-x+1)'$$

$$=1\cdot(x^2-x+1)+(x+2)(2x-1)=3x^2+2x-1$$

(4) $f(x)=\dfrac{1}{(x^2+1)}$ を微分しなさい．

[解]

公式「微分の計算」(6) より，

$$f'(x) = \left\{ \frac{1}{(x^2+1)} \right\}' = \frac{(1)'(x^2+1) - 1 \cdot (x^2+1)'}{(x^2+1)^2} = \frac{-2x}{(x^2+1)^2}$$

(5) $f(x) = (3x^2 - x - 2)^3$ を微分しなさい．

[解]

$u = 3x^2 - x - 2$ とおいて $f(x)$ を u の関数だと見なし（$f(u) = u^3$），公式「微分の計算」(7) を用いると

$$\frac{df(x)}{dx} = \frac{df(u)}{du} \frac{du}{dx} = \frac{d(u^3)}{du} \frac{d(3x^2 - x - 2)}{dx} = 3u^2(6x-1) = 3(3x^2 - x - 2)^2(6x-1)$$

やってみよう

1. 次の関数を微分しなさい．

(1) $f(x) = x^3$ (2) $f(x) = 2x^3 - 4x^2 + x + 1$

(3) $f(x) = 2x^{\frac{1}{2}} - 4x^{\frac{1}{3}}$ (4) $f(x) = (x^2 - x + 1)^4$

2. 次の関数の $x = 1$ における微分係数を求めなさい．

(1) $f(x) = -4x^4$ (2) $f(x) = \sqrt{x} + \sqrt[3]{x}$

(3) $f(x) = \dfrac{2x+1}{x^2 - x + 1}$ (4) $f(x) = (x^2 + 1)(x - 3)$

[解]

1. (1) $f'(x) = 3x^2$ (2) $f'(x) = 6x^2 - 8x + 1$

(3) $f'(x) = 2 \times \frac{1}{2} x^{\frac{1}{2}-1} - 4 \times \frac{1}{3} x^{\frac{1}{3}-1} = x^{-\frac{1}{2}} - \frac{4}{3} x^{-\frac{2}{3}}$

(4) 公式「微分の計算」(7) 合成関数の微分より，$f'(x) = 4(x^2 - x + 1)^3(2x-1)$

2. (1) $f'(x) = -16x^3$ より $f(1) = -16$

(2) $f(x) = x^{\frac{1}{2}} + x^{\frac{1}{3}}$ であることに注意すると，$f'(x) = \frac{1}{2} x^{-\frac{1}{2}} + \frac{1}{3} x^{-\frac{2}{3}}$ より，$f'(1) = \frac{5}{6}$

(3) 公式「微分の計算」(6) より，$f'(x) = \dfrac{(2x+1)'(x^2 - x + 1) - (2x+1)(x^2 - x + 1)'}{(x^2 - x + 1)^2}$

$= \dfrac{2(x^2 - x + 1) - (2x+1)(2x-1)}{(x^2 - x + 1)^2}$ より，$f'(1) = -1$

(4) 公式「微分の計算」(5) より，$f'(x) = (x^2 + 1)'(x-3) + (x^2 + 1)(x-3)' = 2x(x-3) + (x^2 + 1) = 3x^2 - 6x + 1$ より，$f'(1) = -2$

1.2 対数関数の微分 ----------------------------

本節では対数関数の微分について学ぶ[5].

1.2.1 対　数

ネイピア数

$$e = \lim_{n \to \infty} \left(1 + \frac{1}{n}\right)^n$$

あるいは $t = \dfrac{1}{n}$ として

$$e = \lim_{t \to 0}(1 + t)^{\frac{1}{t}}$$

で表される数 e をネイピア数とよび，ネイピア数は無理数で

$$e = 2.71828182\cdots$$

であることが知られている．

対　数

　M を正の実数（$M > 0$），a を 1 でない正の実数（$a > 0, a \neq 1$）とするとき，$a^x = M$ を満たす数 x を，$x = \log_a M$ とかく[6]．$\log_a M$ を，a を底とする M の対数といい，M を真数という．

　底が 10 やネイピア数 e のときの対数はよく使われ，以下のような特別なよび方がなされる．

- **常用対数**　　10 を底とする対数 $\log_{10} M$ を M の常用対数という．

- **自然対数**　　ネイピア数 e を底とする対数 $\log_e M$ を M の自然対数といい，しばしば底の e を省略して $\log M$ とかくことがある．

5　対数関数に関してのより基本的な説明は『数学基礎 15 講』第 9 講を参照．
6　log は logarithm の略で，log のことをログとよぶ．

1.2.2 対数関数とそのグラフ

対数関数

$y = \log_a x$ （ただし a は 1 でない正の実数）を対数関数とよぶ．対数関数のグラフは下の図のようになる．

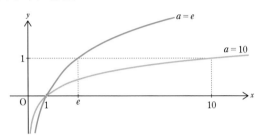

1.2.3 対数関数の微分

ここでは対数関数 $y = f(x) = \log_a x$ の導関数の求め方を学ぶ．

公式●対数関数の微分

(1) $y = f(x) = \log_a x$ のとき，$f'(x) = (\log_a x)' = \dfrac{1}{x} \log_a e$

(2) $y = f(x) = \log_e x$ のとき，$f'(x) = (\log_e x)' = \dfrac{1}{x}$

［考え方］

▶ 公式「対数関数の微分」(1)

微分の定義より

$$(\log_a x)' = \lim_{h \to 0} \frac{\log_a(x+h) - \log_a x}{h}$$

$$= \lim_{h \to 0} \frac{1}{h} \log_a \frac{x+h}{x} = \lim_{h \to 0} \frac{1}{h} \log_a \left(1 + \frac{h}{x}\right)$$

ここで $t = \dfrac{h}{x}$ とおくと，$h \to 0$ は $t \to 0$ であるから

$$(\log_a x)' = \lim_{t \to 0} \frac{1}{tx} \log_a(1+t)$$

$$= \frac{1}{x} \lim_{t \to 0} \frac{1}{t} \log_a(1+t) = \frac{1}{x} \lim_{t \to 0} \log_a(1+t)^{\frac{1}{t}} = \frac{1}{x} \log_a e$$

▶ 公式「対数関数の微分」(2)

$f(x) = \log_a x$ のとき，$f'(x) = (\log_a x)' = \dfrac{1}{x}\log_a e$（公式「対数関数の微分」(1) より）なので $a = e$ とすると，$f(x) = \log_e x$ のとき，$f'(x) = (\log_e x)' = \dfrac{1}{x}$ が導かれる.

例　題

(1) $f(x) = \log_3 x$ を微分しなさい.

[解]

公式「対数関数の微分」(1) より，$f'(x) = (\log_3 x)' = \dfrac{1}{x}\log_3 e$

(2) $f(x) = \log_e 2x$ を微分しなさい.

[解]

公式「微分の計算」(7) 合成関数の微分より，$y = f(x) = \log_e(2x)$ において $u = 2x$ とおき，y を u の関数 $y = f(u) = \log_e u$ とみなし，合成関数の微分を用いると

$$\frac{dy}{dx} = \frac{dy}{du}\frac{du}{dx} = \frac{d\log_e u}{du}\frac{d(2x)}{dx} = \frac{1}{u} \times 2 = \frac{1}{2x} \times 2 = \frac{1}{x}$$

やってみよう

次の関数を微分しなさい.

(1) $f(x) = \log_5 x$　　　(2) $f(x) = \log_2(2x)$　　　(3) $f(x) = \log_e(4x)$

(4) $f(x) = \log_e x^2$　　　(5) $f(x) = x\log_e x$

[解]

(1) 公式「対数関数の微分」(1) より，$f'(x) = (\log_5 x)' = \dfrac{1}{x}\log_5 e$

(2) $u = 2x$ とおき $f(u) = \log_2 u$ とみなし，公式「微分の計算」(7) 合成関数の微分を用いると，$\dfrac{df(x)}{dx} = \dfrac{df(u)}{du}\dfrac{du}{dx} \underset{\text{公式「対数関数の微分」(1)}}{=} \left(\dfrac{1}{u}\log_2 e\right) \times 2 = \dfrac{2}{u}\log_2 e = \dfrac{1}{x}\log_2 e$

(3) $u = 4x$ とおき $f(u) = \log_e u$ とみなし，公式「微分の計算」(7) 合成関数の微分を用いると，$\dfrac{df(x)}{dx} = \dfrac{df(u)}{du}\dfrac{du}{dx} \underset{\text{公式「対数関数の微分」(2)}}{=} \dfrac{1}{u} \times 4 = \dfrac{4}{u} = \dfrac{1}{x}$

(4) $u = x^2$ とおき $f(u) = \log_e u$ とみなし，公式「微分の計算」(7) 合成関数の微分を用いると，$\dfrac{df(x)}{dx} = \dfrac{df(u)}{du}\dfrac{du}{dx} \underset{\text{公式「対数関数の微分」(2)}}{=} \dfrac{1}{u} \times 2x = \dfrac{1}{x^2} \times 2x = \dfrac{2}{x}$

(5) 公式「微分の計算」(5) 関数の積の微分より，$\dfrac{df(x)}{dx} = x'\log_e x + x(\log_e x)' = \log_e x + x \times \dfrac{1}{x} = \log_e x + 1$

1.3 指数関数の微分 ----------------------------

本節では指数関数の微分について学ぶ[7].

1.3.1 指数関数とそのグラフ

指数関数

$y = a^x$ （ただし，a は正の実数で $a \neq 1$）を指数関数とよぶ.

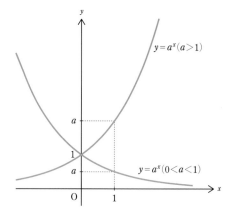

---

7 指数関数に関してのより基本的な説明は『数学基礎 15 講』第 8 講を参照.

1.3.2 指数関数の微分

ここでは指数関数 $y = f(x) = a^x$ の導関数の求め方を学ぶ.

┌─ 公式●指数関数の微分 ─────────────────────

(1) $y = f(x) = a^x$ のとき, $f'(x) = (a^x)' = a^x \log_e a$

(2) $y = f(x) = e^x$ のとき, $f'(x) = (e^x)' = e^x$

└──────────────────────────────────

[考え方]

▶ 公式「指数関数の微分」(1)

$y = a^x$ の両辺の自然対数をとる.

$$\log_e y = \log_e a^x, \quad \log_e y = x \log_e a$$

$\log_e y = x \log_e a$ の両辺を x で微分すると

$$\text{左辺の微分} = \frac{d(\log_e y)}{dx} \underset{\text{合成関数の微分}}{=} \frac{d \log_e y}{dy} \frac{dy}{dx} = \frac{1}{y} y'$$

$$\text{右辺の微分} = \log_e a$$

これより, $\dfrac{y'}{y} = \log_e a$

$$y' = y \log_e a = a^x \log_e a$$

▶ 公式「指数関数の微分」(2)

公式「指数関数の微分」(1) $(a^x)' = a^x \log_e a$ において $a = e$ とすると

$$(e^x)' = e^x$$

┌─ 例　題 ──────────────────────────

(1) $y = f(x) = 5^x$ を微分しなさい.

[解]

　公式「指数関数の微分」(1) より, $f'(x) = (5^x)' = 5^x \log_e 5$

(2) $y = f(x) = e^{2x}$ を微分しなさい.

[解]

$y = f(x) = e^{2x}$ において $u = 2x$ とおき，y を u の関数 $y = f(u) = e^u$ とみなし，合成関数の公式を用いると

$$\frac{dy}{dx} = \frac{dy}{du}\frac{du}{dx} = \frac{de^u}{du}\frac{d(2x)}{dx} = e^u \times 2 = 2e^{2x}$$

やってみよう

次の関数を微分しなさい.

(1) $f(x) = 3^x$ 　　(2) $f(x) = \left(\frac{1}{2}\right)^x$ 　　(3) $f(x) = a^{-x}$

(4) $f(x) = e^{4x}$ 　　(5) $f(x) = xe^{-2x}$

[解]

(1) 公式「指数関数の微分」(1) より，$f'(x) = 3^x \log_e 3$

(2) 公式「指数関数の微分」(1) より，$f'(x) = \left(\frac{1}{2}\right)^x \log_e \frac{1}{2}$

(3) $u = -x$ とおき $f(u) = a^u$ とみなし，公式「微分の計算」(7) 合成関数の微分を用いる

と，$\dfrac{df(x)}{dx} = \dfrac{df(u)}{du}\dfrac{du}{dx} \underset{\text{公式「指数関数の微分」(1)}}{=} a^u \log_e a \times (-1) = -a^{-x} \log_e a$

(4) $u = 4x$ とおき $f(u) = e^u$ とみなし，公式「微分の計算」(7) 合成関数の微分を用いると，

$\dfrac{df(x)}{dx} = \dfrac{df(u)}{du}\dfrac{du}{dx} \underset{\text{公式「指数関数の微分」(2)}}{=} e^u \times 4 = 4e^{4x}$

(5) $u = -2x$ とおき $f(u) = -\dfrac{1}{2}ue^u$ とみなし，公式「微分の計算」(7) 合成関数の微分を用

いると，$\dfrac{df(x)}{dx} = \dfrac{df(u)}{du}\dfrac{du}{dx} \underset{\text{公式「指数関数の微分」(2)}}{=} -\dfrac{1}{2}((u)'e^u + u(e^u)')(-2) = e^u + ue^u = e^{-2x} - 2xe^{-2x}$

1.4 高次の導関数

本節では高次の導関数を学ぶ．関数 $f(x)$ の高次の導関数が計算できると，そのグラフ $y = f(x)$ の形の詳細を知ることができる．それにより，関数の極値を求めることもできる．

1.4.1 高次導関数とグラフの形

n 次導関数

関数 $y = f(x)$ を n 回微分したものを n 次導関数といい

$$y^{(n)}, \ f^{(n)}(x), \ \frac{d^n y}{dx^n}, \ \frac{d^n f(x)}{dx^n}$$

などとかく。また 2 次導関数や 3 次導関数は $f''(x)$ や $f'''(x)$ とそれぞれかくことがある。

例

(1) $f(x) = x^2$ のとき，

$$f'(x) = 2x, \quad f''(x) = 2, \quad f'''(x) = 0, \quad f^{(4)}(x) = 0, \quad \cdots$$

(2) $f(x) = e^x$ のとき，

$$f'(x) = e^x, \quad f''(x) = e^x, \quad f'''(x) = e^x, \quad f^{(4)}(x) = e^x, \quad \cdots$$

やってみよう

1. $f(x) = 2x^3 + x^2 - x + 1$ の 2 次導関数を求めなさい。

2. $f(x) = \log_e x$ の 2 次導関数を求めなさい。

3. $f(x) = xe^x$ の 3 次導関数を求めなさい。

[解]

1. $f'(x) = 6x^2 + 2x - 1, f''(x) = 12x + 2$

2. $f'(x) = \dfrac{1}{x}, \ f''(x) = \dfrac{-1}{x^2}$

3. $f'(x) = (x)'e^x + x(e^x)' = e^x + xe^x,$

   $f''(x) = (e^x + xe^x)' = (e^x)' + (xe^x)' = e^x + e^x + xe^x = 2e^x + xe^x,$

   $f'''(x) = (2e^x + xe^x)' = (2e^x)' + (xe^x)' = 2e^x + e^x + xe^x = 3e^x + xe^x$

曲線 $C : y = f(x)$ 上の点 $P(a, f(a))$ における接線を l とする.

● 上に凸:

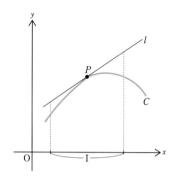

　点 P を区間 I のどこにとっても，曲線 C の方が接線 l より下にあるとき，曲線 C は区間 I で上に凸という.

　全区間 I で上に凸な関数を凹関数という.

● 下に凸:

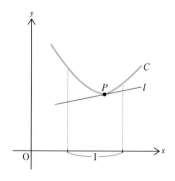

　点 P を区間 I のどこにとっても，曲線 C の方が接線 l より上にあるとき，曲線 C は区間 I で下に凸という.

　全区間 I で下に凸な関数を凸関数という.

点 P を境に曲線 C が上に凸から下に凸，あるいは下に凸から上に凸へと変化するとき，点 P は曲線 C の変曲点であるという．

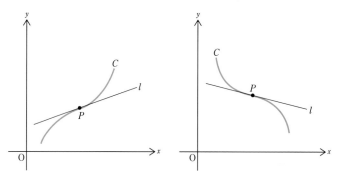

例

放物線 $y = x^2$ は全区間において下に凸である（凸関数）．

なぜならば，以下の図からも明らかなように，点 P をどこにとっても放物線の方が接線より上にあるからである．

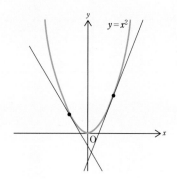

公式●曲線の凹凸と変曲点の判定

曲線 $y = f(x)$ 上の点 $P(a, f(a))$ を考える．

- $f''(a) > 0$ ならば，曲線 $y = f(x)$ は点 P の近くで下に凸．
- $f''(a) < 0$ ならば，曲線 $y = f(x)$ は点 P の近くで上に凸．
- $f''(a) = 0$ かつ $f''(x)$ の符号が $x < a$ と $x > a$ で変化するならば，点 P は変曲点．

[考え方]

$f''(a)$ を微分係数の微分（瞬間の変化率）と考える（つまり $f''(a)=(f'(a))'$）. 微分係数 $f'(a)$ は, グラフ $y=f(x)$ における $x=a$ の接線の傾きを表すことを思い出すと, $f''(a)>0$ は $x=a$ の近くで接線の傾きが増加することを意味する. これより, $f''(a)>0$ ならば, $y=f(x)$ は点 P の近くで下に凸であることが分かる.

例

曲線 $y=x^3$ において原点は変曲点, 区間 $x<0$ で上に凸, 区間 $x>0$ で下に凸である.

実際 $y'=3x^2, y''=6x$ なので, 区間 $x<0$ においては $y''<0$ より上に凸.

区間 $x>0$ においては $y''>0$ より, 下に凸.

原点 $x=0$ において, $y''=0$ かつ $x<0$ のとき $y''<0$, $x>0$ のとき $y''>0$ なので, 原点 $x=0$ は変曲点である.

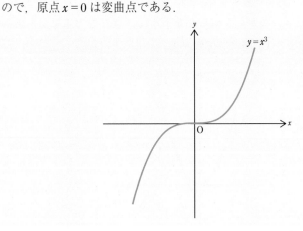

1.4.2 関数の極値

2次導関数を計算すると, 考えている関数の極値が極大か極小かの判定が可能である.

関数 $f(x)$ が $x = x_1$ の近くで最大値をとるとき,関数 $f(x)$ は $x = x_1$ で極大になるといい,その値 $f(x_1)$ を極大値という.

また,関数 $f(x)$ が $x = x_2$ の近くで最小値をとるとき,関数 $f(x)$ は $x = x_2$ で極小になるといい,その値 $f(x_2)$ を極小値という.

そして,極大値と極小値を合わせて極値という.

─── **公式● 2 次導関数による極値の判定** ───

曲線 $y = f(x)$ において $f'(a) = 0$ とする.

- $f''(a) > 0$ のとき,$f(x)$ は点 $x = a$ で極小値をとる.
- $f''(a) < 0$ のとき,$f(x)$ は点 $x = a$ で極大値をとる.

[考え方]

公式「曲線の凹凸と変曲点の判定」において,点 $P(a, f(a))$ を極値にとるとする.そのとき,例えば,$f''(a) > 0$ ならば,$y = f(x)$ は点 P の近くで下に凸なので,下に凸の定義から明らかに,点 P は関数 $f(x)$ の極大値を与えることは明らかである.

例 1

曲線 $y = f(x) = \dfrac{1}{3}x^3 - \dfrac{1}{2}x^2 - 2x$ において極値をとる候補は,$y' = f'(x) = x^2 - x - 2 = (x - 2)(x + 1) = 0$ より,$x = -1, 2$ である.

$y'' = f''(x) = 2x - 1$ より,$x = -1$ のとき $y'' = f''(-1) = -3 < 0$ なので,曲線は $x = -1$ で極大値 $f(-1) = \dfrac{7}{6}$ をとる.$x = 2$ のとき $y'' = f''(2) = 3 > 0$ なので,曲線は $x = 2$ で極小値 $f(2) = -\dfrac{10}{3}$ をとる.

例 2

曲線 $y = f(x) = x^3$ において極値をとる候補は,$y' = f'(x) = 3x^2 = 0$ より,$x = 0$ である.$y'' = f''(x) = 6x$ より,$x = 0$ のとき $y'' = f''(0) = 0$ なので曲線は極値をとらない.

───────────────

8 ここでの極値の説明の仕方は,『数学基礎 15 講』とは異なるが,どちらも本質的には同じことである.

次の関数の極値を求め，それらが極大か極小かを確かめなさい.

(1) $f(x) = -x^2 + 4x + 1$　　　(2) $f(x) = -x^3 + 3x^2 + 9x$

[解]

(1) $f'(x) = 0$ を満たす x が極値をとる候補である．$f'(x) = -2x + 4 = 0$ より，$x = 2$ が極値をとる候補である．$f''(x) = -2$ より，$f''(2) = -2 < 0$ なので，$x = 2$ で極大値 $f(2) = 5$ をとる.

(2) $f'(x) = 0$ を満たす x が極値をとる候補である．$f'(x) = -3x^2 + 6x + 3 = -3(x-3)(x+1) = 0$ より，$x = 3, -1$ が極値をとる候補である．$f''(x) = -6x + 6$ より，$f''(3) = -12 < 0$ なので，$x = 3$ で極大値 $f(3) = 27$ をとる．また，$f''(-1) = 12 > 0$ なので，$x = -1$ で極小値 $f(-1) = -5$ をとる.

1. 次の極限値を求めなさい.

(1) $\displaystyle\lim_{n\to 1}(n^2-n+1)$　　(2) $\displaystyle\lim_{n\to 1}\left(\frac{n^2+4n-5}{n^2+n-2}\right)$

(3) $\displaystyle\lim_{n\to 0}\left(\frac{n+4}{n+2}\right)$　　(4) $\displaystyle\lim_{n\to \infty}\left(\frac{n+1}{n}\right)$

2. 関数 $f(x)=\dfrac{-x}{2x^2+2}$ は x の全ての区間で連続であることを確かめなさい.

3. $f(x)=\begin{cases} x+1 & (x\leq 0) \\ -x+1 & (x>0) \end{cases}$ において $x=0$ で連続であるが, $x=0$ で微分不可能であることを確かめなさい.

4. 次の関数を微分しなさい.

(1) $f(x)=x^3-2x^2+x-1$　　(2) $f(x)=x^{\frac{5}{4}}-x^{\frac{3}{4}}$

(3) $f(x)=(x-1)^2(2x^2+1)$　　(4) $f(x)=e^{x^2}$

(5) $f(x)=\log_a x^2$　　(6) $f(x)=\log_e(\log_e x)$

5. 公式「微分の計算」(1) $(x^n)'=nx^{n-1}$ において, n が無理数でも成立することを確かめるために, $n=\sqrt{2}$ のときについて, つまり $(x^{\sqrt{2}})'$ を計算しなさい(ただし $x>0$ とする).

6. 次の関数の極値を求め, それらが極大か極小かを調べなさい.

(1) $f(x)=x^2e^{2x}$　　(2) $f(x)=x\log_e x$

第2講
微 分 2
── 2変数関数の微分

■本書第1講では変数が1つの関数のみを扱った．しかし，本書第12講にかかれているように，経済学においてはしばしば，変数が複数ある関数を考える方が自然な場合がある．生産関数はその一例であり，例えば，生産要素が労働と資本の2種類あると考えると生産関数は2変数関数と考えられる．

　本講では，変数が複数ある関数として2変数関数に限定して，その微分について詳しく学ぶ．

2.1　多変数関数 -

多変数関数

　複数個の変数をもつ関数を多変数関数という．一般に，n 個の変数をもつ関数を n 変数関数とよぶ．

例1

　一般的な2変数関数は次のようにかける．

$$y = f(x_1, x_2)$$

変数 x_1, x_2 が決まると y が決まる．

例2

$$3 \text{変数関数：} y = f(x_1, x_2, x_3) = 2x_1^2 - x_2 + \log_e x_3$$

例 3

経済学で用いられる生産関数は一般に多変数関数である．例えば変数として，労働 N と資本 K を用いて財 Y を生産するときの生産関数 F は次のように 2 変数関数としてかける．

$$Y = F(N, K)$$

（注）本講では議論を簡単にするために 2 変数関数のみを扱うことにするが，3 変数関数上の関数でも以下同様の議論が成り立つ．

例 題

$Y = \sqrt{NK}$（$N, K \geq 0$）について以下の問いに答えなさい．

(1) $N = 2, K = 8$ のとき，Y の値を求めなさい．

［解］
$$Y = \sqrt{2 \times 8} = \sqrt{16} = 4.$$

(2) N と K がともに λ 倍になると Y の値は何倍になるか答えなさい．

［解］
$$Y = \sqrt{\lambda N \times \lambda K} = \lambda \sqrt{NK} \text{ より，} \lambda \text{ 倍になる．}$$

（注）一般的に 2 変数関数のグラフは 3 次元空間中の曲面となる．例えば，$Y = \sqrt{NK}$ のグラフは下の図のようになる．

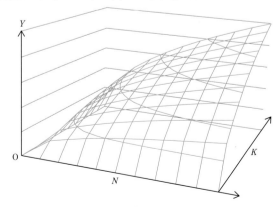

2.2　2変数関数の偏微分 ----------------------

偏導関数

多変数関数の微分のことを偏微分という．本節では2変数関数の偏微分を学ぶ[1]．2変数関数の偏微分とは，2つある変数のどちらか1つを固定し，もう片方の変数の微分を考えたものである．

$y = f(x_1, x_2)$ を x_1 で偏微分したものを x_1 に関する偏導関数といい，

$$\frac{\partial f}{\partial x_1}(x_1, x_2),\ f_{x_1}(x_1, x_2),\ \frac{\partial y}{\partial x_1},\ y_{x_1}$$

などとかく．

そして，$y = f(x_1, x_2)$ の x_1 に関する偏導関数は以下のように定義される．

$$\frac{\partial f}{\partial x_1}(x_1, x_2) = \lim_{h \to 0} \frac{f(x_1 + h, x_2) - f(x_1, x_2)}{h}$$

x_2 に関する偏導関数も x_1 と同様に

$$\frac{\partial f}{\partial x_2}(x_1, x_2),\ f_{x_2}(x_1, x_2),\ \frac{\partial y}{\partial x_2},\ y_{x_2}$$

などとかき，x_2 に関する偏導関数は

$$\frac{\partial f}{\partial x_2}(x_1, x_2) = \lim_{h \to 0} \frac{f(x_1, x_2 + h) - f(x_1, x_2)}{h}$$

と定義される．偏導関数を求めることを単に偏微分するという．

（注）偏微分の記号 ∂ は微分の記号 d を丸めたもので「ラウンドディー」と読み，書き順は以下のようになる．

1　1変数関数の場合と同様に2変数関数も常に偏微分できるとは限らないが，本書では特に断りがない限り偏微分可能な関数のみを考える．

▶ 偏微分の計算の仕方

偏導関数の定義からも明らかであるが，例えば $y=f(x_1,x_2)$ を x_1 で偏微分するとは，変数 x_2 を固定して変数 x_1 で微分することである．つまり，$y=f(x_1,x_2)$ の x_2 を定数とみなし，$y=f(x_1,x_2)$ を x_1 のみが変数である1変数関数だと思って x_1 で微分する．同様に，x_2 に関する偏微分は，x_1 を固定して x_2 のみを変数と考えて x_2 で微分する．

例 題

(1) $y=x_1x_2$ を偏微分しなさい．

[解]

[x_1 に関する偏微分]

x_2 を定数とみなし x_1 で微分する．

$$\frac{\partial y}{\partial x_1} = \frac{\partial x_1 x_2}{\partial x_1} = x_2 \frac{dx_1}{dx_1} = x_2$$

[x_2 に関する偏微分]

x_1 を定数とみなし x_2 で微分する．

$$\frac{\partial y}{\partial x_2} = \frac{\partial x_1 x_2}{\partial x_2} = x_1 \frac{dx_2}{dx_2} = x_1$$

(2) $y=3x_1^2-2x_1x_2+x_2^2$ を偏微分しなさい．

[解]

[x_1 に関する偏微分]

x_2 を定数とみなし x_1 で微分する．

$$\frac{\partial y}{\partial x_1} = \frac{\partial(3x_1^2-2x_1x_2+x_2^2)}{\partial x_1} = \frac{\partial 3x_1^2}{\partial x_1} - \frac{\partial 2x_1x_2}{\partial x_1} + \frac{\partial x_2^2}{\partial x_1} = 6x_1-2x_2$$

[x_2 に関する偏微分]

x_1 を定数とみなし x_2 で微分する．

$$\frac{\partial y}{\partial x_2} = \frac{\partial(3x_1^2-2x_1x_2+x_2^2)}{\partial x_2} = \frac{\partial 3x_1^2}{\partial x_2} - \frac{\partial 2x_1x_2}{\partial x_2} + \frac{\partial x_2^2}{\partial x_2} = -2x_1+2x_2$$

(3) $y=\log_e x_1x_2$ を偏微分しなさい．

[解]

$y = \log_e x_1 + \log_e x_2$ として計算する.

[x_1 に関する偏微分]

x_2 を定数とみなし x_1 で微分する.

$$\frac{\partial y}{\partial x_1} = \frac{\partial(\log_e x_1 + \log_e x_2)}{\partial x_1} = \frac{\partial \log_e x_1}{\partial x_1} + \frac{\partial \log_e x_2}{\partial x_1} = \frac{1}{x_1}$$

[x_2 に関する偏微分]

x_1 を定数とみなし x_2 で微分する.

$$\frac{\partial y}{\partial x_2} = \frac{\partial(\log_e x_1 + \log_e x_2)}{\partial x_2} = \frac{\partial \log_e x_1}{\partial x_2} + \frac{\partial \log_e x_2}{\partial x_2} = \frac{1}{x_2}$$

（注）一般に n 変数関数の $f(x_1, \cdots, x_n)$ の x_i に関する偏微分 $\dfrac{\partial f}{\partial x_i}(x_1, \cdots, x_n)$ は x_i のみを変数で，それ以外を定数だと思い，x_i で微分する.

偏微分係数

2 変数関数 $f(x_1, x_2)$ の x_1 に関する偏導関数に $x_1 = a$, $x_2 = b$ を代入した値を点 (a, b) における $f(x_1, x_2)$ の x_1 に関する偏微分係数といい，定義は以下である.

$$\frac{\partial f}{\partial x_1}(a, b) = \lim_{h \to 0} \frac{f(a+h, b) - f(a, b)}{h}$$

これは x_2 を b に固定して x_1 のみを a から変化させたときの微分係数に対応する.

x_2 に関する偏微分係数も x_1 と同様に

$$\frac{\partial f}{\partial x_2}(a, b) = \lim_{h \to 0} \frac{f(a, b+h) - f(a, b)}{h}$$

で定義される．これは x_1 を a に固定して x_2 のみを b から変化させたときの微分係数に対応し，x_2 に関する偏導関数 $\dfrac{\partial f}{\partial x_2}(x_1, x_2)$ に $(x_1, x_2) = (a, b)$ を代入したものに他ならない.

2 変数関数 $f(x_1, x_2) = \sqrt{x_1} + \sqrt{x_2}$ に対する $(x_1, x_2) = (1, 2)$ における偏微分係数を求めなさい.

[解]

[x_1 に関する偏微分係数]

$$f_{x_1}(x_1, x_2) = \frac{1}{2}x_1^{-\frac{1}{2}} = \frac{1}{2\sqrt{x_1}} \text{ より,} \ f_{x_1}(1, 2) = \frac{1}{2}$$

[x_2 に関する偏微分係数]

$$f_{x_2}(x_1, x_2) = \frac{1}{2}x_2^{-\frac{1}{2}} = \frac{1}{2\sqrt{x_2}} \text{ より,} \ f_{x_2}(1, 2) = \frac{1}{2\sqrt{2}}$$

偏微分係数の幾何的意味

偏微分係数の意味を考える. 例えば, $f(x_1, x_2)$ の点 (a, b) における x_1 に関する偏微分係数 $\frac{\partial f}{\partial x_1}(a, b)$ は, $f(x_1, x_2)$ において $x_2 = b$ を固定して $x_1 = a$ から x_1 方向に関する微分を求めている. 微分はグラフにおける接線の傾きであることを思い出すと, $\frac{\partial f}{\partial x_1}(a, b)$ はグラフ $f(x_1, x_2)$ の点 (a, b) における x_1 軸方向の接線の傾きを表している. 同様に, 点 (a, b) における x_2 に関する偏微分係数 $\frac{\partial f}{\partial x_2}(a, b)$ は, 点 (a, b) における x_2 軸方向の接線の傾きを表している.

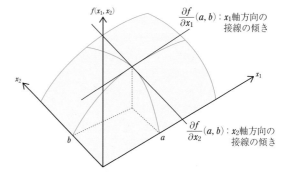

例

2 変数関数 $Y = \sqrt{NK}$ の $(N, K) = (1, 1)$ における N 軸方向の接線の傾きは, Y を N で偏微分してその偏導関数に $(N, K) = (1, 1)$ を代入すればよいので, $Y_N = \frac{K}{2\sqrt{NK}}$ に注意して, $\frac{1}{2}$ である.

1. 次の関数を偏微分しなさい.

   (1) $f(x_1, x_2) = 3x_1^2 + x_1 x_2 - x_2^2 + 3$ (2) $f(x_1, x_2) = \dfrac{x_1}{x_2}$

   (3) $f(x_1, x_2) = e^{x_1 x_2}$

2. 次の関数に関する $(x_1, x_2) = (-1, 4)$ における偏微分係数を求めなさい.

   (1) $f(x_1, x_2) = x_1 \sqrt{x_2}$ (2) $f(x_1, x_2) = \dfrac{x_1^2 + x_2^2}{x_1 - x_2}$

3. 関数 $y = f(x_1, x_2) = \log_e \sqrt{x_1^2 + x_2^2}$ に対する $(x_1, x_2) = (1, 2)$ における x_2 軸方向の接線の傾きを求めなさい.

[解]

1. (1) [x_1 に関する偏微分]

   x_2 を定数とみなし x_1 で微分する. $\dfrac{\partial f(x_1, x_2)}{\partial x_1} = \dfrac{\partial(3x_1^2 + x_1 x_2 - x_2^2 + 3)}{\partial x_1} = 6x_1 + x_2$

   [x_2 に関する偏微分]

   x_1 を定数とみなし x_2 で微分する. $\dfrac{\partial f(x_1, x_2)}{\partial x_2} = \dfrac{\partial(3x_1^2 + x_1 x_2 - x_2^2 + 3)}{\partial x_2} = x_1 - 2x_2$

   (2) [x_1 に関する偏微分]

   x_2 を定数とみなし x_1 で微分する. $\dfrac{\partial f(x_1, x_2)}{\partial x_1} = \dfrac{\partial\left(\frac{x_1}{x_2}\right)}{\partial x_1} = \dfrac{1}{x_2}$

   [x_2 に関する偏微分]

   x_1 を定数とみなし x_2 で微分する. $\dfrac{\partial f(x_1, x_2)}{\partial x_2} = \dfrac{\partial\left(\frac{x_1}{x_2}\right)}{\partial x_2} = -\dfrac{x_1}{(x_2)^2}$

   (3) [x_1 に関する偏微分]

   x_2 を定数とみなし x_1 で微分する. $\dfrac{\partial f(x_1, x_2)}{\partial x_1} = \dfrac{\partial(e^{x_1 x_2})}{\partial x_1} = x_2 e^{x_1 x_2}$

   [x_2 に関する偏微分]

   x_1 を定数とみなし x_2 で微分する. $\dfrac{\partial f(x_1, x_2)}{\partial x_2} = \dfrac{\partial(e^{x_1 x_2})}{\partial x_2} = x_1 e^{x_1 x_2}$

2. (1) [x_1 に関する偏微分係数]

   $f_{x_1}(x_1, x_2) = \sqrt{x_2}$ より, $f_{x_1}(-1, 4) = \sqrt{4} = 2$

   [x_2 に関する偏微分係数]

   $f_{x_1}(x_1, x_2) = \dfrac{1}{2} x_1 \dfrac{1}{\sqrt{x_2}}$ より, $f_{x_1}(-1, 4) = -\dfrac{1}{4}$

   (2) [x_1 に関する偏微分係数]

   $f_{x_1}(x_1, x_2) = \dfrac{x_1^2 - 2x_1 x_2 - x_2^2}{(x_1 - x_2)^2}$ より, $f_{x_1}(-1, 4) = -\dfrac{7}{25}$

   [x_2 に関する偏微分係数]

   $f_{x_2}(x_1, x_2) = \dfrac{x_1^2 + 2x_1 x_2 - x_2^2}{(x_1 - x_2)^2}$ より, $f_{x_2}(-1, 4) = -\dfrac{23}{25}$

3. $\log_e \sqrt{x_1^2 + x_2^2}$ の $(x_1, x_2) = (1, 2)$ における x_2 に関する偏微分係数を求めればよい.

$$f_{x_2}(x_1, x_2) = \frac{x_2}{x_1^2 + x_2^2} \text{ より, } f_{x_1}(1, 2) = \frac{2}{5}$$

2.3 全微分

2 変数関数の偏微分では，1 つの変数のみを動かし，もう片方の変数は固定した．そこで，2 つの変数を同時に動かした場合を考えるのが本節で学ぶ全微分である．

公式●全微分

2 変数関数 $y = f(x_1, x_2)$ の全微分 dy は

$$dy = \frac{\partial f(x_1, x_2)}{\partial x_1} dx_1 + \frac{\partial f(x_1, x_2)}{\partial x_2} dx_2$$

ただし，dx_1, dx_2 は限りなく 0 に近い小さな値で，$dy = f(x_1 + dx_1, x_2 + dx_2) - f(x_1, x_2)$ である．

[考え方]

全微分とは，$y = f(x_1, x_2)$ において x_1 方向に dx_1，y 方向に dx_2 だけ変化したとき，y の変化量 dy を与えるものである．

$$dy = \underbrace{\frac{\partial f(x_1, x_2)}{\partial x_1} dx_1}_{\substack{x_1 \text{方向に} dx_1 \text{だけ変化} \\ \text{したときの} y \text{の変化量}}} + \underbrace{\frac{\partial f(x_1, x_2)}{\partial x_2} dx_2}_{\substack{x_2 \text{方向に} dx_2 \text{だけ変化} \\ \text{したときの} y \text{の変化量}}}$$

例題

$y = 2x_1^2 + 3x_1 x_2 + x_2^3$ の全微分 dy を求めなさい．

[解]

$$\frac{\partial f(x_1, x_2)}{\partial x_1} = 4x_1 + 3x_2$$

$$\frac{\partial f(x_1, x_2)}{\partial x_2} = 3x_1 + 3x_2^2$$

公式「全微分」より，$dy = (4x_1 + 3x_2)dx_1 + (3x_1 + 3x_2^2)dx_2$ となる．

全微分の式には dx_1, dx_2 の記号が残ることに注意しよう．

やってみよう

次の関数を全微分しなさい．

(1) $f(x_1, x_2) = x_1^2 - x_2$ (2) $f(x_1, x_2) = \log_e(x_1 x_2)$

[解]

(1) $\dfrac{\partial f(x_1, x_2)}{\partial x_1} = 2x_1$, $\dfrac{\partial f(x_1, x_2)}{\partial x_2} = -1$ より，$dy = (2x_1)dx_1 - dx_2$ となる．

(2) $\dfrac{\partial f(x_1, x_2)}{\partial x_1} = \dfrac{1}{x_1}$, $\dfrac{\partial f(x_1, x_2)}{\partial x_2} = \dfrac{1}{x_2}$ より，$dy = \dfrac{1}{x_1}dx_1 + \dfrac{1}{x_2}dx_2$ となる．

2.4 合成関数の微分

2.4.1 合成関数の微分 1

$y = f(t)$, $t = g(x_1, x_2)$ の合成関数を考える．つまり $y = f(g(x_1, x_2))$ である．

公式●合成関数の微分 1

$y = f(t)$, $t = g(x_1, x_2)$ の合成関数 $y = f(g(x_1, x_2))$ の偏微分は以下のように与らえれる．

$$\frac{\partial y}{\partial x_1} = \frac{dy}{dt}\frac{\partial t}{\partial x_1} = \frac{df(t)}{dt}\frac{\partial g(x_1, x_2)}{\partial x_1}$$

$$\frac{\partial y}{\partial x_2} = \frac{dy}{dt}\frac{\partial t}{\partial x_2} = \frac{df(t)}{dt}\frac{\partial g(x_1, x_2)}{\partial x_2}$$

(1)　$y = \log_e x_1 x_2$ を公式「合成関数の微分 1」を用いて偏微分しなさい.

[解]

　　$t = x_1 x_2$ とおく. つまり, $y = \log_e t$, $t = x_1 x_2$ の合成関数とみなす. 公式より,

$$\frac{\partial y}{\partial x_1} = \frac{dy}{dt}\frac{\partial t}{\partial x_1} = \frac{d\log_e t}{dt}\frac{\partial x_1 x_2}{\partial x_1} = \frac{1}{t}x_2 = \frac{1}{x_1 x_2} \times x_2 = \frac{1}{x_1}$$

$$\frac{\partial y}{\partial x_2} = \frac{dy}{dt}\frac{\partial t}{\partial x_2} = \frac{d\log_e t}{dt}\frac{\partial x_1 x_2}{\partial x_2} = \frac{1}{t}x_1 = \frac{1}{x_1 x_2} \times x_1 = \frac{1}{x_2}$$

(2)　$y = e^{x_1^2 x_2}$ を公式「合成関数の微分 1」を用いて偏微分しなさい.

[解]

　　$t = x_1^2 x_2$ とおく. つまり, $y = e^t$, $t = x_1^2 x_2$ の合成関数とみなす. 公式より,

$$\frac{\partial y}{\partial x_1} = \frac{dy}{dt}\frac{\partial t}{\partial x_1} = \frac{de^t}{dt}\frac{\partial(x_1^2 x_2)}{\partial x_1} = e^t(2x_1 x_2) = 2x_1 x_2 e^{x_1^2 x_2}$$

$$\frac{\partial y}{\partial x_2} = \frac{dy}{dt}\frac{\partial t}{\partial x_2} = \frac{de^t}{dt}\frac{\partial(x_1^2 x_2)}{\partial x_2} = e^t x_1^2 = x_1^2 e^{x_1^2 x_2}$$

やってみよう

次の関数に対して, 公式「合成関数の微分 1」を用いて偏微分しなさい.

(1)　$y = \log_e 2x_1 x_2$　　　　(2)　$y = \log_e x_1^2 x_2$　　　　(3)　$y = e^{2x_1 x_2}$

[解]

(1)　$t = 2x_1 x_2$ とおく. つまり, $y = \log_e t$, $t = 2x_1 x_2$ の合成関数とみなす. 公式より,

$$\frac{\partial y}{\partial x_1} = \frac{dy}{dt}\frac{\partial t}{\partial x_1} = \frac{d\log_e t}{dt}\frac{\partial(2x_1 x_2)}{\partial x_1} = \frac{1}{t} \times (2x_2) = \frac{1}{2x_1 x_2} \times 2x_2 = \frac{1}{x_1}$$

$$\frac{\partial y}{\partial x_2} = \frac{dy}{dt}\frac{\partial t}{\partial x_2} = \frac{d\log_e t}{dt}\frac{\partial(2x_1 x_2)}{\partial x_2} = \frac{1}{t} \times (2x_1) = \frac{1}{2x_1 x_2} \times 2x_1 = \frac{1}{x_2}$$

(2)　$t = x_1^2 x_2$ とおく. つまり, $y = \log_e t$, $t = x_1^2 x_2$ の合成関数とみなす. 公式より,

$$\frac{\partial y}{\partial x_1} = \frac{dy}{dt}\frac{\partial t}{\partial x_1} = \frac{d\log_e t}{dt}\frac{\partial(x_1^2 x_2)}{\partial x_1} = \frac{1}{t} \times (2x_1 x_2) = \frac{1}{x_1^2 x_2} \times 2x_1 x_2 = \frac{2}{x_1}$$

$$\frac{\partial y}{\partial x_2} = \frac{dy}{dt}\frac{\partial t}{\partial x_2} = \frac{d\log_e t}{dt}\frac{\partial(x_1^2 x_2)}{\partial x_2} = \frac{1}{t} \times (x_1^2) = \frac{1}{x_1^2 x_2} \times x_1^2 = \frac{1}{x_2}$$

(3) $t=2x_1x_2$ とおく. つまり, $y=e^t$, $t=2x_1x_2$ の合成関数とみなす. 公式より,

$$\frac{\partial y}{\partial x_1} = \frac{dy}{dt}\frac{\partial t}{\partial x_1} = \frac{de^t}{dt}\frac{\partial(2x_1x_2)}{\partial x_1} = e^t \times (2x_2) = e^{2x_1x_2} \times 2x_2 = 2x_2 e^{2x_1x_2}$$

$$\frac{\partial y}{\partial x_2} = \frac{dy}{dt}\frac{\partial t}{\partial x_2} = \frac{de^t}{dt}\frac{\partial(2x_1x_2)}{\partial x_2} = e^t \times (2x_1) = e^{2x_1x_2} \times 2x_1 = 2x_1 e^{2x_1x_2}$$

2.4.2 合成関数の微分 2

$y=f(x_1,x_2)$, $x_1=g(t)$, $x_2=h(t)$ の合成関数を考える. つまり $y=f(g(t),h(t))$ である.

━━ **公式●合成関数の微分 2** ━━

$y=f(x_1,x_2)$, $x_1=g(t)$, $x_2=h(t)$ の合成関数 $y=f(g(t),h(t))$ の t に関する微分は以下のように与えられる.

$$\frac{dy}{dt} = \frac{\partial y}{\partial x_1}\frac{dx_1}{dt} + \frac{\partial y}{\partial x_2}\frac{dx_2}{dt} = \frac{\partial f(x_1,x_2)}{\partial x_1}\frac{dg(t)}{dt} + \frac{\partial f(x_1,x_2)}{\partial x_2}\frac{dh(t)}{dt}$$

例　題

(1) $y=x_1^2x_2-x_1x_2^2$, $x_1=t$, $x_2=e^t$ のとき, 公式「合成関数の微分 2」を用いて $\dfrac{dy}{dt}$ を求めなさい.

[解]

公式より,

$$\frac{dy}{dt} = \frac{\partial y}{\partial x_1}\frac{dx_1}{dt} + \frac{\partial y}{\partial x_2}\frac{dx_2}{dt} = \frac{\partial(x_1^2x_2-x_1x_2^2)}{\partial x_1}\frac{dt}{dt} + \frac{\partial(x_1^2x_2-x_1x_2^2)}{\partial x_2}\frac{de^t}{dt}$$

$$= (2x_1x_2-x_2^2) + (x_1^2-2x_1x_2)e^t = (2te^t-e^{2t}) + (t^2-2te^t)e^t$$

$$= (t^2+2t)e^t - (1+2t)e^{2t}$$

(2) $y=x_1^2x_2$, $x_1=3t-1$, $x_2=t^2+2t$ のとき, 公式「合成関数の微分 2」を用いて $\dfrac{dy}{dt}$ を求めなさい.

[解]

　公式より，

$$\frac{dy}{dt} = \frac{\partial y}{\partial x_1}\frac{dx_1}{dt} + \frac{\partial y}{\partial x_2}\frac{dx_2}{dt} = \frac{\partial(x_1^2 x_2)}{\partial x_1}\frac{d(3t-1)}{dt} + \frac{\partial(x_1^2 x_2)}{\partial x_2}\frac{d(t^2+2t)}{dt}$$

$$= 2x_1 x_2 \times 3 + x_1^2(2t+2) = 2(3t-1)(t^2+2t)\times 3 + (3t-1)^2(2t+2)$$

$$= 36t^3 + 36t^2 - 22t + 2$$

やってみよう

　次の関数に対して，公式「合成関数の微分 2」を用いて t に関する導関数を求めなさい．

(1)　$y = f(x_1, x_2) = 2x_1^2 x_2 - x_1 x_2^2,\ \ x_1 = t, x_2 = e^t$

(2)　$y = f(x_1, x_2) = e^{x_1 + x_2^2},\ \ x_1 = t, x_2 = t^2$

(3)　$y = f(x_1, x_2) = \log_e(x_1 + x_2^2),\ \ x_1 = t, x_2 = t^2$

[解]

(1)　公式より，

$$\frac{dy}{dt} = \frac{\partial y}{\partial x_1}\frac{dx_1}{dt} + \frac{\partial y}{\partial x_2}\frac{dx_2}{dt} = \frac{\partial(2x_1^2 x_2 - x_1 x_2^2)}{\partial x_1}\frac{dt}{dt} + \frac{\partial(2x_1^2 x_2 - x_1 x_2^2)}{\partial x_2}\frac{de^t}{dt}$$

$$= (4x_1 x_2 - x_2^2) + (2x_1^2 - 2x_1 x_2)e^t = (4te^t - e^{2t}) + (2t^2 - 2te^t)e^t$$

$$= (2t^2 + 4t)e^t - (2t+1)e^{2t}$$

(2)　$e^{x_1 + x_2^2} = e^{x_1} e^{x_2^2}$ に注意して，公式より，

$$\frac{dy}{dt} = \frac{\partial y}{\partial x_1}\frac{dx_1}{dt} + \frac{\partial y}{\partial x_2}\frac{dx_2}{dt} = \frac{\partial(e^{x_1} e^{x_2^2})}{\partial x_1}\frac{dt}{dt} + \frac{\partial(e^{x_1} e^{x_2^2})}{\partial x_2}\frac{dt^2}{dt}$$

$$= e^{x_1} e^{x_2^2} + e^{x_1} 2x_2 e^{x_2^2} 2t = (4tx_2 + 1)e^{x_1} e^{x_2^2} = (4t^3 + 1)e^t e^{t^4}$$

$$= (4t^3 + 1)e^{t^4 + t}$$

(3)　公式より，

$$\frac{dy}{dt} = \frac{\partial y}{\partial x_1}\frac{dx_1}{dt} + \frac{\partial y}{\partial x_2}\frac{dx_2}{dt} = \frac{\partial(\log_e(x_1 + x_2^2))}{\partial x_1}\frac{dt}{dt} + \frac{\partial(\log_e(x_1 + x_2^2))}{\partial x_2}\frac{dt^2}{dt}$$

$$= \frac{1}{x_1 + x_2^2} + \frac{2x_2}{x_1 + x_2^2}\times 2t = \frac{1}{t + t^4} + \frac{2t^2}{t + t^4}\times 2t$$

$$= \frac{1 + 4t^3}{t + t^4}$$

2.5　2次偏導関数 ------------------------------

偏導関数がさらに偏微分可能な場合を考える．関数 $y = f(x_1, x_2)$ の x_1 に関する偏導関数 $y_{x_1} = f_{x_1}(x_1, x_2) = \dfrac{\partial f}{\partial x_1}(x_1, x_2)$ をさらに x_2 で偏微分すると

$$(y_{x_1})_{x_2} = (f_{x_1}(x_1, x_2))_{x_2} = \frac{\partial}{\partial x_2}\left\{\frac{\partial f}{\partial x_1}(x_1, x_2)\right\}$$

となるが，これを

$$y_{x_1 x_2} = f_{x_1 x_2}(x_1, x_2) = \frac{\partial^2 f}{\partial x_2 \partial x_1}(x_1, x_2)$$

などとかく．

x_1 で偏微分したものをさらに x_1 で偏微分する場合（$y_{x_1 x_1} = f_{x_1 x_1}(x_1, x_2) = \dfrac{\partial^2 f}{\partial x_1^2}(x_1, x_2)$ などとかく）や，x_2 で偏微分したものをさらに x_1 で偏微分する場合なども同様である[2]．これらを 2 次偏導関数という．

例

$f(x_1, x_2) = x_1^4 x_2^3$ とするとき $f(x_1, x_2)$ の 2 次偏導関数は以下のようになる．

$f_{x_1}(x_1, x_2) = 4x_1^3 x_2^3, \; f_{x_2}(x_1, x_2) = 3x_1^4 x_2^2$ に注意してさらに偏微分を行う．

$$f_{x_1 x_1}(x_1, x_2) = 12x_1^2 x_2^3, \quad f_{x_1 x_2}(x_1, x_2) = 12x_1^3 x_2^2$$
$$f_{x_2 x_1}(x_1, x_2) = 12x_1^3 x_2^2, \quad f_{x_2 x_2}(x_1, x_2) = 6x_1^4 x_2$$

（注）$f_{x_1 x_2}$ は初めに x_1 で偏微分したのち x_2 で偏微分する．$f_{x_2 x_1}$ は初めに x_2 で偏微分したのち x_1 で偏微分する．この 2 つは偏微分する順番が異なっている．一般に $f_{x_1 x_2}$ と $f_{x_2 x_1}$ が連続な関数であれば，この 2 つは一致（$f_{x_1 x_2} = f_{x_2 x_1}$）することが知られている．これはヤングの定理として有名である．

2　さらに 3 次偏導関数やもっと高次の偏導関数も同様に考えることができる．

1. 次の関数の 2 次偏導関数を全て求めなさい.

  （1） $f(x_1, x_2) = x_1^2 x_2^2 - 3x_1 x_2^2 + x_1 x_2 + 3x_1$　　　（2） $f(x_1, x_2) = \log_e x_1 x_2$

2. 次の関数において $f_{x_1 x_2}(x_1, x_2) = f_{x_2 x_1}(x_1, x_2)$ を確かめなさい.

  （1） $f(x_1, x_2) = x_1^2 x_2^3 - x_1^2 x_2^2$　　　（2） $f(x_1, x_2) = x_1 e^{x_1 x_2}$

[解]

1. （1） $f_{x_1}(x_1, x_2) = 2x_1 x_2^2 - 3x_2^2 + x_2 + 3,\ f_{x_2}(x_1, x_2) = 2x_1^2 x_2 - 6x_1 x_2 + x_1$

   $f_{x_1 x_1}(x_1, x_2) = 2x_2^2,\ f_{x_1 x_2}(x_1, x_2) = 4x_1 x_2 - 6x_2 + 1$

   $f_{x_2 x_1}(x_1, x_2) = 4x_1 x_2 - 6x_2 + 1,\ f_{x_2 x_2}(x_1, x_2) = 2x_1^2 - 6x_1$

   （2） $f_{x_1}(x_1, x_2) = \dfrac{1}{x_1},\ f_{x_2}(x_1, x_2) = \dfrac{1}{x_2}$

   $f_{x_1 x_1}(x_1, x_2) = -\dfrac{1}{x_1^2},\ f_{x_1 x_2}(x_1, x_2) = 0$

   $f_{x_2 x_1}(x_1, x_2) = 0,\ f_{x_2 x_2}(x_1, x_2) = -\dfrac{1}{x_2^2}$

2. （1） $f_{x_1}(x_1, x_2) = 2x_1 x_2^3 - 2x_1 x_2^2,\ f_{x_1 x_2}(x_1, x_2) = 6x_1 x_2^2 - 4x_1 x_2$

   $f_{x_2}(x_1, x_2) = 3x_1^2 x_2^2 - 2x_1^2 x_2,\ f_{x_2 x_1}(x_1, x_2) = 6x_1 x_2^2 - 4x_1 x_2$

   より, $f_{x_1 x_2}(x_1, x_2) = f_{x_2 x_1}(x_1, x_2)$

   （2） $f_{x_1}(x_1, x_2) = e^{x_1 x_2} + x_1 x_2 e^{x_1 x_2},\ f_{x_1 x_2}(x_1, x_2) = x_1 e^{x_1 x_2} + x_1 e^{x_1 x_2} + x_1^2 x_2 e^{x_1 x_2} = 2x_1 e^{x_1 x_2} + x_1^2 x_2 e^{x_1 x_2}$

   $f_{x_2}(x_1, x_2) = x_1^2 e^{x_1 x_2},\ f_{x_2 x_1}(x_1, x_2) = 2x_1 e^{x_1 x_2} + x_1^2 x_2 e^{x_1 x_2}$ より,

   $f_{x_1 x_2}(x_1, x_2) = f_{x_2 x_1}(x_1, x_2)$

1. 次の関数を偏微分しなさい.

(1) $f(x_1, x_2) = x_1 x_2 + x_1 + x_2 - 2$ 　　(2) $f(x_1, x_2) = \dfrac{x_1 + x_2}{x_1 - x_2}$

(3) $f(x_1, x_2) = 3x_1^2 x_2^3$ 　　(4) $f(x_1, x_2) = \log_e(x_1 x_2 - x_1)$

2. 公式「合成関数の微分1」を用いて y_{x_1}, y_{x_2} を求めなさい.

(1) $y = \log_e(x_1^2 x_2 - x_1 x_2^2)$ 　　(2) $y = \sqrt{su}, \quad s = x_1^2 + x_2^2, u = x_1 + x_2$

3. 公式「合成関数の微分2」を用いて $\dfrac{dy}{dt}$ を求めなさい.

(1) $y = x_1 x_2, \quad x_1 = \log_e t, x_2 = e^{t^2}$ 　　(2) $y = x_1^2 x_2^{-2}, \quad x_1 = t + 1, x_2 = t^2 + 2t$

4. 2辺の長さが x_1, x_2 の長方形がある. 各辺の長さをそれぞれ微小量 dx_1, dx_2 だけ変化させた際に面積の変化 dS を求めなさい.

5. 次の関数の2次導関数を全て求めなさい.

(1) $f(x_1, x_2) = x_1^3 x_2^3$ 　　(2) $f(x_1, x_2) = \dfrac{1}{x_1 x_2}$

6. 2変数関数 $f(x_1, x_2) = x_1^4 - 2x_1^2 x_2^2 - 3x_1 x_2^3 + 2x_2^4$ について以下の問いに答えなさい.

(1) $f_{x_1 x_1 x_1}$ を求めなさい.

(2) 3次導関数についてもそれらが連続関数であれば偏微分する順番によらず決まる. このことを確認するために $f_{x_2 x_1 x_1} = f_{x_1 x_2 x_1} = f_{x_1 x_1 x_2}$ を示しなさい.

第3講

微分 3
── 2変数関数の極値問題

■経済学における生産関数や効用関数などは，一般的に多変数関数で表現される．そして，経済理論（特にミクロ経済学）は，それら多変数関数の最適化問題が理論のベースになっていると言っても過言ではない．

　本講では，多変数関数の最適化問題について2変数関数を例に学ぶ．一般に最適化問題は，各変数に対して制約条件がつく場合とつかない場合が存在する．前者は，経済学的にも重要で，本書の第13講に詳しくかかれている．

3.1　2変数関数の極値

　1変数関数の場合と同様に，2変数関数などの多変数関数でも極値の概念が存在する．本節では2変数関数の極値について説明する．

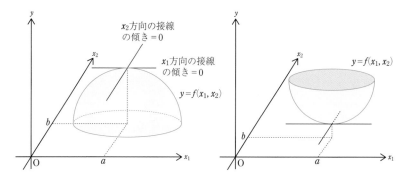

極大値

関数 $f(x_1, x_2)$ が $x_1 = a, x_2 = b$ の近くで最大値をとるとき，関数 $f(x_1, x_2)$ は $x_1 = a, x_2 = b$ で極大になるといい，その値 $f(a, b)$ を極大値という．

極小値

関数 $f(x_1, x_2)$ が $x_1 = a, x_2 = b$ の近くで最小値をとるとき，関数 $f(x_1, x_2)$ は $x_1 = a, x_2 = b$ で極小になるといい，その値 $f(a, b)$ を極小値という．

極値

極大値と極小値を合わせて極値という．

3.2　2変数関数の極値問題

ここでは，2変数関数が与えられたときにその関数の極値を具体的に求める方法について学ぶ．前節の図からも分かるが，極値における接線の傾きは 0 である．これにより，以下の公式が成り立つ．

公式● 2変数関数が極値をとる条件——極値の1階条件

関数 $f(x_1, x_2)$ が $x_1 = a, x_2 = b$ で極値をとるならば，

$$\begin{cases} \dfrac{\partial f}{\partial x_1}(a, b) = 0 \\ \dfrac{\partial f}{\partial x_2}(a, b) = 0 \end{cases} \quad (*)$$

が成り立つ．

（この公式を極値の1階条件とよぶ．）この条件を用いることで，極値の候補を求めることができる．

式 $(*)$ が満たされるからといって必ずしも点 (a, b) が極値を与えるわけではないので注意が必要である．実際に極値をとるかどうかの判定は後で学ぶ．

例　題

(1) 関数 $f(x_1, x_2) = 4x_1^2 + 6x_1x_2 + 5x_2^2 + 12x_1 - 2x_2 + 1$ は $x_1 = -3$, $x_2 = 2$ で極値をもつが，このとき極値の 1 階条件が満たされることを確かめなさい.

[解]

$$\begin{cases} \dfrac{\partial f}{\partial x_1}(-3, 2) = 0 \\ \dfrac{\partial f}{\partial x_2}(-3, 2) = 0 \end{cases}$$

を示す. 実際,

$$\frac{\partial f}{\partial x_1}(x_1, x_2) = 8x_1 + 6x_2 + 12 \text{ より,} \quad \frac{\partial f}{\partial x_1}(-3, 2) = -24 + 12 + 12 = 0$$

$$\frac{\partial f}{\partial x_2}(x_1, x_2) = 6x_1 + 10x_2 - 2 \text{ より,} \quad \frac{\partial f}{\partial x_2}(-3, 2) = -18 + 20 - 2 = 0$$

以上より，極値の 1 階条件が満たされることが確かめられた.

(2) 関数 $f(x_1, x_2) = 1 - x_1^2 - x_2^2 - x_1x_2 + 3x_1 + 3x_2$ の極値の候補を求めなさい.

[解]

$f(x_1, x_2)$ が $x_1 = a$, $x_2 = b$ で極値をとるとすると，極値の 1 階条件より，$f_{x_1}(a, b) = 0, f_{x_2}(a, b) = 0$ を満たすので，次の連立方程式

$$\begin{cases} -2a - b + 3 = 0 \\ -2b - a + 3 = 0 \end{cases}$$

の解が $f(x_1, x_2)$ の極値の候補である. これを解くと

$$\begin{cases} a = 1 \\ b = 1 \end{cases}$$

よって，$(x_1, x_2) = (1, 1)$ で極値の候補 $f(1, 1) = 4$ をとる.

やってみよう

1. $f(x_1, x_2) = x_1^{\frac{1}{4}} x_2^{\frac{1}{4}} - x_1 - x_2$ の極値の候補を求めなさい.

2. $f(x_1, x_2) = x_1^2 + 2x_2^2 + 4x_2^3$ の極値の候補を求めなさい.

［解］

1. $f(x_1,x_2)$ が $x_1=a,\ x_2=b$ で極値をとるとすると，極値の 1 階条件より，$f_{x_1}(a,b)=0$，$f_{x_2}(a,b)=0$ を満たすので，次の連立方程式 $\begin{cases}\frac{1}{4}a^{-\frac{3}{4}}b^{\frac{1}{4}}-1=0\\\frac{1}{4}a^{\frac{1}{4}}b^{-\frac{3}{4}}-1=0\end{cases}$ の解が $f(x_1,x_2)$ の極値をとる候補である．これを解くと $\begin{cases}a=\frac{1}{16}\\b=\frac{1}{16}\end{cases}$．よって，$(x_1,x_2)=\left(\frac{1}{16},\frac{1}{16}\right)$ で極値の候補 $f\left(\frac{1}{16},\frac{1}{16}\right)=\frac{1}{8}$ をとる．

2. $f(x_1,x_2)$ が $x_1=a,\ x_2=b$ で極値をとるとすると，極値の 1 階条件より，$f_{x_1}(a,b)=0$，$f_{x_2}(a,b)=0$ を満たすので，次の連立方程式 $\begin{cases}2a=0\\4b+12b^2=0\end{cases}$ の解が $f(x_1,x_2)$ の極値の候補である．これを解くと $\begin{cases}a=0\\b=0\end{cases}$ と $\begin{cases}a=0\\b=-\frac{1}{3}\end{cases}$．よって，$(x_1,x_2)=(0,0)$ と $(x_1,x_2)=\left(0,-\frac{1}{3}\right)$ で極値の候補 $f(0,0)=0,\ f\left(0,-\frac{1}{3}\right)=\frac{2}{27}$ をそれぞれとる．

　ここまで，2 変数関数が極値をとる条件として極値の 1 階条件を考えた．しかしながら，この条件で得られるのは極値の候補であり，実際にそれらが極値なのかの判定はできなかった．ここでは，得られた極値の候補が実際に極値であるどうか，そして，それらが極値であれば極大なのか極小なのかを判定するための方法を学ぶ．

> ### ── 公式●極値の判定
>
> 　$y=f(x_1,x_2)$ において $(x_1,x_2)=(a,b)$ が極値の候補であるとする．つまり $f_{x_1}(a,b)=f_{x_2}(a,b)=0$ とする．ここで判別式 D を以下のように定義する[1]．
>
> $$D=f_{x_1x_1}(a,b)f_{x_2x_2}(a,b)-f_{x_1x_2}(a,b)f_{x_2x_1}(a,b)$$
> $$\underset{(f_{x_1x_2}=f_{x_2x_1}のとき)}{=}f_{x_1x_1}(a,b)f_{x_2x_2}(a,b)-\{f_{x_1x_2}(a,b)\}^2$$
>
> 　このとき
>
> (1) $D>0$ のとき，$f_{x_1x_1}(a,b)>0$ なら $f(x_1,x_2)$ は点 (a,b) で極小値をとる．
> 　　　　　　$f_{x_1x_1}(a,b)<0$ なら $f(x_1,x_2)$ は点 (a,b) で極大値をとる．
>
> (2) $D<0$ のとき，$f(x_1,x_2)$ は点 (a,b) で極値をとらない．

1　3 変数以上の関数に対して，ここで定義した判別式を拡張したヘッセ行列というものが存在するが，それに関してはより上級な教科書を参照すること．

(3) $D = 0$ のとき，$f(x_1, x_2)$ は点 (a, b) で極値をとる場合もとらない場合もあり判定不能.

例題

(1) $f(x_1, x_2) = 1 - x_1^2 - x_2^2 - x_1 x_2 + 3x_1 + 3x_2$ の極値を求めなさい.

[解]

先の例題より，極値の候補は $(x_1, x_2) = (1, 1)$ である．点 $(1, 1)$ における判別式 D を求める.

$$f_{x_1}(x_1, x_2) = -2x_1 - x_2 + 3, \ f_{x_2}(x_1, x_2) = -2x_2 - x_1 + 3 \ \text{より}$$
$$f_{x_1 x_1}(x_1, x_2) = -2, \ f_{x_1 x_2}(x_1, x_2) = -1, \ f_{x_2 x_2}(x_1, x_2) = -1.$$

したがって，判別式 D は

$$D = f_{x_1 x_1}(1, 1) f_{x_2 x_2}(1, 1) - \{f_{x_1 x_2}(1, 1)\}^2 = 1 > 0$$

であり，$f_{x_1 x_1}(1, 1) = -2 < 0$ であるので，公式「極値の判定」より，点 $(1, 1)$ は極大値 $f(1, 1) = 4$ をとる.

(2) $f(x_1, x_2) = x_1^2 + 2x_2^2 + 4x_2^3$ の極値を求めなさい.

[解]

先の例題より，極値の候補は $(x_1, x_2) = (0, 0), \left(0, -\dfrac{1}{3}\right)$ である.

$$f_{x_1}(x_1, x_2) = 2x_1, \ f_{x_2}(x_1, x_2) = 12x_2^2 + 4x_2 \ \text{より}$$
$$f_{x_1 x_1}(x_1, x_2) = 2, \ f_{x_1 x_2}(x_1, x_2) = 0, \ f_{x_2 x_2}(x_1, x_2) = 24x_2 + 4$$

であることに注意して，

$(0, 0)$ について：

点 $(0, 0)$ における判別式 D を求める.

$$D = f_{x_1 x_1}(0, 0) f_{x_2 x_2}(0, 0) - \{f_{x_1 x_2}(0, 0)\}^2 = 8 > 0$$

であり，$f_{x_1 x_1}(0, 0) = 2 > 0$ であるので，公式「極値の判定」より，点 $(0, 0)$ は極小値 $f(0, 0) = 0$ をとる.

$\left(0, -\dfrac{1}{3}\right)$ について：

点 $\left(0, -\dfrac{1}{3}\right)$ における判別式 D を求める.

$$D = f_{x_1 x_1}\left(0, -\frac{1}{3}\right) f_{x_2 x_2}\left(0, -\frac{1}{3}\right) - \left\{ f_{x_1 x_2}\left(0, -\frac{1}{3}\right) \right\}^2 = -8 < 0$$

であるので,公式「極値の判定」より,点 $\left(0, -\dfrac{1}{3}\right)$ は極値をとらない.

やってみよう

次の関数 $f(x_1, x_2)$ の極値を求めなさい.

(1) $f(x_1, x_2) = -x_1^2 - 2x_1 x_2 - \dfrac{1}{3}x_2^3 + 1$

(2) $f(x_1, x_2) = x_1^2 + 3x_1 x_2 + x_2^2 - 2x_1 - x_2 + 3$

(3) $f(x_1, x_2) = e^{x_1^2 + x_2^2}$

[解]

(1) $f_{x_1}(x_1, x_2) = -2x_1 - 2x_2,\ f_{x_2}(x_1, x_2) = -2x_1 - x_2^2,\ f_{x_1 x_1}(x_1, x_2) = -2,\ f_{x_2 x_2} = -2x_2,\ f_{x_1 x_2}(x_1, x_2) = -2$ である.

$f(x_1, x_2)$ が $x_1 = a,\ x_2 = b$ で極値をとるとすると,極値の 1 階条件より,$f_{x_1}(a, b) = 0$, $f_{x_2}(a, b) = 0$ を満たすので,次の連立方程式 $\begin{cases} -2a - 2b = 0 \\ -2a - b^2 = 0 \end{cases}$ の解が $f(x_1, x_2)$ の極値をとる候補である.これを解いて $(0, 0),\ (-2, 2)$ が極値をとる候補である.

また,判別式 $D = f_{x_1 x_1}(0, 0) f_{x_2 x_2}(0, 0) - \{ f_{x_1 x_2}(0, 0) \}^2 = -2 \times (-2x_2) - (-2)^2 = 4x_2 - 4$ であることに注意して,

$(0, 0)$ について:判別式 $D = 4 \times 0 - 4 = -4 < 0$ で,公式「極値の判定」より,$(0, 0)$ は極値をとらない.

$(-2, 2)$ について:判別式 $D = 4 \times 2 - 4 = 4 > 0,\ f_{x_1, x_1}(-2, 2) = -2$ であるので,公式「極値の判定」より,$(-2, 2)$ は極大値 $f(-2, 2) = \dfrac{7}{3}$ をとる.

(2) $f_{x_1}(x_1, x_2) = 2x_1 + 3x_2 - 2,\ f_{x_2}(x_1, x_2) = 3x_1 + 2x_2 - 1,\ f_{x_1 x_1}(x_1, x_2) = 2,\ f_{x_2 x_2} = 2,\ f_{x_1 x_2}(x_1, x_2) = 3$ である.

$f(x_1, x_2)$ が $x_1 = a,\ x_2 = b$ で極値をとるとすると,極値の 1 階条件より,$f_{x_1}(a, b) = 0$, $f_{x_2}(a, b) = 0$ を満たすので,次の連立方程式 $\begin{cases} 2a + 3b - 2 = 0 \\ 3a + 2b - 1 = 0 \end{cases}$ の解が $f(x_1, x_2)$ の極値をとる候補である.これを解いて $\left(-\dfrac{1}{5}, \dfrac{4}{5}\right)$ が極値をとる候補である.

また,判別式 $D = f_{x_1 x_1}\left(-\dfrac{1}{5}, \dfrac{4}{5}\right) f_{x_2 x_2}\left(-\dfrac{1}{5}, \dfrac{4}{5}\right) - \left\{ f_{x_1 x_2}\left(-\dfrac{1}{5}, \dfrac{4}{5}\right) \right\}^2 = 2 \times 2 - 3^2 = -5 < 0$,であるので,公式「極値の判定」より,$\left(-\dfrac{1}{5}, \dfrac{4}{5}\right)$ は極値をとらない.

(3) $f_{x_1}(x_1,x_2)=2x_1e^{x_1^2+x_2^2}$, $f_{x_2}(x_1,x_2)=2x_2e^{x_1^2+x_2^2}$, $f_{x_1x_1}(x_1,x_2)=2e^{x_1^2+x_2^2}+4x_1^2e^{x_1^2+x_2^2}$, $f_{x_2x_2}=2e^{x_1^2+x_2^2}+4x_2^2e^{x_1^2+x_2^2}$, $f_{x_1x_2}(x_1,x_2)=4x_1x_2e^{x_1^2+x_2^2}$ である.

$f(x_1,x_2)$ が $x_1=a$, $x_2=b$ で極値をとるとすると,極値の1階条件より,$f_{x_1}(a,b)=0$, $f_{x_2}(a,b)=0$ を満たすので,次の連立方程式 $\begin{cases} 2ae^{a^2+b^2}=0 \\ 2be^{a^2+b^2}=0 \end{cases}$ において $e^{a^2+b^2}$ はどのような (a,b) を代入しても 0 にはならないので,上の連立方程式は $(a,b)=(0,0)$ が解であり,原点が極値の候補である.また,判別式 $D=f_{x_1x_1}(0,0)f_{x_2x_2}(0,0)-\{f_{x_1x_2}(0,0)\}^2=2\times2-0^2=4>0$, $f_{x_1x_1}(0,0)=2>0$ であるので,公式「極値の判定」より,$(0,0)$ は極小値 $f(0,0)=1$ をとる.

3.3 制約条件つきの2変数関数の極値問題----

経済学において効用や利潤を最大にすることを考える場合,必ず予算などの制約がつく.数学的にはこれを制約条件つきの極値問題といい,これを解くために有用な方法としてラグランジュの未定乗数法が知られている.本節ではラグランジュの未定乗数法について学ぶ.

ラグランジュの未定乗数法とは,制約条件つきの極値問題を制約条件がない極値問題に置き直すための手法である.制約条件がない極値問題であれば,前節で述べた極値の1階条件から極値の候補を求めることができる.

制約条件つき極値問題

以下のような問題を制約条件つき極値問題とよぶ.

変数 (x_1,x_2) に $g(x_1,x_2)=b$ の制約条件があるとき,関数 $y=f(x_1,x_2)$ の極値を求めなさい.

ラグランジュの未定乗数法

ラグランジュの未定乗数法における最初の手順は,まず,ラグランジュ関数を定義することである.ラグランジュ関数は,極値を求めたい関数 $f(x_1,x_2)$ に対してラグランジュ乗数 λ と制約式 $(b-g(x_1,x_2))$ の積を加えたものとして定義される.つまり,

$$L(x_1,x_2,\lambda)=f(x_1,x_2)+\lambda(b-g(x_1,x_2)) \qquad (3.1)$$

がラグランジュ関数である．なお，λ はラグランジュ乗数とよばれ，極値問題を解く際に決定されるべき変数である．

ラグランジュ関数 L に関して 1 階条件を求めるならば，

$$\frac{\partial L}{\partial x_1} = \frac{\partial f(x_1, x_2)}{\partial x_1} - \lambda \frac{g(x_1, x_2)}{\partial x_1} = 0 \tag{3.2a}$$

$$\frac{\partial L}{\partial x_2} = \frac{\partial f(x_1, x_2)}{\partial x_2} - \lambda \frac{g(x_1, x_2)}{\partial x_2} = 0 \tag{3.2b}$$

$$\frac{\partial L}{\partial \lambda} = b - g(x_1, x_2) = 0 \tag{3.2c}$$

となる．この連立方程式を解いて得られる解が制約条件のもとでの極値の候補である（得られた答えがいつも極値になっているとは限らない．得られた解はあくまでも極値の候補であることを忘れてはならない．実際に極値になっているかどうかの検証はもう少し複雑な解析を要するので本書では扱わないこととする）．(3.2c) 式は制約条件そのものであることに注意しよう．この連立方程式を解く際，基本的には，(3.2a) 式と (3.2b) 式から λ を消去した方程式と，(3.2c) 式を連立させて解くことが多い．

以上で理解できるように，ラグランジュの未定乗数法の要諦は，ラグランジュ乗数を新たに導入することによって，「等式制約条件のある極値問題」が「制約条件のないラグランジュ関数の極値問題」に転換できることにある．

例　題

$x_1^2 + x_2^2 = 1$ のもとで関数 $f(x_1, x_2) = 2x_1 + x_2$ の極値をとる (x_1, x_2) の候補を求めなさい．

[解]

ラグランジュ関数 L は

$$L(x_1, x_2, \lambda) = 2x_1 + x_2 + \lambda(1 - x_1^2 - x_2^2)$$

となる．

ラグランジュ関数 L の極値の 1 階条件

$$\frac{\partial L}{\partial x_1}(x_1, x_2, \lambda) = 2 - 2\lambda x_1 = 0 \qquad (3.3a)$$

$$\frac{\partial f}{\partial x_2}(x_1, x_2, \lambda) = 1 - 2\lambda x_2 = 0 \qquad (3.3b)$$

$$\frac{\partial f}{\partial \lambda}(x_1, x_2, \lambda) = 1 - x_1^2 - x_2^2 = 0 \qquad (3.3c)$$

を解く．（3.3a）式と（3.3b）式から λ を消去すると $x_1 = 2x_2$ が得られ，この方程式と（3.3c）式から, $(x_1, x_2) = \left(\pm \dfrac{2}{\sqrt{5}}, \pm \dfrac{1}{\sqrt{5}} \right)$ が極値をとる候補である．

（注）円 $x_1^2 + x_2^2 = 1$ と直線 $2x_1 + x_2 = b$（b は直線の x_2 切片）において，円と直線が接するときの接点が極値を与える．実際，直線 $x_2 = -2x_1 + b$ と円 $x_1^2 + x_2^2 = 1$ の共有点で，切片 b が最大あるいは最小になるときを見つければよい．下の図から，明らかに切片 b が最大あるいは最小になるのは直線と円が接するときである（講末の**練習問題** 5 を参照）．

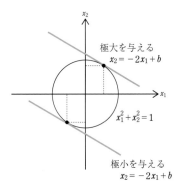

やってみよう

1. 制約条件 $px_1 + qx_2 = I$ のもとで関数 $y = x_1 x_2$ の極値をとる (x_1, x_2) の候補を求めなさい．

2. 制約条件 $x_1^2 + 4x_2^2 = 1$ のもとで関数 $y = x_1 x_2$ の極値をとる (x_1, x_2) の候補を求めなさい．

[解]
1. ラグランジュ関数 L は $L(x_1, x_2, \lambda) = x_1 x_2 + \lambda(I - px_1 - qx_2)$ となる．

ラグランジュ関数 L の極値の 1 階条件

$$\frac{\partial L}{\partial x_1}(x_1, x_2, \lambda) = x_2 - \lambda p = 0 \qquad (3.4a)$$

$$\frac{\partial f}{\partial x_2}(x_1, x_2, \lambda) = x_1 - \lambda q = 0 \qquad (3.4b)$$

$$\frac{\partial f}{\partial \lambda}(x_1, x_2, \lambda) = (I - px_1 - qx_2) = 0 \qquad (3.4c)$$

を解く. まず, (3.4a) 式と (3.4b) 式から λ を消去すると, $x_1 = \dfrac{q}{p}x_2$ を得る. これと (3.4c) 式から, $(x_1, x_2) = \left(\dfrac{I}{2p}, \dfrac{I}{2q}\right)$ がこの制約条件つき極値問題における極値をとる候補である.

2. ラグランジュ関数 L は $L(x_1, x_2, \lambda) = x_1 x_2 + \lambda(1 - x_1^2 - 4x_2^2)$ となる.

ラグランジュ関数 L の極値の 1 階条件

$$\frac{\partial L}{\partial x_1}(x_1, x_2, \lambda) = x_2 - 2\lambda x_1 = 0$$

$$\frac{\partial f}{\partial x_2}(x_1, x_2, \lambda) = x_1 - 8\lambda x_2 = 0$$

$$\frac{\partial f}{\partial \lambda}(x_1, x_2, \lambda) = 1 - x_1^2 - 4x_2^2 = 0$$

を解いて, $(x_1, x_2) = \left(\pm\dfrac{1}{\sqrt{2}}, \pm\dfrac{1}{2\sqrt{2}}\right)$

▶ ラグランジュの未定乗数法の直感的説明

ここから, 制約条件がある場合の最大化のグラフを用いて, ラグランジュの未定乗数法に関する直感的説明を与える (少し込み入った説明になるので初学者は飛ばしてもよい). まず, (x_1, x_2) 平面において制約式が曲線 C ($g(x_1, x_2) = 0$) として描かれていることに注意しよう. また, 説明を簡単にするために, $\partial f/\partial x_1 > 0$ と $\partial f/\partial x_2 > 0$ が成立することを想定する (つまり, 関数 f は x_1, x_2 に関して増加関数). 下図において, (x_1, x_2) 平面上に関数 f に関する等量線 V を 2 本描いているが ($f(x_1, x_2) = V_1, f(x_1, x_2) = V_2$), この想定により, $V_1 < V_2$ が成立する. 等量線 V_1 は曲線 C と 2 回交差している. また, 等量線 V_2 は制約線 C と 1 点で接している. 等量線 V_1 と制約線 C が交差する点 P_1 では, 制約条件が満たされ, 関数 f は V_1 という値を達成している.

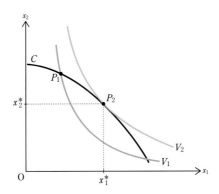

　点P_1を出発点として，制約線Cに沿ってほんの少しx_1を増加させる（もちろん，制約条件を満たさなければならないのでx_2を減少させることになる）ことによって，関数fの値を増加させることができる．これは，点P_1が関数fの最大値を与える最適点ではないことを意味する．

　注目すべきは点P_2であり，関数fの等量線V_2と制約線Cが接している状態である．このとき，関数fはV_2を達成している．点P_2において，制約線Cに沿ってx_1をさらに増加させても減少させても，V_2を得ることは不可能であり，関数fの値は減少せざるを得ない．以上の議論により，点P_2において関数fの最大値が達成されていることが結論づけられる．

　さて，点P_2についてさらに詳しく検討してみよう．つまり，点P_2において等量線V_2と制約線Cが互いに接している状態は，その点における等量線V_2の傾きと制約線Cの傾きが一致していることを意味する．これを数学的に表現するならば，

$$-\frac{\partial f(x_1^*,x_2^*)}{\partial x_1}\bigg/\frac{\partial f(x_1^*,x_2^*)}{\partial x_2}=-\frac{\partial g(x_1^*,x_2^*)}{\partial x_1}\bigg/\frac{\partial g(x_1^*,x_2^*)}{\partial x_2} \tag{3.5}$$

となる（講末の**練習問題 6**を参照）．なお，左辺が等量線V_2の$x=x_1^*$における傾きであり，右辺が曲線Cの$x=x_1^*$における傾きである．これを単純に変型するならば，

$$\frac{\partial f(x_1^*,x_2^*)}{\partial x_1}\bigg/\frac{\partial g(x_1^*,x_2^*)}{\partial x_1}=\frac{\partial f(x_1^*,x_2^*)}{\partial x_2}\bigg/\frac{\partial g(x_1^*,x_2^*)}{\partial x_2} \tag{3.6}$$

とできる．さらに，この値をλとすれば，上の式は以下のように整理できる．

$$\frac{\partial f(x_1^*, x_2^*)}{\partial x_i} - \lambda \frac{g(x_1^*, x_2^*)}{\partial x_i} = 0 \quad (i = 1, 2) \tag{3.7}$$

この式は，ラグランジュの未定乗数法における 1 階の微係数の条件（3.2a）式と（3.2b）式に他ならない．これらの条件と（3.2c）式を組み合わせることにより，ラグランジュの未定乗数法における 1 階の微係数の 3 つの条件は目的関数と制約条件が最適値のもとで互いに接している条件であることが理解できるであろう．

1. 次の関数 $f(x_1, x_2)$ の極値を求めなさい.

  （1）$f(x_1, x_2) = x_1^2 + x_2^2$　　　（2）$f(x_1, x_2) = x_1^3 - ax_1x_2 + x_2^3$　$(a \neq 0)$

2. 以下の問いに答えなさい.

  （1）制約条件 $x_1 - 2x_2 = 10$ のもとで，関数 x_1x_2 の極値をとる (x_1, x_2) の候補を求めなさい.

  （2）制約条件 $x_1^2 + 4x_2^2 - 1 = 0$ のもとで，関数 $x_1 + x_2$ の極値をとる (x_1, x_2) の候補を求めなさい.

3. 点 $P(x_1, x_2)$ が $6x_1^2 - 3x_1x_2 + 6x_2^2 = 2$ 上を動くとき，原点 O と点 P との距離 $|OP|$ の最大値と最小値を求めなさい.

4. 長さが 20 の非常に細い針金を折り曲げて長方形を作る（ただし，長方形を作る際に針金を余らせないとする）. このとき，面積 S が最大になる長方形をラグランジュの未定乗数法を用いて求めなさい.

5. 46 頁の例題「$x_1^2 + x_2^2 = 1$ のもとで関数 $f(x_1, x_2) = 2x_1 + x_2$ の極値をとる (x_1, x_2) の候補を求めなさい.」について，極値をとる (x_1, x_2) が，円と直線の接点に対応することを確かめなさい.

6. 「グラフ $f(x_1, x_2) = 0$ 上の点 (x_1^*, x_2^*) における接線の傾きは $-\dfrac{f_{x1}(x_1^*, x_2^*)}{f_{x2}(x_1^*, x_2^*)}$ で与えられる.」

  この事実を確かめるために以下を示しなさい. 円：$x_1^2 + x_2^2 = 1$ 上の点 $\left(\dfrac{1}{\sqrt{2}}, \dfrac{1}{\sqrt{2}}\right)$ における接線の傾きを，この事実を含む 2 通りで求め，それらが一致すること.

■本講では 1 変数関数の積分を学ぶ. 1 変数関数の積分には 2 種類ある. 1 つ目は不定積分である. これは微分の逆の演算に対応する. 2 つ目は定積分である. これは与えられた関数の面積の計算に対応する. 実はこれら 2 つの積分は互いに関連していることも本講で学ぶ[1]. なお, 積分は経済学における成長理論とのつながりが強く, 本書の第 14 講に詳細な記載がある.

4.1 不定積分

不定積分

微分の逆の演算を不定積分という. つまり関数 $f(x)$ の不定積分を求めるとは, 微分したら $f(x)$ になる関数 $F(x)$ を見つけることである. 数学的にかくと次のようになる.

$\dfrac{d}{dx}F(x)=f(x)$ のとき, $F(x)$ を $f(x)$ の不定積分, もしくは原始関数といい,

$$F(x) = \int f(x)dx$$

とかく.

このとき, $f(x)$ をこの不定積分の被積分関数という.

例

$f(x)=2x$ の不定積分を求める. 微分すると $2x$ になる関数を求めればよ

1　微分と同様で積分も可能な関数とそうでないものが存在するが, 本書では全て積分可能な関数のみ考える.

いので $(x^2)' = 2x$ より，不定積分の一つは x^2 であることが分かる．しかし x^2 だけでなく，$(x^2 - 10)' = 2x, (x^2 + 10)' = 2x$ などからも分かるように $x^2 +$ 定数も微分すると $2x$ となる．つまり，C を任意定数として $(x^2 + C)' = 2x$ なので，$f(x) = 2x$ の不定積分 $F(x)$ は $F(x) = x^2 + C$（ただし C は任意定数）である．

不定積分と積分定数

関数 $F(x)$ が $f(x)$ の不定積分の一つである，つまり $F'(x) = f(x)$ のとき，C を定数とすると $(F(x) + C)' = f(x)$ なので

$$\int f(x)dx = F(x) + C \quad (C は任意定数)$$

となる．このとき定数 C は積分定数とよばれる．以降，C が積分定数である断りを省略する．

例 題

（1）$f(x) = x$ の不定積分を求めなさい．

[解]

微分したら x になる関数を求めればよく $\left(\dfrac{1}{2}x^2\right)' = x$ なので積分定数を加えて

$$\int x dx = \frac{1}{2}x^2 + C$$

（2）$f(x) = 3x^2$ の不定積分を求めなさい．

[解]

微分したら $3x^2$ になる関数を求めればよく $(x^3)' = 3x^2$ なので積分定数を加えて

$$\int 3x^2 dx = x^3 + C$$

（3）$f(x) = e^x$ の不定積分を求めなさい．

[解]

微分したら e^x になる関数を求めればよく $(e^x)' = e^x$ なので積分定数を加えて

$$\int e^x dx = e^x + C$$

(4) $f(x) = \dfrac{1}{x}$ の不定積分を求めなさい.

[解]

　微分したら $\dfrac{1}{x}$ になる関数を求めればよく $(\log_e |x|)' = \dfrac{1}{x}$ なので積分定数を加えて

$$\int \frac{1}{x} dx = \log_e |x| + C$$

(5) $f(x) = e^{2x}$ の不定積分を求めなさい.

[解]

　微分したら e^{2x} になる関数を求めればよく $(e^{2x})' = 2e^{2x}$ に注意すると

$$\left(\frac{1}{2}e^{2x}\right)' = \frac{1}{2}(e^{2x})' = \frac{1}{2} \times 2e^{2x} = e^{2x}$$

なので, 積分定数を加えて

$$\int e^{2x} dx = \frac{1}{2}e^{2x} + C$$

やってみよう

次の関数の不定積分を求めなさい.

(1) $f(x) = x^2$　　　　(2) $f(x) = -x$

(3) $f(x) = \dfrac{1}{x^2}$　　　　(4) $f(x) = xe^{x^2}$

[解]

(1) $\displaystyle\int x^2 dx = \frac{1}{3}x^3 + C$　　　(2) $\displaystyle\int -x dx = -\frac{1}{2}x^2 + C$

(3) $\displaystyle\int \frac{1}{x^2} dx = \int x^{-2} dx = -x^{-1} = -\frac{1}{x} + C$

(4) $\dfrac{1}{2}(e^{x^2})' = xe^{x^2}$ に注意すると, $\displaystyle\int xe^{x^2} = \frac{1}{2}(e^{x^2}) + C$

4.2 不定積分の性質 ----------------------------

4.1 節でも具体的な不定積分の計算を行ったが，ここでは重要ないくつか
の不定積分の公式を挙げておく.

┌─ **公式●不定積分の計算** ─────────────────

(1) $\displaystyle\int x^n dx = \frac{1}{n+1}x^{n+1} + C \quad (n \neq -1)$

(2) $\displaystyle\int \frac{1}{x}dx = \log_e |x| + C$

(3) $\displaystyle\int e^{ax} dx = \frac{1}{a}e^x + C$

(4) $\displaystyle\int \frac{f'(x)}{f(x)}dx = \log_e |f(x)| + C$

┌─ **公式●関数の和, 定数倍の不定積分** ──────────

(1) $\displaystyle\int \{f(x) \pm g(x)\}dx = \int f(x)dx \pm \int g(x)dx$

(2) $\displaystyle\int kf(x)dx = k\int f(x)dx$

┌─ **例 題** ─────────────

(1) $f(x) = x^2 - x$ の不定積分を求めなさい.

[解]

$$\int (x^2 - x)dx = \int x^2 dx - \int xdx = \left(\frac{1}{3}x^3 + C_1\right) - \left(\frac{1}{2}x^2 + C_2\right)$$

$$= \frac{1}{3}x^3 - \frac{1}{2}x^2 + C \quad (ただし\ C = C_1 - C_2)$$

[別解] 微分したら $x^2 - x$ になる関数を見つけるという考え方で解くことも可能
である. そうすると, $\left(\dfrac{1}{3}x^3 - \dfrac{1}{2}x^2\right)' = x^2 - x$ なので

$$\int (x^2 - x)dx = \frac{1}{3}x^3 - \frac{1}{2}x^2 + C$$

(2) $f(x) = 3e^x - 4x^3$ の不定積分を求めなさい.

[解]

$$\int (3e^x - 4x^3)dx = \int 3e^x dx - \int 4x^3 dx = 3\int e^x dx - 4\int x^3 dx$$

$$= (3e^x + C_1) - 4\left(\frac{1}{4}x^4 + C_2\right) = 3e^x - x^4 + C,$$

$$(ただし,\ C = C_1 - 4C_2)$$

(3) $f(x) = \dfrac{2x+1}{x^2+x-3}$ の不定積分を求めなさい.

[解]

$$\int \frac{2x+1}{x^2+x-3}dx = \log_e |x^2+x-3| + C \quad (公式「不定積分の計算」（4）より)$$

やってみよう

次の関数の不定積分を求めなさい.

(1) $f(x) = -2x^3 + 3x^2 + 3$ 　　　(2) $f(x) = \dfrac{1}{x} + \dfrac{1}{x^2}$

(3) $f(x) = \dfrac{4x+3}{2x^2+3x-3}$

[解]

(1) $\displaystyle \int (-2x^3 + 3x^2 + 3)dx = -\frac{1}{2}x^4 + x^3 + 3x + C$

(2) $\displaystyle \int \frac{1}{x} + \frac{1}{x^2}dx = \log_e |x| - x^{-1} + C = \log_e |x| - \frac{1}{x} + C$

(3) 公式「不定積分の計算」（4）より, $\displaystyle \int \frac{4x+3}{2x^2+3x-3} = \log_e |2x^2+3x-3| + C$

4.3 定 積 分

定 積 分

$F(x)$ を $f(x)$ の不定積分の一つとする（つまり $F'(x) = f(x)$）．このとき，$f(x)$ の定義域内に点 a, b をとり，点 a, b における $f(x)$ の不定積分の差 $F(b) - F(a)$ を

$$\int_a^b f(x)dx$$

とかき，これを関数 $f(x)$ の a から b までの定積分という．定積分 $\int_a^b f(x)dx$ において $f(x)$ を被積分関数という．この $F(b) - F(a)$ を $\left[F(x)\right]_a^b$ ともかく．a をこの積分の下端，b を上端という．

定積分 $F(b) - F(a)$ は不定積分をとる際の積分定数の選び方に依らないことに注意しよう．実際，$f(x)$ の不定積分を $F(x) + C$ とすると，a から b までの定積分は $(F(b) + C) - (F(a) + C) = F(b) - F(a)$ となり，定積分は積分定数に依存しないことが分かる．

公式●定積分

$F(x)$ を $f(x)$ の不定積分の一つとすると，

$$\int_a^b f(x)dx = \left[F(x)\right]_a^b = F(b) - F(a)$$

（注）公式からも分かるように，定積分は不定積分が求まれば計算できる．定積分は積分定数の値に依存せず決まるので，不定積分を選ぶときには積分定数 $C = 0$ とすればよい．

例 題

次の定積分を計算しなさい．

(1) $\displaystyle\int_1^2 xdx$

［解］

$$\int_1^2 xdx = \left[\frac{1}{2}x^2\right]_1^2 = \frac{1}{2}2^2 - \frac{1}{2}1^2 = 2 - \frac{1}{2} = \frac{3}{2}$$

(2) $\displaystyle\int_{-1}^2 3e^x dx$

［解］

$$\int_{-1}^2 3e^x dx = \left[3e^x\right]_{-1}^2 = 3(e^2 - e^{-1})$$

やってみよう

次の定積分を計算しなさい.

(1) $\displaystyle\int_2^3 3xdx$ 　　　(2) $\displaystyle\int_0^2 x^2 dx$ 　　　(3) $\displaystyle\int_e^{2e} \frac{1}{x}dx$

［解］

(1) $\displaystyle\int_2^3 3xdx = \left[\frac{3}{2}x^2\right]_2^3 = \frac{3}{2}(3^2 - 2^2) = \frac{15}{2}$

(2) $\displaystyle\int_0^2 x^2 dx = \left[\frac{1}{3}x^3\right]_0^2 = \frac{1}{3}2^3 = \frac{8}{3}$

(3) $\displaystyle\int_e^{2e} \frac{1}{x}dx = \left[\log_e |x|\right]_e^{2e} = \log_e(2e) - \log_e(e) = (\log_e 2 + \log_e e) - \log_e e = \log_e 2$

4.4　定積分の性質------------------------------

不定積分と同様に定積分にも以下の性質が成り立つ.

公式●関数の和, 定数倍の定積分

(1) $\displaystyle\int_a^b \{f(x) \pm g(x)\}dx = \int_a^b f(x)dx \pm \int_a^b g(x)dx$

(2) $\displaystyle\int_a^b kf(x)dx = k\int_a^b f(x)dx$

$f(x) = x^2 - 3x$ の 0 から 1 までの定積分を計算しなさい.

[解]

$$\int_0^1 (x^2 - 3x)dx = \int_0^1 x^2 dx - 3\int_0^1 x dx = \left[\frac{1}{3}x^3\right]_0^1 - 3\left[\frac{1}{2}x^2\right]_0^1$$

$$= \left(\frac{1}{3} \times 1^3 - \frac{1}{3} \times 0^3\right) - 3\left(\frac{1}{2} \times 1^2 - \frac{1}{2} \times 0^2\right) = -\frac{7}{6}$$

[別解]

不定積分の計算として微分したら $x^2 - 3x$ になる関数を見つけると考えれば,

$$\left(\frac{1}{3}x^3 - \frac{3}{2}x^2\right)' = x^2 - 3x より,$$

$$\int_0^1 (x^2 - 3x)dx = \left[\frac{1}{3}x^3 - \frac{3}{2}x^2\right]_0^1 = -\frac{7}{6}$$

と計算できる.

　これまで不定積分と定積分とを別々に学んだが, 実はこれら 2 つの積分は互いに関係する.

公式●定積分と不定積分

$$F(x) = \int_a^x f(t)dt$$

とおくと $F(x)$ は $f(x)$ の不定積分, つまり

$$\frac{dF(x)}{dx} = f(x)$$

が成り立つ.

　この公式は, 関数 $f(x)$ の定積分は, 積分区間の上端を変数とみなすことで $f(x)$ の不定積分になることを意味している. また, この公式から積分の微分といった計算も行える.

例 題

$\dfrac{d}{dx}\displaystyle\int_a^x e^{3t}dt$ を求めなさい.

[解]

公式「定積分と不定積分」より

$$\dfrac{d}{dx}\int_a^x e^{3t}dt = e^{3x}$$

実際,

$$\dfrac{d}{dx}\int_a^x e^{3t}dt = \dfrac{d}{dx}\left(\left[\dfrac{1}{3}e^{3t}\right]_a^x\right) = \dfrac{d}{dx}\left(\dfrac{1}{3}e^{3x} - \dfrac{1}{3}e^{3a}\right) = e^{3x}$$

であり, 公式が正しいことが確かめられる.

やってみよう

1. 次の積分を求めなさい.

(1) $\displaystyle\int_{-1}^1 (x^2 - 2)dx$　　　(2) $\displaystyle\int_1^2 (e^{-2x} + x^2 - \dfrac{1}{x^2})dx$　　　(3) $\displaystyle\int_{-1}^1 (x^2 + 1)dx$

(4) $\displaystyle\int_a^b f(x)dx = -\int_b^a f(x)dx$ を示しなさい.

2. $\dfrac{d}{dx}\displaystyle\int_a^x \log_e t\,dt$ を求めなさい.

[解]

1. (1) $\displaystyle\int_{-1}^1 (x^2 - 2)dx = \left[\dfrac{1}{3}x^3 - 2x\right]_{-1}^1 = \left(\dfrac{1}{3}1^3 - 2\times 1\right) - \left(\dfrac{1}{3}\times(-1)^3 - 2\times(-1)\right) = -\dfrac{10}{3}$

(2) $\displaystyle\int_1^2 \left(e^{-2x} + x^2 - \dfrac{1}{x^2}\right)dx = \left[-\dfrac{1}{2}e^{-2x} + \dfrac{1}{3}x^3 + \dfrac{1}{x}\right]_1^2 = \left(-\dfrac{1}{2}e^{-4} + \dfrac{8}{3} + \dfrac{1}{2}\right)$

$- \left(-\dfrac{1}{2}e^{-2} + \dfrac{1}{3} + 1\right) = \dfrac{1}{2}\left(\dfrac{1}{e^2} - \dfrac{1}{e^4}\right) + \dfrac{11}{6}$

(3) $\displaystyle\int_{-1}^1 (x^2 + 1)dx = \left[\dfrac{1}{3}x^3 + x\right]_{-1}^1 = \dfrac{1}{3}1^3 + 1 - \left(\dfrac{1}{3}(-1)^3 - 1\right) = \dfrac{8}{3}$

(4) $f(x)$ の不定積分を $F(x)$ とすると,

　　　左辺 $= [F(x)]_a^b = F(b) - F(a)$

　　　右辺 $= -[F(x)]_b^a = -(F(a) - F(b)) = F(b) - F(a)$

となり，左辺＝右辺つまり $\displaystyle\int_a^b f(x)dx = -\int_b^a f(x)dx$ が示された.

2. 公式「定積分と不定積分」より，$\displaystyle\frac{d}{dx}\int_a^x \log_e t\,dt = \log_e x$

4.5 定積分と面積----------------------------------

4.4 節では定積分の計算方法を学んだが，ここでは定積分の幾何的意味を考える．実は，ある関数の定積分は，その関数が作る図形の面積に対応している．

公式●定積分と面積 1

$a \leqq x \leqq b$ の範囲で $f(x) \geqq 0$ のとき，$y = f(x)$ のグラフと x 軸と 2 直線 $x = a, x = b$ で囲まれる図形の面積 S は，

$$S = \int_a^b f(x)dx$$

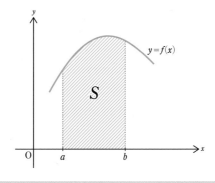

[考え方]

簡単な場合でこの公式が成り立っていることを確かめる．

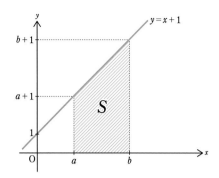

図のように $y = f(x) = x + 1$ のグラフと x 軸と 2 直線 $x = a$, $x = b$ で囲まれる図形（図の斜線部）の面積 S を考える.

● 台形の面積の公式を用いる

$$S = \{(\text{上底}) + (\text{下底})\} \times \text{高さ} \times \frac{1}{2}$$

$$= \{(a+1) + (b+1)\} \times (b-a) \times \frac{1}{2} = \frac{b^2 - a^2 + 2b - 2a}{2}$$

● 積分を用いる

$$S = \int_a^b (x+1)dx = \left[\frac{1}{2}x^2 + x \right]_a^b$$

$$= \left(\frac{1}{2}b^2 + b \right) - \left(\frac{1}{2}a^2 + a \right) = \frac{b^2 - a^2 + 2b - 2a}{2}$$

以上より，上の**公式「定積分と面積 1」**が成り立つことが分かる.

（注）直線のみで作られる図形の面積の定義は自明であるが，曲線 $y = f(x)$ で作られる図形の面積の定義は自明ではない．その場合に対して，この公式の証明を行うには，区分求積法とよばれる考え方を用いる必要があるが，これは本書では扱わないので興味があれば別のより上級な教科書を参照すること.

$a \leqq x \leqq b$ の範囲で $f(x) \leqq 0$ のとき，$y = f(x)$ のグラフと x 軸と 2 直線 $x = a, x = b$ で囲まれる図形（図の斜線部）の面積 S は，

$$S = \int_a^b \{-f(x)\}dx$$

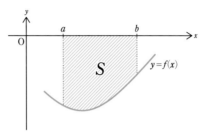

[考え方]

対称性より，$y = -f(x)$ のグラフと x 軸と 2 直線 $x = a, x = b$ で囲まれる図形の面積 S' は S に等しい．

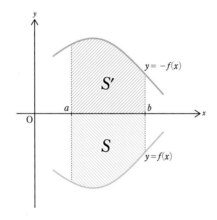

$-f(x) \geqq 0$ なので公式「定積分と面積 1」より，

$$S' = \int_a^b \{-f(x)\}dx$$

よって，$S = S' = \int_a^b \{-f(x)\}dx$

2つの関数 $f(x), g(x)$ について，$a \leq x \leq b$ の範囲で $f(x) \geq g(x)$ のとき，$y = f(x)$ のグラフと $y = g(x)$ のグラフ，そして2直線 $x = a, x = b$ で囲まれる図形（図の斜線部）の面積 S は，

$$S = \int_a^b \{f(x) - g(x)\}dx$$

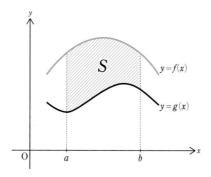

（注）求めたい面積の図形が x 軸の下側にある場合は，図形全体が上側にくるように y 軸方向へ k だけ平行移動する．すると，この公式から $S = \int_a^b \{(f(x) + k) - (g(x) + k)\}dx = \int_a^b \{f(x) - g(x)\}dx$ となる．したがって，図形が x 軸の下側にあるときもこの公式は成り立つ．

[考え方]

求めたい面積 S はグラフ $y = f(x)$ で作られる図形の面積 $\left(\int_a^b f(x)dx \right)$ からグラフ $y = g(x)$ で作られる図形の面積 $\left(\int_a^b g(x)dx \right)$ を引けばよい．よって，

$$S = \int_a^b f(x)dx - \int_a^b g(x)dx = \int_a^b \{f(x) - g(x)\}dx$$

例　題

（1）グラフ $y=x^2$ と x 軸と 2 直線 $x=1, x=2$ で囲まれる図形の面積 S を求めなさい．

[解]

公式「定積分と面積 1」より，

$$S = \int_1^2 x^2 dx = \left[\frac{1}{3}x^3\right]_1^2 = \frac{1}{3}2^3 - \frac{1}{3}1^3 = \frac{7}{3}$$

（2）グラフ $y=x^2-9$ と x 軸とで囲まれる図形の面積 S を求めなさい．

[解]

グラフと x 軸との交点は，$x^2-9=0$ を解くと，$x=\pm 3$ と分かる．

$-3 \leq x \leq 3$ では $y \leq 0$ なので公式「定積分と面積 2」より，

$$S = \int_{-3}^3 \{-(x^2-9)\}dx = \left[-\frac{1}{3}x^3 + 9x\right]_{-3}^3$$
$$= \left(-\frac{1}{3}3^3 + 9 \times 3\right) - \left(-\frac{1}{3}(-3)^3 + 9 \times (-3)\right) = 36$$

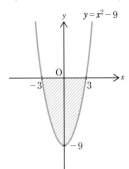

（3）グラフ $y=-2x+2$ と x 軸と 2 直線 $x=0, x=2$ で囲まれる図形の面積 S を求めなさい．

[解]

グラフと x 軸との交点は，$-2x+2=0$ を解くと，$x=1$ と分かる．

$0 \leq x \leq 1$ では $y \geq 0$ なので公式「定積分と面積 1」を，$1 \leq x \leq 2$ では $y \leq 0$ なので公式「定積分と面積 2」を用いると，

$$S = \int_0^2 (-2x+2)dx = \int_0^1 (-2x+2)dx + \int_1^2 -(2x+2)dx$$

$$= \left[-x^2 + 2x \right]_0^1 - \left[-x^2 + 2x \right]_1^2 = 2$$

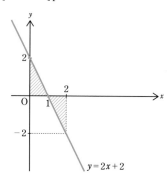

(4) グラフ $y = x^2 - 1$ と $y = x + 1$ とで囲まれる図形の面積 S を求めなさい.

[解]

　　$y = x^2 - 1$ と $y = x + 1$ との交点は,$x^2 - 1 = x + 1$ を解くと,$x = -1, 2$ と分かる.
よって公式「定積分と面積3」より,

$$S = \int_{-1}^2 \{(x+1) - (x^2 - 1)\}dx = \int_{-1}^2 (-x^2 + x + 2)dx$$

$$= \left[-\frac{1}{3}x^3 + \frac{1}{2}x^2 + 2x \right]_{-1}^2 = \frac{9}{2}$$

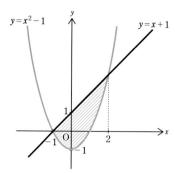

1. $y = 2x + 1$ と x 軸と 2 直線 $x = 1, x = 2$ で囲まれる面積を求めなさい.

2. $x \geq 0$ で $y = x^2 - 1$ と x 軸と 2 直線 $x = 0, x = 2$ で囲まれる面積を求めなさい.

3. $y = e^x$ と x 軸と 2 直線 $x = 1, x = 2$ で囲まれる面積を求めなさい.

4. $y = x^3$ と $y = x$ で囲まれる面積を求めなさい.

[解]

1. $S = \displaystyle\int_1^2 (2x + 1)dx = \left[x^2 + x\right]_1^2 = 4$

2. $S = \displaystyle\int_0^2 (x^2 - 1)dx = \int_0^1 -(x^2 - 1)dx + \int_1^2 (x^2 - 1)dx = -\left[\frac{1}{3}x^3 - x\right]_0^1 + \left[\frac{1}{3}x^3 - x\right]_1^2 = \frac{2}{3} + \frac{4}{3}$

   $= 2$

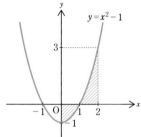

3. $S = \displaystyle\int_1^2 e^x dx = \left[e^x\right]_1^2 = e^2 - e$

4. $S = \displaystyle\int_{-1}^0 (x^3 - x)dx + \int_0^1 (x - x^3)dx = \left[\frac{1}{4}x^4 - \frac{1}{2}x^2\right]_{-1}^0 + \left[\frac{1}{2}x^2 - \frac{1}{4}x^4\right]_0^1 = \frac{1}{2} + \frac{1}{2} = 1$

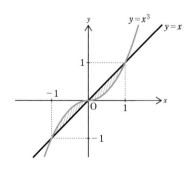

1. 次の不定積分を求めなさい.

(1) $\displaystyle\int x^3 - x^2 + x - 1$　　　(2) $\displaystyle\int \sqrt{x}dx$　　　(3) $\displaystyle\int 2e^x dx$

(4) $\displaystyle\int \frac{8x-2}{-2x^2+x}dx$　　　(5) $\displaystyle\int \sqrt[5]{x}dx$　　　(6) $\displaystyle\int \frac{(2x-1)^2}{x^2}dx$

(7) $\displaystyle\int \frac{4x+2}{\sqrt{x}}dx$　　　(8) $\displaystyle\int 3x^2 e^{x^3}$

2. 次の定積分を求めなさい.

(1) $\displaystyle\int_1^2 \frac{x^4}{x^5+1}dx$　　　(2) $\displaystyle\int_1^3 (-x^2+2x+1)$　　　(3) $\displaystyle\int_1^2 \left(\frac{1}{x}+e^x\right)dx$

(4) $\displaystyle\int_0^2 e^{2x}dx$　　　(5) $\displaystyle\int_0^1 \frac{1}{\sqrt{x}}dx$

3. $\displaystyle\int \frac{1}{x}\log_a e = \log_a x + C$ を示しなさい. ただし, 対数の底の変換公式

$\log_a x = \dfrac{\log_b x}{\log_b a}$　$(a,b,x>0,\ a,b\neq 1)$ を利用してもよい.

4. 以下の問いに答えなさい.

(1) $\displaystyle\int_a^a f(x)dx = 0$ を示しなさい.

(2) $a<c<b$ を満たす任意の C について, $\displaystyle\int_a^b f(x)dx = \int_a^c f(x)dx + \int_c^b f(x)dx$ が成り立つことを示しなさい.

5. 以下の問いに答えなさい.

(1) グラフ $y=|x^2-6x|$ と x 軸で囲まれる領域の面積を求めなさい.

(2) グラフ $y=x^2-2$ と $y=-2x^2+4$ で囲まれる領域の面積を求めなさい.

6. $\displaystyle\int_a^x f(t)dt = x^2-4$ を満たす $f(t)$ と定数 a を求めなさい.

第5講
積 分 2
──積分の計算法

■前講では，積分について不定積分と定積分の考え方とそれぞれの基本的な計
算法について学んだ．本講では，より多くの関数の積分を計算するために有
用ないくつかの公式を学ぶ．

5.1 置 換 積 分 ------------------------------------

　置換積分とは，被積分関数を変数変換し，より積分しやすい関数にして積
分する方法である．

公式●置換積分（不定積分）

$$\int f(x)dx = \int f(x(t))\frac{dx(t)}{dt}dt \quad (x = x(t))$$

　前講でも学んだが，定積分は不定積分が求まれば計算できるので，置換積
分の定積分は上記の公式と本質的には何も変わらないが，定積分を考える際
は積分範囲に注意が必要である．つまり，置換積分の定積分においては，
元々の変数の積分範囲と，変数変換により変換された変数の積分範囲が異な
ることを考慮する必要がある．

公式●置換積分（定積分）

　変数 x が $x = x(t)$ により変数変換され，x の区間 $[a,b]$ が t の区間
$[\alpha, \beta]$ に写されるとすると，

$$\int_a^b f(x)dx = \int_\alpha^\beta f(x(t))\frac{dx(t)}{dt}dt \quad (x = x(t))$$

公式「置換積分（不定積分）」，公式「置換積分（定積分）」を見ると，積分変数を x から t へ変換するために，$dx = \dfrac{dx(t)}{dt}dt$ としていることが分かるが，これは微分記号をあたかもただの分数のように考えると覚えやすい．

例　題

(1) $\displaystyle\int e^{ax}dx$ を求めなさい.

[解]

$ax = t$ とすると $x = \dfrac{1}{a}t$ なので，$x(t) = \dfrac{1}{a}t$ として両辺を t で微分すると $\dfrac{dx(t)}{dt} = \dfrac{1}{a}$ であるので公式「置換積分（不定積分）」を用いて

$$\int e^{ax}dx = \int e^t \frac{dx(t)}{dt}dt = \int e^t \frac{1}{a}dt = \frac{1}{a}\int e^t dt = \frac{1}{a}e^t + C$$

最後に変数 t を x に戻す．$ax = t$ なので結局，

$$\int e^{ax}dx = \frac{1}{a}e^{ax} + C$$

(2) $\displaystyle\int_0^1 e^{ax}dx$ を求めなさい.

[解]

$ax = t$ とすると，x が $[0,1]$ を動くとき，t は $[0,a]$ を動くので，変数変換により変数を t にすると積分範囲は $[0,a]$ となる．したがって，例題 (1) と同様に $ax = t$ として公式「置換積分（定積分）」を用いると

$$\int_0^1 e^{ax}dx = \int_0^1 e^t \frac{dx(t)}{dt}dt = \int_0^1 e^t \frac{1}{a}dt = \frac{1}{a}\int_0^1 e^t dt = \frac{1}{a}\left[e^t\right]_0^1 = \frac{1}{a}(e-1)$$

(3) $\displaystyle\int (3x+1)^3 dx$ を求めなさい.

[解]

$3x + 1 = t$ とすると $x = \dfrac{t-1}{3}$ なので，$x(t) = \dfrac{t-1}{3}$ として両辺を t で微分すると $\dfrac{dx(t)}{dt} = \dfrac{1}{3}$ であるので公式「置換積分（不定積分）」を用いて

$$\int (3x+1)^3 dx = \int t^3 \frac{dx(t)}{dt} dt = \int t^3 \frac{1}{3} dt = \frac{1}{3} \int t^3 dt = \frac{1}{3} \times \frac{1}{4} t^4 + C = \frac{1}{12} t^4 + C$$

最後に変数 t を x に戻す. $3x+1=t$ なので結局,

$$\int (3x+1)^3 dx = \frac{1}{12}(3x+1)^4 + C$$

(4) $\displaystyle\int (x^2+1)^3 2x$ を求めなさい.

[解]

$x^2+1=t$ とおく. 両辺を x で微分すると $\dfrac{d(x^2+1)}{dx} = \dfrac{dt}{dx}$, つまり $2x = \dfrac{dt}{dx}$ であるので公式「置換積分（不定積分)」を用いて

$$\int (x^2+1)^3 2x dx = \int t^3 \frac{dt}{dx} dx = \int t^3 dt = \frac{1}{4} t^4 + C$$

最後に変数 t を x に戻す. $x^2+1=t$ なので結局,

$$\int (x^2+1)^3 2x dx = \frac{1}{4}(x^2+1)^4 + C$$

（注）この問題は例題 (1) (2) (3) とは異なり, 公式の右辺を左辺に変形するものである. ここでも $\dfrac{dt}{dx} dx = dt$ と微分記号をあたかも分数のように考えると分かりやすい.

やってみよう

次の積分を求めなさい.

(1) $\displaystyle\int e^{3x}$ 　　　(2) $\displaystyle\int \sqrt{2x+1} dx$ 　　　(3) $\displaystyle\int (2x-1)^3 dx$

(4) $\displaystyle\int_0^1 2x e^{x^2} dx$ 　　　(5) $\displaystyle\int_0^2 (3x+1)^2$

[解]

(1) $3x=t$ とおいて置換積分をする. $\displaystyle\int e^{3x} dx = \frac{1}{3} \int e^t dt = \frac{1}{3} e^t + C = \frac{1}{3} e^{3x} + C$

(2) $2x+1=t$ とおいて置換積分をする.

$$\int \sqrt{2x+1} dx = \int \frac{1}{2} \sqrt{t} dt = \frac{1}{2} \cdot \frac{1}{3} t^{\frac{3}{2}} + C = \frac{\sqrt{(2x+1)^3}}{3} + C$$

(3) $2x-1=t$ とおいて置換積分をする.

$$\int (2x-1)^3 dx = \int t^3 \frac{1}{2} dt = \frac{1}{2} \frac{1}{4} u^4 + C = \frac{1}{8}(2x-1)^4 + C$$

(4) $x^2 = t$ とおいて置換積分をする. $\displaystyle\int_0^1 2xe^{x^2} dx = \int_0^1 e^t dt = [e^t]_0^1 = e - 1$

(5) $3x+1 = t$ とおいて置換積分をする. $\displaystyle\int_0^2 (3x+1)^2 dx = \int_1^7 \frac{1}{3} t^2 dt = \frac{1}{3}\left[\frac{1}{3}t^3\right]_1^7 = 38$

5.2 部 分 積 分 -

本節では，関数の積の積分に対して有効な公式である部分積分の公式を学ぶ.

公式●部分積分（不定積分）

関数 $G(x)$ を関数 $f(x)$ の不定積分の一つとする．つまり $G(x) = \int g(x)dx$ であるとすると，

$$\int f(x)g(x)dx = f(x)G(x) - \int f'(x)G(x)dx$$

同様に部分積分の定積分は以下の公式でまとめられる.

公式●部分積分（定積分）

関数 $G(x)$ を関数 $f(x)$ の不定積分の一つとする．つまり $G(x) = \int g(x)dx$ であるとすると，

$$\int_a^b f(x)g(x)dx = \left[f(x)G(x)\right]_a^b - \int_a^b f'(x)G(x)dx$$

例 題

(1) $\displaystyle\int xe^{2x} dx$ を求めなさい.

[解]

$f(x) = x, g(x) = e^{2x}$ とおいて公式「部分積分（不定積分）」を用いる.

$$\int xe^{2x}dx = x\underset{e^{2x}\text{の不定積分}}{\underline{\frac{1}{2}e^{2x}}} - \int (x)' \frac{1}{2}e^{2x}dx = \frac{1}{2}xe^{2x} - \frac{1}{2}\times\frac{1}{2}e^{2x} + C = \frac{e^{2x}}{4}(2x-1) + C$$

(2) $\displaystyle\int_2^4 xe^{2x}dx$ を求めなさい.

[解]

例題（1）を定積分にした問題である．同様にして，$f(x)=x,g(x)=e^{2x}$ とおいて公式「部分積分（定積分）」を用いる.

$$\int_2^4 xe^{2x}dx=\left[x\frac{1}{2}e^{2x}\right]_2^4-\int_2^4(x)'\frac{1}{2}e^{2x}dx=\left[x\frac{1}{2}e^{2x}\right]_2^4-\frac{1}{2}\int_2^4 e^{2x}dx$$

$$=\left[x\frac{1}{2}e^{2x}\right]_2^4-\frac{1}{2}\left[\frac{1}{2}e^{2x}\right]_2^4=\left(4\frac{1}{2}e^8-2\frac{1}{2}e^4\right)-\frac{1}{2}\left(\frac{1}{2}e^8-\frac{1}{2}e^4\right)$$

$$=\frac{7}{4}e^8-\frac{3}{4}e^4$$

(3) $\displaystyle\int \log_e xdx$ を求めなさい.

[解]

$f(x)=\log_e x,g(x)=1$ とおいて公式「部分積分（不定積分）」を用いる.

$$\int \log_e xdx=(\log_e x)\underset{1\text{の不定積分}}{x}-\int(\log_e x)'x=x\log_e x-\int\frac{1}{x}xdx$$

$$=x\log_e x-\int dx=x\log_e x-x+C$$

(注) $\displaystyle\int \log_e xdx=x\log_e x-x$ は自然対数の積分として覚えてしまうのがよい.

やってみよう

次の積分を求めなさい.

(1) $\displaystyle\int xe^x dx$ (2) $\displaystyle\int x^2 e^x dx$ (3) $\displaystyle\int x\log_e xdx$

(4) $\displaystyle\int_{-1}^1 (x+2)^2(x-1)dx$

[解]

(1) $f(x)=x,g(x)=e^x$ とおいて公式「部分積分（不定積分）」を用いる.

$$\int xe^x dx=\underset{e^x\text{の不定積分}}{xe^x}-\int(x)'e^x=xe^x-\int e^x dx=(x-1)e^x+C$$

(2) $f(x)=x^2,g(x)=e^x$ とおいて公式「部分積分（不定積分）」を2回用いる.

$$\int x^2 e^x dx = x^2 e^x \underset{e^x \text{の不定積分}}{} - \int (x^2)' e^x = x^2 e^x - \int 2xe^x dx$$

$$= x^2 e^x - 2(\underset{e^x \text{の不定積分}}{xe^x} - \int (x)' e^x dx) = x^2 e^x - 2(xe^x - e^x) = (x^2 - 2x + 2)e^x$$

(3) $f(x) = \log_e x, g(x) = x$ とおいて公式「部分積分（不定積分）」を用いる.

$$\int x \log_e x \, dx = \frac{1}{2} x^2 (\log_e x) - \int (\log_e x)' \frac{1}{2} x^2 dx$$

$$= \frac{1}{2} x^2 \log_e x - \frac{1}{2} \int x dx = \frac{1}{2} x^2 \log_e x - \frac{1}{2} \times \frac{1}{2} x^2 = \frac{x^2}{4} (2 \log_e x - 1)$$

(4) $f(x) = (x+2)^2, g(x) = x-1$ とおいて公式「部分積分（不定積分）」を用いる.

$$\int_{-1}^{1} (x+2)^2 (x-1) dx = \left[\frac{1}{3} (x+2)^3 (x-1) \right]_{-1}^{1} - \int_{-1}^{1} \frac{1}{3} (x+2)^3 dx = \frac{2}{3} - \left[\frac{1}{12} (x+2)^4 \right]_{-1}^{1} = -6$$

5.3 有理式の積分 -

有 理 式

x の多項式 $P(x), Q(x)$ について $Q(x) \neq 0$ のとき, $f(x) = \dfrac{P(x)}{Q(x)}$ を x の有理式という.

例

$$f(x) = \frac{x^2 + 1}{x^3 + 2x - 1}$$

部分分数展開

1つの分数をいくつかの分数の和として書き表すことを部分分数展開という.

例

(1) $\dfrac{1}{12} = \dfrac{1}{3} - \dfrac{1}{4}$

(2) $\dfrac{1}{x(x+2)} = \dfrac{1}{2} \left(\dfrac{1}{x} - \dfrac{1}{x+2} \right)$

具体的な部分分数展開は以下のように求めることができる．この方法は未定係数法とよばれている．

例　題

(1) $\dfrac{1}{12}$ を部分分数展開しなさい．

[解]

　分母 $=12=3\times 4$ であるから，$\dfrac{1}{12}=\dfrac{a}{3}+\dfrac{b}{4}$ とおき，右辺を通分すると $\dfrac{1}{12}=\dfrac{4a+3b}{12}$．両辺を比べると $1=4a+3b$ となり，この式は $a=1,b=-1$ のとき成立する．したがって，$\dfrac{1}{12}=\dfrac{1}{3}-\dfrac{1}{4}$ と部分分数展開できる．

（注）$1=4a+3b$ を満たす a,b は $a=1,b=-1$ だけでなく無数に存在する．例えば，$a=2,b=-\dfrac{7}{3}$．このとき，$\dfrac{1}{12}=\dfrac{2}{3}-\dfrac{7}{12}$ となる．

(2) $\dfrac{1}{x(x+2)}$ を部分分数展開しなさい．

[解]

　分母 $=x\times(x+2)$ であるから，$\dfrac{1}{x(x+2)}=\dfrac{a}{x}+\dfrac{b}{x+2}$ とおき，右辺を通分すると，$\dfrac{1}{x(x+2)}=\dfrac{(a+b)x+2a}{x(x+2)}$．両辺を比べると，$1=(a+b)x+2a$ となり，$a+b=0,2a=1$．これを解くと，$a=\dfrac{1}{2},b=-\dfrac{1}{2}$ と分かるので，結局，

$$\dfrac{1}{x(x+1)}=\dfrac{1}{2x}-\dfrac{1}{2(x+2)}=\dfrac{1}{2}\left(\dfrac{1}{x}-\dfrac{1}{x+2}\right)$$

有理式の積分はこの部分分数展開を用いると解ける場合がある．

例　題

(1) $\displaystyle\int\dfrac{1}{x(x+2)}dx$ を求めなさい．

[解]

　上の例題より，$\dfrac{1}{x(x+2)}=\dfrac{1}{2}\left(\dfrac{1}{x}-\dfrac{1}{x+2}\right)$

$$\int\dfrac{1}{x(x+2)}dx=\dfrac{1}{2}\int\left(\dfrac{1}{x}-\dfrac{1}{x+2}\right)dx=\dfrac{1}{2}\left(\log_e|x|-\log_e|x+2|\right)$$

---

(2) $\displaystyle\int \frac{x-1}{6x^2-7x+2}dx$ を求めなさい.

[解]

　被積分関数を部分分数展開する.

　未定係数法を用いて計算すると，$\displaystyle\frac{x-1}{6x^2-7x+2}=\frac{1}{2x-1}-\frac{1}{3x-2}$ となる. これより，

$$\int \frac{x-1}{6x^2-7x+2}dx = \int\left(\frac{1}{2x-1}-\frac{1}{3x-2}\right)dx = \frac{1}{2}\log_e|2x-1|-\frac{1}{3}\log_e|3x-2|$$

やってみよう

次の積分を計算しなさい.

(1) $\displaystyle\int \frac{1}{(x+1)(x+2)}dx$　　　　(2) $\displaystyle\int \frac{x+6}{x^2+3x-4}dx$

[解]

(1) $\displaystyle\int \frac{1}{(x+1)(x+2)}dx = \int\left(\frac{1}{x+1}-\frac{1}{x+2}\right)dx = \log_e|x+1|-\log_e|x+2|$

(2) $\displaystyle\int \frac{x+6}{x^2+3x-4}dx = \int\left(\frac{7}{5}\frac{1}{x-1}-\frac{2}{5}\frac{1}{x+4}\right)dx = \frac{7}{5}\log_e|x-1|-\frac{2}{5}\log_e|x+4|$

1. 次の不定積分を求めなさい.

(1) $\displaystyle\int x^2 \log_e x\,dx$

(2) $\displaystyle\int \frac{\log_e x}{x}\,dx$

(3) $\displaystyle\int \frac{x^2+2}{x}\,dx$

(4) $\displaystyle\int xe^{x^2}\,dx$

(5) $\displaystyle\int \frac{1}{x-\sqrt{x}}\,dx$

(6) $\displaystyle\int \frac{x+7}{(x+4)(x+3)}\,dx$

(7) $\displaystyle\int (-3x+1)^3\,dx$

(8) $\displaystyle\int \log_e(4x-2)\,dx$

(9) $\displaystyle\int \sqrt{2x+4}\,dx$

(10) $\displaystyle\int \frac{6}{x^2-9}\,dx$

(11) $\displaystyle\int \sqrt[4]{(2x+1)^3}\,dx$

(12) $\displaystyle\int (x+4)(x^2+8x-3)^3\,dx$

2. 次の定積分を求めなさい.

(1) $\displaystyle\int_0^2 x\sqrt{4-x^2}$

(2) $\displaystyle\int_0^1 (2x+3)e^{x^2+3x-1}\,dx$

(3) $\displaystyle\int_1^e \frac{1}{x(1+\log_e x)}\,dx$

(4) $\displaystyle\int_0^1 \frac{x}{\sqrt{4-x^2}}\,dx$

(5) $\displaystyle\int_0^2 (3x+1)e^x\,dx$

第6講
線形代数 1
──行列の基礎

■本講では，行列理論について学ぶ．行列とは数字が縦と横に規則正しく並んでいるものである．本講では，行列の定義や，行列の演算について詳細に解説する．本書第10講で説明されている産業連関表は，数学的には正にこの行列とみなすことができ，産業連関表の理論は行列理論とつながりが強い．

6.1 行列の定義 -------------------------------------

行 列

$m \times n$ 個の数を縦に m 個，横に n 個，長方形の形に配列したものを行列とよぶ．

$$A = \begin{array}{c} m\,\text{行}\left\{ \begin{pmatrix} a_{11} & a_{12} & \cdots & a_{1j} & \cdots & a_{1n} \\ a_{21} & a_{22} & \cdots & a_{2j} & \cdots & a_{2n} \\ \vdots & \vdots & \ddots & \vdots & \vdots & \vdots \\ a_{i1} & a_{i2} & \cdots & a_{ij} & \cdots & a_{in} \\ \vdots & \vdots & \vdots & \vdots & \ddots & \vdots \\ a_{m1} & a_{m2} & \cdots & a_{mj} & \cdots & a_{mn} \end{pmatrix} \right. \\ \underbrace{\hphantom{a_{11} \quad a_{12} \quad \cdots \quad a_{1j} \quad \cdots \quad a_{1n}}}_{n\,\text{列}} \end{array}$$

この行列 A を m 行 n 列の行列または $m \times n$ 行列といい，$m \times n$ をこの行列の型という．

行列 A の成分の横並び

$$[a_{i1}, a_{i2}, \cdots, a_{in}] \quad (i = 1, 2, \cdots, m)$$

を行といい，上から第1行，第2行，…，第 m 行とよぶ．

また，行列の縦の並び

$$\begin{bmatrix} a_{1j} \\ a_{2j} \\ \vdots \\ a_{mj} \end{bmatrix} \quad (j = 1, 2, \cdots, n)$$

を列といい，左から第1列，第2列，…，第 n 列とよぶ．そして，第 i 行かつ第 j 列の数 a_{ij} を行列 A の (i, j) 成分という．

$$A = \begin{pmatrix} a_{11} & a_{12} & \cdots & a_{1j} & \cdots & a_{1n} \\ a_{21} & a_{22} & \cdots & a_{2j} & \cdots & a_{2n} \\ \vdots & \vdots & \ddots & \vdots & \vdots & \vdots \\ a_{i1} & a_{i2} & \cdots & a_{ij} & \cdots & a_{in} \\ \vdots & \vdots & \vdots & \vdots & \ddots & \vdots \\ a_{m1} & a_{m2} & \cdots & a_{mj} & \cdots & a_{mn} \end{pmatrix} \quad \text{第 } i \text{ 行}$$

第 j 列

行列の相等

$m \times n$ 行列 A の成分 a_{ij} $(i = 1, \cdots, m, \ j = 1, \cdots, n)$ と $m \times n$ 行列 B の成分 b_{ij} $(i = 1, \cdots, m, \ j = 1, \cdots, n)$ において任意の i, j について $a_{ij} = b_{ij}$ が成り立つとき，A, B は等しいといい，$A = B$ で表す．

つまり，行列の型が等しく，行列の全ての成分が互いに等しいとき，それらの行列は等しい．

(1) 行列 $\begin{pmatrix} 1 & 1 & -3 & 4 \\ 0 & 3 & 2 & -1 \end{pmatrix}$ に対して次の問いに答えなさい.

　(ⅰ) この行列の型（何 × 何行列か）をかきなさい.

　(ⅱ) (1,4) 成分をかきなさい.

　(ⅲ) 第 2 行の全ての成分をかきなさい.

　(ⅳ) 第 3 列の全ての成分をかきなさい.

[解]

(ⅰ) 行が 2 行，列が 4 列あるので行列の型が 2×4 である行列.

(ⅱ) 第 1 行かつ第 4 列の数なので 4.

(ⅲ) $[0\ 3\ 2\ -1]$

(ⅳ) $[-3\ 2]$

(2) 次の等式を満たす a, b, c, d を求めなさい.

$$\begin{pmatrix} a+3 & 0 \\ 2b & c \end{pmatrix} = \begin{pmatrix} 6 & d \\ 4 & -5 \end{pmatrix}$$

[解]

　左辺と右辺の行列の成分が全て等しくなればよいので,

　　$a+3=6, \quad 0=d$

　　$2b=4, \quad\ \ c=-5$

　これらを解いて，$a=3, b=2, c=-5, d=0$ となる.

やってみよう

1. 行列 $\begin{pmatrix} 1 & 3 & -3 & 2 \\ 7 & 1 & 2 & 3 \\ 5 & 2 & -4 & -4 \end{pmatrix}$ に対して次の問いに答えなさい.

　(1) この行列の型（何×何行列か）をかきなさい.

　(2) (3,2) 成分をかきなさい.

　(3) 第 2 行の全ての成分をかきなさい.

　(4) 第 4 列の全ての成分をかきなさい.

2. 次の等式を満たす a, b, c, d を求めなさい.

$$\begin{pmatrix} a-1 & b \\ 2b+c & 2d \end{pmatrix} = \begin{pmatrix} 4 & 0 \\ 2 & -6 \end{pmatrix}$$

[解]

1. (1) 行が3行, 列が4列あるので3×4行列.

    (2) 第3行かつ第2列の数なので2.

    (3) [7 1 2 3]

    (4) [2 3 −4]

2. 左辺と右辺の行列の成分が全て等しくなればよいので,

    $a-1=4,\ b=0,\ 2b+c=2,\ 2d=-6$

    これらを解いて, $a=5,\ b=0,\ c=2,\ d=-3$ となる.

6.2 様々な行列 ----------------------------------

零 行 列

全ての成分が0の行列を零行列とよぶ. 零行列を O とかく.

例

$$O = \begin{pmatrix} 0 & 0 & 0 \\ 0 & 0 & 0 \end{pmatrix},\ O = \begin{pmatrix} 0 & 0 \\ 0 & 0 \end{pmatrix}$$

正 方 行 列

行の数と列の数が等しい $n \times n$ 行列を n 次正方行列という. 正方行列の成分のうち左上から右下へ対角線上に並ぶ成分 $[a_{11}, a_{22}, \cdots, a_{nn}]$ を対角成分とよぶ.

例

3次正方行列 $\begin{pmatrix} 1 & 2 & -1 \\ 3 & 4 & 0 \\ -2 & 1 & 3 \end{pmatrix}$

対角成分

ここで $[1, 4, 3]$ が対角成分である.

対角成分以外の成分が全て 0 である正方行列を対角行列という.

例

対角行列 $\begin{pmatrix} 2 & 0 & 0 \\ 0 & 4 & 0 \\ 0 & 0 & -1 \end{pmatrix}, \begin{pmatrix} 0 & 0 & 0 \\ 0 & 1 & 0 \\ 0 & 0 & -1 \end{pmatrix}$

単 位 行 列

対角行列で対角成分が全て 1 の行列を単位行列とよび, E とかく.

例

単位行列 $E = \begin{pmatrix} 1 & 0 & 0 \\ 0 & 1 & 0 \\ 0 & 0 & 1 \end{pmatrix}$

転 置 行 列

行列 A の行と列を入れ替えた行列を行列 A の転置行列といい, ^tA とかく (ここで A の左上につく t は転置を表す英語 transpose の頭文字である). A が $m \times n$ 行列なら ^tA は $n \times m$ 行列で

$$A = \begin{pmatrix} a_{11} & a_{12} & \cdots & a_{1n} \\ a_{21} & a_{22} & \cdots & a_{2n} \\ \vdots & \vdots & \ddots & \vdots \\ a_{m1} & a_{m2} & \cdots & a_{mn} \end{pmatrix} \text{ならば} \, ^tA = \begin{pmatrix} a_{11} & a_{21} & \cdots & a_{m1} \\ a_{12} & a_{22} & \cdots & a_{m2} \\ \vdots & \vdots & \ddots & \vdots \\ a_{1n} & a_{2n} & \cdots & a_{mn} \end{pmatrix}$$

である.

例

$$A = \begin{pmatrix} 1 & -1 & 0 \\ 2 & 3 & 4 \end{pmatrix} \text{ ならば } \, ^tA = \begin{pmatrix} 1 & 2 \\ -1 & 3 \\ 0 & 4 \end{pmatrix}$$

である.

対称行列

$A = {}^t\!A$ を満たす正方行列を対称行列とよぶ.

例

対称行列 $\begin{pmatrix} 1 & -3 \\ -3 & 3 \end{pmatrix}$, $\begin{pmatrix} 1 & 2 & 3 \\ 2 & 3 & 0 \\ 3 & 0 & -1 \end{pmatrix}$

非負行列

全ての成分が非負（つまり 0 以上）である行列を非負行列とよぶ.

例

非負行列 $\begin{pmatrix} 1 & 2 & 3 \\ 0 & 3 & 0 \end{pmatrix}$, $\begin{pmatrix} 1 & 1 & 4 \\ 0 & 2 & 3 \\ 5 & 0 & 1 \end{pmatrix}$

列ベクトルと行ベクトル

$1 \times n$ 行列を n 次の行ベクトル，$m \times 1$ 行列を m 次の列ベクトルという．行ベクトルと列ベクトルを合わせて数ベクトルという．

$$\text{数ベクトル} \quad \mathbf{a} = \begin{pmatrix} a_1 \\ a_2 \\ \vdots \\ a_n \end{pmatrix}$$

は n 次元空間における原点から点 $(a_1, a_2, \cdots, a_n)$ への矢印と考えることができる．本書では数ベクトルを文字で表すとき文字を太文字にして表す．全ての要素が 0 の数ベクトルを零ベクトルとよび $\mathbf{0}$ と表す．

例

3 次の列ベクトル $\mathbf{a} = \begin{pmatrix} 1 \\ 2 \\ 3 \end{pmatrix}$

4 次の行ベクトル $\mathbf{x} = \begin{pmatrix} 2 & 1 & 0 & 2 \end{pmatrix}$

本書で単にベクトルとかいてあれば列ベクトルを表し，行ベクトルを表すときには転置を用いることとする．

例えば，列ベクトル $\mathbf{x} = \begin{pmatrix} 1 \\ 2 \\ 3 \end{pmatrix}$ に対応する行ベクトルを表す場合は，${}^t\mathbf{x} = (1 \quad 2 \quad 3)$ とかく．

やってみよう

1. 次の正方行列の対角成分を答えなさい．

(1) $\begin{pmatrix} 3 & 0 & -3 \\ 4 & 1 & 1 \\ 1 & 3 & 0 \end{pmatrix}$　　(2) $\begin{pmatrix} 0 & 0 & 0 \\ 0 & 3 & 0 \\ 0 & 0 & 0 \end{pmatrix}$

2.

(1) $\begin{pmatrix} a+3 & b \\ 4 & c \end{pmatrix} = {}^t\begin{pmatrix} 3 & 2d \\ 0 & 2 \end{pmatrix}$ が満たされる a, b, c, d を求めなさい．

(2) $\begin{pmatrix} a & b & -1 \\ 4 & c & 2 \\ c & a+c & 3 \end{pmatrix}$ が対称行列になるように a, b, c, d を求めなさい．

[解]

1. (1) $[3\ 1\ 0]$　　(2) $[0\ 3\ 0]$

2. (1) $\begin{pmatrix} a+3 & b \\ 4 & c \end{pmatrix} = \begin{pmatrix} 3 & 0 \\ 2d & 2 \end{pmatrix}$

$\qquad\qquad a+3 = 3,\, b = 0$

$\qquad\qquad 4 = 2d,\, c = 2$

$\qquad\quad$ したがって，$a = 0,\ b = 0,\ c = 2,\ d = 2$.

(2) 対称行列の定義より，$b = 4,\ c = -1,\ a+c = 2$．したがって，$a = 3,\ b = 4,\ c = -1$

6.3 行列の演算 --

行列の和と差

2つの $m \times n$ 行列 A, B について，その和と差 $A \pm B$ は以下のように定義される．

$$A \pm B = \begin{pmatrix} a_{11} & a_{12} & \cdots & a_{1n} \\ a_{21} & a_{22} & \cdots & a_{2n} \\ \vdots & \vdots & \ddots & \vdots \\ a_{m1} & a_{m2} & \cdots & a_{mn} \end{pmatrix} \pm \begin{pmatrix} b_{11} & b_{12} & \cdots & b_{1n} \\ b_{21} & b_{22} & \cdots & b_{2n} \\ \vdots & \vdots & \ddots & \vdots \\ b_{m1} & b_{m2} & \cdots & b_{mn} \end{pmatrix}$$

$$= \begin{pmatrix} a_{11} \pm b_{11} & a_{12} \pm b_{12} & \cdots & a_{1n} \pm b_{1n} \\ a_{21} \pm b_{21} & a_{22} \pm b_{22} & \cdots & a_{2n} \pm b_{2n} \\ \vdots & \vdots & \ddots & \vdots \\ a_{m1} \pm b_{m1} & a_{m2} \pm b_{m2} & \cdots & a_{mn} \pm b_{mn} \end{pmatrix}$$

例

(1)

$$\begin{pmatrix} 1 & 2 & 4 \\ -1 & 3 & -2 \end{pmatrix} + \begin{pmatrix} 2 & 0 & 1 \\ -1 & 3 & -2 \end{pmatrix} = \begin{pmatrix} 1+2 & 2+0 & 4+1 \\ -1+(-1) & 3+3 & -2+(-2) \end{pmatrix}$$
$$= \begin{pmatrix} 3 & 2 & 5 \\ -2 & 6 & -4 \end{pmatrix}$$

(2)

$$\begin{pmatrix} 1 & -1 & 2 \\ 3 & -1 & 0 \end{pmatrix} - \begin{pmatrix} 1 & 0 & -3 \\ -1 & 1 & 2 \end{pmatrix} = \begin{pmatrix} 1-1 & -1-0 & 2-(-3) \\ 3-(-1) & -1-1 & 0-2 \end{pmatrix}$$
$$= \begin{pmatrix} 0 & -1 & 5 \\ 4 & -2 & -2 \end{pmatrix}$$

（注）行列の和と差は2つの行列の行の数と列の数が等しいときにのみ定義される.

行列のスカラー倍

$m \times n$ 行列 A とスカラー（定数）c について，A の c 倍 cA は以下のように定義される.

$$cA = c \begin{pmatrix} a_{11} & a_{12} & \cdots & a_{1n} \\ a_{21} & a_{22} & \cdots & a_{2n} \\ \vdots & \vdots & \ddots & \vdots \\ a_{m1} & a_{m2} & \cdots & a_{mn} \end{pmatrix} = \begin{pmatrix} ca_{11} & ca_{12} & \cdots & ca_{1n} \\ ca_{21} & ca_{22} & \cdots & ca_{2n} \\ \vdots & \vdots & \ddots & \vdots \\ ca_{m1} & ca_{m2} & \cdots & ca_{mn} \end{pmatrix}$$

例

$$3 \begin{pmatrix} -1 & 0 & 2 \\ 1 & 4 & 1 \end{pmatrix} = \begin{pmatrix} 3 \times (-1) & 3 \times 0 & 3 \times 2 \\ 3 \times 1 & 3 \times 4 & 3 \times 1 \end{pmatrix} = \begin{pmatrix} -3 & 0 & 6 \\ 3 & 12 & 3 \end{pmatrix}$$

行 列 の 積

$m \times n$ 行列 A と $n \times r$ 行列 B について，A と B の積 AB （行列 AB は $m \times r$ 行列となる）は以下のように定義される．

$$AB = \begin{pmatrix} a_{11} & a_{12} & \cdots & a_{1n} \\ a_{21} & a_{22} & \cdots & a_{2n} \\ \vdots & \vdots & \ddots & \vdots \\ a_{m1} & a_{m2} & \cdots & a_{mn} \end{pmatrix} \begin{pmatrix} b_{11} & b_{12} & \cdots & b_{1r} \\ b_{21} & b_{22} & \cdots & b_{2r} \\ \vdots & \vdots & \ddots & \vdots \\ b_{n1} & b_{n2} & \cdots & b_{nr} \end{pmatrix}$$

$$= \begin{pmatrix} \sum_{k=1}^{n} a_{1k}b_{k1} & \sum_{k=1}^{n} a_{1k}b_{k2} & \cdots & \cdots & \cdots & \sum_{k=1}^{n} a_{1k}b_{kn} \\ \sum_{k=1}^{n} a_{2k}b_{k1} & \sum_{k=1}^{n} a_{2k}b_{k2} & \cdots & \cdots & \cdots & \sum_{k=1}^{n} a_{2k}b_{kn} \\ \vdots & \vdots & \ddots & & \vdots & \\ \vdots & \vdots & & \sum_{k=1}^{n} a_{ik}b_{kj} & \cdots & \cdots \\ \vdots & \vdots & & \vdots & \ddots & \vdots \\ \sum_{k=1}^{n} a_{mk}b_{k1} & \sum_{k=1}^{n} a_{mk}b_{k2} & \cdots & \cdots & \cdots & \sum_{k=1}^{n} a_{mk}b_{kn} \end{pmatrix}$$

［覚え方］

$$AB \text{ の } (1,1) \text{ 成分} = \sum_{k=1}^{n} a_{1k}b_{k1}$$

$$AB \text{ の } (i,j) \text{ 成分} = \sum_{k=1}^{n} a_{ik}b_{kj}$$

[計算の仕方]

定義式を覚えて積の各成分を計算してもよいが以下のような計算の仕方を行ってもよい.

AB の $(1,1)$ 成分の求め方：A の 1 行と B の 1 列の各成分同士を掛けたものを全て足し合わせる.

AB の $(1,1)$ 成分 $= a_{11}b_{11} + a_{12}b_{21} + \cdots + a_{1n-1}b_{n-11} + a_{1n}b_{n1}$

$$AB = \begin{pmatrix} \boxed{a_{11} \quad a_{12} \quad \cdots \quad a_{1n}} \\ \vdots \quad \vdots \quad \vdots \quad \vdots \\ a_{i1} \quad a_{i2} \quad \cdots \quad a_{in} \\ \vdots \quad \vdots \quad \vdots \quad \vdots \\ a_{m1} \quad a_{m2} \quad \cdots \quad a_{mn} \end{pmatrix} \begin{pmatrix} b_{11} & \cdots & b_{1j} & \cdots & b_{1r} \\ b_{21} & \cdots & b_{2j} & \cdots & b_{2r} \\ \vdots & \vdots & \vdots & \vdots & \vdots \\ b_{n1} & \cdots & b_{nj} & \cdots & b_{nr} \end{pmatrix}$$

（1 行／1 列）

AB の (i,j) 成分の求め方：A の i 行と B の j 列の各成分同士を掛けたものを全て足し合わせる.

AB の (i,j) 成分 $= a_{i1}b_{1j} + a_{i2}b_{2j} + \cdots + a_{in-1}b_{n-1j} + a_{in}b_{nj}$

$$AB = \begin{pmatrix} a_{11} \quad a_{12} \quad \cdots \quad a_{1n} \\ \vdots \quad \vdots \quad \vdots \quad \vdots \\ \boxed{a_{i1} \quad a_{i2} \quad \cdots \quad a_{in}} \\ \vdots \quad \vdots \quad \vdots \quad \vdots \\ a_{m1} \quad a_{m2} \quad \cdots \quad a_{mn} \end{pmatrix} \begin{pmatrix} b_{11} & \cdots & b_{1j} & \cdots & b_{1r} \\ b_{21} & \cdots & b_{2j} & \cdots & b_{2r} \\ \vdots & \vdots & \vdots & \vdots & \vdots \\ b_{n1} & \cdots & b_{nj} & \cdots & b_{nr} \end{pmatrix}$$

（i 行／j 列）

例

(1)

$$\begin{pmatrix} 1 & -1 & 2 \\ 3 & 0 & 1 \end{pmatrix} \begin{pmatrix} 1 & 1 & 2 \\ 0 & 3 & 1 \\ -1 & 2 & -3 \end{pmatrix}$$

$$= \begin{pmatrix} 1\times1+(-1)\times0+2\times(-1) & 1\times1+(-1)\times3+2\times2 & 1\times2+(-1)\times1+2\times(-3) \\ 3\times1+0\times0+1\times(-1) & 3\times1+0\times3+1\times2 & 3\times2+0\times1+1\times(-3) \end{pmatrix}$$

$$= \begin{pmatrix} -1 & 2 & -5 \\ 2 & 5 & 3 \end{pmatrix}$$

(2)

$$\begin{pmatrix} 2 & -1 & 3 \end{pmatrix}\begin{pmatrix} 1 \\ 0 \\ -2 \end{pmatrix} = 2\times1+(-1)\times0+3\times(-2)=-4$$

1×3 行列と 3×1 行列の積なので 1×1 行列ができるが 1×1 行列は定数である.

(注) ●行列 A と B の積 AB は A の列の数と B の行の数が等しいときにのみ定義される. A が $m\times n$ 行列で B が $n\times r$ 行列のとき積 AB は $m\times r$ 行列である.

$$\underset{m\times n}{A}\ \underset{n\times r}{B}=\underset{m\times r}{AB}$$

等しいときのみ積が定義される

●AB と BA が定義されていたとしても $AB=BA$ とは限らない.
$AB=BA$ が成り立つ行列 A,B を可換な行列という.

例

$A=\begin{pmatrix} -1 & 2 \\ 0 & 3 \end{pmatrix}, B=\begin{pmatrix} 0 & -1 \\ 1 & 3 \end{pmatrix}$ のとき,

$$AB=\begin{pmatrix} -1 & 2 \\ 0 & 3 \end{pmatrix}\begin{pmatrix} 0 & -1 \\ 1 & 3 \end{pmatrix}=\begin{pmatrix} 2 & 7 \\ 3 & 9 \end{pmatrix}$$

$$BA=\begin{pmatrix} 0 & -1 \\ 1 & 3 \end{pmatrix}\begin{pmatrix} -1 & 2 \\ 0 & 3 \end{pmatrix}=\begin{pmatrix} 0 & -3 \\ -1 & 11 \end{pmatrix}$$

(3) $AB=O$ であっても $A=O$ あるいは $B=O$ とは限らない.

例

$A=\begin{pmatrix} 1 & 3 \\ 2 & 6 \end{pmatrix}, B=\begin{pmatrix} 6 & -3 \\ -2 & 1 \end{pmatrix}$ のとき,

$$AB=\begin{pmatrix} 1 & 3 \\ 2 & 6 \end{pmatrix}\begin{pmatrix} 6 & -3 \\ -2 & 1 \end{pmatrix}=\begin{pmatrix} 0 & 0 \\ 0 & 0 \end{pmatrix}$$

1. $A = \begin{pmatrix} 1 & 3 & 4 & -1 \\ 0 & 3 & -2 & 1 \end{pmatrix}, B = \begin{pmatrix} -3 & 1 & -3 & 4 \\ 1 & 0 & 2 & 5 \end{pmatrix}$ のとき次の計算をしなさい.

  (1) $A + B$ (2) $A - B$ (3) $2A + B$ (4) $-3A - B$

2. 次の行列の積を計算しなさい.

  (1) $\begin{pmatrix} 1 & 3 \\ 0 & 3 \end{pmatrix} \begin{pmatrix} -2 & 1 \\ 3 & 6 \end{pmatrix}$ (2) $\begin{pmatrix} 1 \\ 0 \\ 3 \end{pmatrix} \begin{pmatrix} -2 & 1 & 3 \end{pmatrix}$

  (3) $\begin{pmatrix} 1 & 3 & -1 \end{pmatrix} \begin{pmatrix} -2 \\ 3 \\ -4 \end{pmatrix}$ (4) $\begin{pmatrix} 1 & 3 \\ 0 & 3 \\ -1 & 1 \end{pmatrix} \begin{pmatrix} 2 & 3 \\ -1 & 4 \end{pmatrix}$

  (5) $\begin{pmatrix} 1 & -2 & 2 \\ 3 & 1 & 1 \\ -1 & 5 & 3 \end{pmatrix} \begin{pmatrix} 0 & 0 & 1 \\ 3 & -4 & 1 \\ -1 & 2 & 1 \end{pmatrix}$

  (6) $\begin{pmatrix} 1 & 0 & 0 \\ 0 & 2 & 0 \\ 0 & 0 & 3 \end{pmatrix} \begin{pmatrix} -2 & 0 & 0 \\ 0 & 4 & 0 \\ 0 & 0 & 3 \end{pmatrix}$

[解]

1. (1) $A + B = \begin{pmatrix} -2 & 4 & 1 & 3 \\ 1 & 3 & 0 & 6 \end{pmatrix}$ (2) $A - B = \begin{pmatrix} 4 & 2 & 7 & -5 \\ -1 & 3 & -4 & -4 \end{pmatrix}$

  (3) $2A + B = \begin{pmatrix} -1 & 7 & 5 & 2 \\ 1 & 6 & -2 & 7 \end{pmatrix}$ (4) $-3A - B = \begin{pmatrix} 0 & -10 & -9 & -1 \\ -1 & -9 & 4 & -8 \end{pmatrix}$

2. (1) $\begin{pmatrix} 7 & 19 \\ 9 & 18 \end{pmatrix}$ (2) $\begin{pmatrix} -2 & 1 & 3 \\ 0 & 0 & 0 \\ -6 & 3 & 9 \end{pmatrix}$ (3) 11

  (4) $\begin{pmatrix} -1 & 15 \\ -3 & 12 \\ -3 & 1 \end{pmatrix}$ (5) $\begin{pmatrix} -8 & 12 & 1 \\ 2 & -2 & 5 \\ 12 & -14 & 7 \end{pmatrix}$ (6) $\begin{pmatrix} -2 & 0 & 0 \\ 0 & 8 & 0 \\ 0 & 0 & 9 \end{pmatrix}$

6.4 行列の演算の性質----------------------------

前節で学んだ行列の和, 差, スカラー倍, 積の定義より, 以下の行列に関する結合律, 分配則などが成り立つことが分かる.

A, B, C は行列, a, b をスカラーとする.

●和

$$A + B = B + A, \quad A + O = A$$

$$(A + B) + C = A + (B + C) \quad (和の結合律)$$

●積

$$0A = O, \quad 1A = A$$

$$(ab)A = a(bA), \quad (aA)B = a(AB) \quad (積の結合律)$$

●分 配 則

$$a(A + B) = aA + aB$$

$$(a + b)A = aA + bA$$

$$A(B + C) = AB + AC$$

$$(A + B)C = AC + BC$$

例 題

$A = \begin{pmatrix} 2 & 2 & 0 \\ 1 & -3 & 1 \end{pmatrix}, B = \begin{pmatrix} 2 & -2 & 1 \\ -1 & 3 & 1 \end{pmatrix}$ として

(1) $A + B = B + A$, (2) $2(A + B) = 2A + 2B$ を確かめなさい.

[解]

(1)

$$A + B = \begin{pmatrix} 2 & 2 & 0 \\ 1 & -3 & 1 \end{pmatrix} + \begin{pmatrix} 2 & -2 & 1 \\ -1 & 3 & 1 \end{pmatrix}$$

$$= \begin{pmatrix} 2+2 & 2+(-2) & 0+1 \\ 1+(-1) & -3+3 & 1+1 \end{pmatrix} = \begin{pmatrix} 4 & 0 & 1 \\ 0 & 0 & 2 \end{pmatrix}$$

$$B + A = \begin{pmatrix} 2 & -2 & 1 \\ -1 & 3 & 1 \end{pmatrix} + \begin{pmatrix} 2 & 2 & 0 \\ 1 & -3 & 1 \end{pmatrix} = \begin{pmatrix} 2+2 & -2+2 & 1+0 \\ -1+1 & 3+(-3) & 1+1 \end{pmatrix}$$

$$= \begin{pmatrix} 4 & 0 & 1 \\ 0 & 0 & 2 \end{pmatrix}$$

以上より, $A + B = B + A$ が確かめられた.

(2)

$$2\left(\begin{pmatrix} 2 & 2 & 0 \\ 1 & -3 & 1 \end{pmatrix} + \begin{pmatrix} 2 & -2 & 1 \\ -1 & 3 & 1 \end{pmatrix}\right) = 2\begin{pmatrix} 4 & 0 & 1 \\ 0 & 0 & 2 \end{pmatrix}$$

$$= \begin{pmatrix} 8 & 0 & 2 \\ 0 & 0 & 4 \end{pmatrix}$$

$$2\left(\begin{pmatrix} 2 & 2 & 0 \\ 1 & -3 & 1 \end{pmatrix} + \begin{pmatrix} 2 & -2 & 1 \\ -1 & 3 & 1 \end{pmatrix}\right) = 2\begin{pmatrix} 2 & 2 & 0 \\ 1 & -3 & 1 \end{pmatrix} + 2\begin{pmatrix} 2 & -2 & 1 \\ -1 & 3 & 1 \end{pmatrix}$$

$$= \begin{pmatrix} 4 & 4 & 0 \\ 2 & -6 & 2 \end{pmatrix} + \begin{pmatrix} 4 & -4 & 2 \\ -2 & 6 & 2 \end{pmatrix}$$

$$= \begin{pmatrix} 8 & 0 & 2 \\ 0 & 0 & 4 \end{pmatrix}$$

以上より, $2(A+B) = 2A + 2B$ が確かめられた.

行列の和と差の転置

行列の和と差の転置について以下の関係が成り立つ.

$$^t(A+B) = {}^tA + {}^tB, \quad {}^t(AB) = {}^tB\,{}^tA$$

べ き 行 列

A が正方行列のとき, A を n 個掛けた行列 $AA\cdots A$ のことを, A のべき行列といい, A^n とかく.

やってみよう

$$A = \begin{pmatrix} 1 & 3 & -1 \\ 0 & 6 & 7 \\ -5 & 2 & 1 \end{pmatrix}, B = \begin{pmatrix} -1 & 1 & 5 \\ 1 & -3 & 2 \\ 3 & -1 & 0 \end{pmatrix}, C = \begin{pmatrix} 3 & 0 & 0 \\ 0 & 1 & 0 \\ 0 & 0 & -2 \end{pmatrix}$$

のとき次の問いに答えなさい.

（1）$(A+B)C = AC + BC$ を示しなさい.

（2）$^t(A+B) = {}^tA + {}^tB$ を示しなさい.

（3）$^t(AB) = {}^tB\,{}^tA$ を示しなさい.

（4）C^3 を求めなさい.

[解]

(1)

$$左辺 = \left\{ \begin{pmatrix} 1 & 3 & -1 \\ 0 & 6 & 7 \\ -5 & 2 & 1 \end{pmatrix} + \begin{pmatrix} -1 & 1 & 5 \\ 1 & -3 & 2 \\ 3 & -1 & 0 \end{pmatrix} \right\} \begin{pmatrix} 3 & 0 & 0 \\ 0 & 1 & 0 \\ 0 & 0 & -2 \end{pmatrix}$$

$$= \begin{pmatrix} 0 & 4 & 4 \\ 1 & 3 & 9 \\ -2 & 1 & 1 \end{pmatrix} \begin{pmatrix} 3 & 0 & 0 \\ 0 & 1 & 0 \\ 0 & 0 & -2 \end{pmatrix} = \begin{pmatrix} 0 & 4 & -8 \\ 3 & 3 & -18 \\ -6 & 1 & -2 \end{pmatrix}$$

$$右辺 = \begin{pmatrix} 1 & 3 & -1 \\ 0 & 6 & 7 \\ -5 & 2 & 1 \end{pmatrix} \begin{pmatrix} 3 & 0 & 0 \\ 0 & 1 & 0 \\ 0 & 0 & -2 \end{pmatrix} + \begin{pmatrix} -1 & 1 & 5 \\ 1 & -3 & 2 \\ 3 & -1 & 0 \end{pmatrix} \begin{pmatrix} 3 & 0 & 0 \\ 0 & 1 & 0 \\ 0 & 0 & -2 \end{pmatrix}$$

$$= \begin{pmatrix} 3 & 3 & 2 \\ 0 & 6 & -14 \\ -15 & 2 & -2 \end{pmatrix} + \begin{pmatrix} -3 & 1 & -10 \\ 3 & -3 & -4 \\ 9 & -1 & 0 \end{pmatrix} = \begin{pmatrix} 0 & 4 & -8 \\ 3 & 3 & -18 \\ -6 & 1 & -2 \end{pmatrix}$$

(2)

$$左辺 = {}^t\left\{ \begin{pmatrix} 1 & 3 & -1 \\ 0 & 6 & 7 \\ -5 & 2 & 1 \end{pmatrix} + \begin{pmatrix} -1 & 1 & 5 \\ 1 & -3 & 2 \\ 3 & -1 & 0 \end{pmatrix} \right\} = {}^t\begin{pmatrix} 0 & 4 & 4 \\ 1 & 3 & 9 \\ -2 & 1 & 1 \end{pmatrix} = \begin{pmatrix} 0 & 1 & -2 \\ 4 & 3 & 1 \\ 4 & 9 & 1 \end{pmatrix}$$

$$右辺 = {}^t\begin{pmatrix} 1 & 3 & -1 \\ 0 & 6 & 7 \\ -5 & 2 & 1 \end{pmatrix} + {}^t\begin{pmatrix} -1 & 1 & 5 \\ 1 & -3 & 2 \\ 3 & -1 & 0 \end{pmatrix} = \begin{pmatrix} 1 & 0 & -5 \\ 3 & 6 & 2 \\ -1 & 7 & 1 \end{pmatrix} + \begin{pmatrix} -1 & 1 & 3 \\ 1 & -3 & -1 \\ 5 & 2 & 0 \end{pmatrix}$$

$$= \begin{pmatrix} 0 & 1 & -2 \\ 4 & 3 & 1 \\ 4 & 9 & 1 \end{pmatrix}$$

(3)

$$左辺 = {}^t\left\{ \begin{pmatrix} 1 & 3 & -1 \\ 0 & 6 & 7 \\ -5 & 2 & 1 \end{pmatrix} \begin{pmatrix} -1 & 1 & 5 \\ 1 & -3 & 2 \\ 3 & -1 & 0 \end{pmatrix} \right\} = {}^t\begin{pmatrix} -1 & -7 & 11 \\ 27 & -25 & 12 \\ 10 & -12 & -21 \end{pmatrix}$$

$$= \begin{pmatrix} -1 & 27 & 10 \\ -7 & -25 & -12 \\ 11 & 12 & -21 \end{pmatrix}$$

$$右辺 = {}^t\begin{pmatrix} -1 & 1 & 5 \\ 1 & -3 & 2 \\ 3 & -1 & 0 \end{pmatrix} {}^t\begin{pmatrix} 1 & 3 & -1 \\ 0 & 6 & 7 \\ -5 & 2 & 1 \end{pmatrix} = \begin{pmatrix} -1 & 1 & 3 \\ 1 & -3 & -1 \\ 5 & 2 & 0 \end{pmatrix} \begin{pmatrix} 1 & 0 & -5 \\ 3 & 6 & 2 \\ -1 & 7 & 1 \end{pmatrix}$$

$$= \begin{pmatrix} -1 & 27 & 10 \\ -7 & -25 & -12 \\ 11 & 12 & -21 \end{pmatrix}$$

(4)

$$C^2 = \begin{pmatrix} 9 & 0 & 0 \\ 0 & 1 & 0 \\ 0 & 0 & 4 \end{pmatrix}, \; C^3 = \begin{pmatrix} 27 & 0 & 0 \\ 0 & 1 & 0 \\ 0 & 0 & -8 \end{pmatrix}$$

1. 次の型の行列の積を計算したときに出来上がる行列の型（何×何行列か）を求めなさい.
   (1) (3×2) 行列と (2×4) 行列の積　　(2) (1×5) 行列と (5×1) 行列の積

2. 以下の行列に対して次の問いに答えなさい. ただし, ここでの行列 E は単位行列のことではないので注意しよう.
$$A = \begin{pmatrix} 0 & 1 & 3 \\ 1 & 0 & 1 \\ -2 & 2 & 4 \end{pmatrix} \quad B = \begin{pmatrix} -2 & 0 & 3 \\ 2 & 0 & 3 \end{pmatrix} \quad C = \begin{pmatrix} 0 & 1 \\ 1 & 0 \\ -2 & 2 \end{pmatrix}$$
$$D = \begin{pmatrix} 0 & 1 \\ 1 & 0 \end{pmatrix} \qquad E = \begin{pmatrix} 1 & 1 & 2 \\ -1 & 0 & 1 \end{pmatrix}$$
   (1) これらの行列の中で行列の積が定義できるものの組みの数を求め, 積を求めた結果 2×3 行列になるものを選び, その積を計算しなさい.
   (2) $3(B+E)+BA$ を求めなさい.

3. 次の行列が交代行列になるように a, b, c, d を定めなさい. 交代行列とは $A = -{}^tA$ を満たす行列である.
$$\begin{pmatrix} 3a & 1+2b \\ 2b & c \end{pmatrix}$$

4. 行列 $A = \begin{pmatrix} 0 & 1 & 3 \\ 0 & 0 & 1 \\ 0 & 0 & 0 \end{pmatrix}$ に対して, べき行列 A^n を求めなさい.

5. 対角行列同士の積について, 出来上がる行列も対角行列であることを 3×3 行列で示しなさい.

第 7 講
線形代数 2
——行列を用いた
連立 1 次方程式の解法

■行列理論は連立一次方程式を形式的に解くために作られた理論である．本講では行列を用いて連立 1 次方程式を解くための解法をいくつか紹介する．経済学において，連立 1 次方程式は，均衡の理論（第 9 講）や産業連関分析（第 10 講）などに用いられる．

7.1 連立 1 次方程式と行列 ----------------------

$\begin{pmatrix} 1 & 2 \\ -1 & 3 \end{pmatrix} \begin{pmatrix} x \\ y \end{pmatrix} = \begin{pmatrix} 5 \\ 5 \end{pmatrix}$ を満たす x, y を求める．左辺の行列の積を計算すると，$\begin{pmatrix} x + 2y \\ -x + 3y \end{pmatrix} = \begin{pmatrix} 5 \\ 5 \end{pmatrix}$．これは連立 1 次方程式 $\begin{cases} x + 2y = 5 \\ -x + 3y = 5 \end{cases}$ を解くことと同値で，結局 $x = 1, y = 2$ となる．つまり，

$$\begin{cases} x + 2y = 5 \\ -x + 3y = 5 \end{cases} \quad \longleftrightarrow \quad \begin{pmatrix} 1 & 2 \\ -1 & 3 \end{pmatrix} \begin{pmatrix} x \\ y \end{pmatrix} = \begin{pmatrix} 5 \\ 5 \end{pmatrix}$$

これを一般化して，m 個の方程式からなる n 変数の連立方程式

$$(*) \begin{cases} a_{11}x_1 + a_{12}x_2 + \cdots a_{1n}x_n = b_1 \\ a_{21}x_1 + a_{22}x_2 + \cdots a_{2n}x_n = b_2 \\ \vdots \\ a_{m1}x_1 + a_{m2}x_2 + \cdots a_{mn}x_n = b_m \end{cases}$$

に対し，

$$A = \begin{pmatrix} a_{11} & a_{12} & \cdots & a_{1n} \\ a_{21} & a_{22} & \cdots & a_{2n} \\ \vdots & \vdots & \ddots & \vdots \\ a_{m1} & a_{m2} & \cdots & a_{mn} \end{pmatrix}, \mathbf{x} = \begin{pmatrix} x_1 \\ x_2 \\ \vdots \\ x_n \end{pmatrix}, \mathbf{b} = \begin{pmatrix} b_1 \\ b_2 \\ \vdots \\ b_m \end{pmatrix}$$

とおくとき，連立 1 次方程式 (∗) を解くことは

$$A\mathbf{x} = \mathbf{b}$$

を解くことと同値である．このとき行列 A を連立 1 次方程式 (∗) の係数行列とよび，行列 A に列ベクトル $\mathbf{b}$ を付け加えた行列

$$(A|\mathbf{b}) = \left(\begin{array}{cccc|c} a_{11} & a_{12} & \cdots & a_{1n} & b_1 \\ a_{21} & a_{22} & \cdots & a_{2n} & b_2 \\ \vdots & \vdots & \ddots & \vdots & \vdots \\ a_{m1} & a_{m2} & \cdots & a_{mn} & b_m \end{array} \right)$$

を連立方程式 (∗) の拡大係数行列という．

例

$$\begin{cases} x_1 - 2x_2 & +3x_4 = 2 \\ 2x_1 + x_2 - x_3 + 5x_4 = 7 \\ -2x_1 + 3x_2 + 2x_3 \quad\;\; = 3 \end{cases} \text{ に関して,}$$

係数行列は $\begin{pmatrix} 1 & -2 & 0 & 3 \\ 2 & 1 & -1 & 5 \\ -2 & 3 & 2 & 0 \end{pmatrix}$,

拡大係数行列は $\left(\begin{array}{cccc|c} 1 & -2 & 0 & 3 & 2 \\ 2 & 1 & -1 & 5 & 7 \\ -2 & 3 & 2 & 0 & 3 \end{array} \right)$

であり，行列を用いて表すと

$$\begin{pmatrix} 1 & -2 & 0 & 3 \\ 2 & 1 & -1 & 5 \\ -2 & 3 & 2 & 0 \end{pmatrix} \begin{pmatrix} x_1 \\ x_2 \\ x_3 \\ x_4 \end{pmatrix} = \begin{pmatrix} 2 \\ 7 \\ 3 \end{pmatrix} \text{ である.}$$

(注) 連立 1 次方程式の解に関しては，(i) 解が一意に定まる，(ii) 解は存在するが一意には定まらない，(iii) 解が存在しない，の 3 通りがある．

この 3 通りを統一的に扱うことのできる解法の一つに掃き出し法と呼ばれる解法があるが，それを次節で説明する．

やってみよう

1. 次の連立一次方程式の係数行列，拡大係数行列を求めなさい．

$(1)\begin{cases} 3x_1 - 2x_2 = 2 \\ 2x_1 + x_2 = 4 \end{cases}$
$(2)\begin{cases} 3x_1 - 2x_2 + 3x_3 = -4 \\ -4x_1 + 4x_2 + x_3 = 1 \end{cases}$

2. 次の拡大係数行列に対応する連立一次方程式を求めなさい．

$(1)\left(\begin{array}{ccc|c} 1 & -1 & 3 & 2 \\ 8 & 3 & -2 & 1 \\ -4 & 1 & 7 & 0 \end{array}\right)$
$(2)\left(\begin{array}{ccc|c} 0 & -1 & 0 & 4 \\ 1 & 0 & -1 & 2 \end{array}\right)$

［解］

1. (1) 係数行列は $\begin{pmatrix} 3 & -2 \\ 2 & 1 \end{pmatrix}$，拡大係数行列は $\left(\begin{array}{cc|c} 3 & -2 & 2 \\ 2 & 1 & 4 \end{array}\right)$

　　(2) 係数行列は $\begin{pmatrix} 3 & -2 & 3 \\ -4 & 4 & 1 \end{pmatrix}$，拡大係数行列は $\left(\begin{array}{ccc|c} 3 & -2 & 3 & -4 \\ -4 & 4 & 1 & 1 \end{array}\right)$

2. (1) $\begin{cases} x_1 - x_2 + 3x_3 = 2 \\ 8x_1 + 3x_2 - 2x_3 = 1 \\ -4x_1 + x_2 + 7x_3 = 0 \end{cases}$
　　(2) $\begin{cases} -x_2 = 4 \\ x_1 - x_3 = 2 \end{cases}$

7.2　掃き出し法 -

　掃き出し法は，（中学生のときに習う）式変形を施し連立 1 次方程式を解く方法を行列に適用したものである．

　まずは，掃き出し法とはどのようなものかを理解するために以下の連立 1 次方程式（Ⅰ）に式変形を施し解く．

$(\text{Ⅰ})\begin{cases} 3x + y = 5 & \text{①} \\ x + 2y = 5 & \text{②} \end{cases}$

$(\text{Ⅱ})\begin{cases} 3x + y = 5 & \text{①} \\ -5x = -5 & \text{②} + \text{①} \times (-2) \end{cases}$

$$(\text{III}) \quad \begin{cases} 3x + y = 5 & ① \\ x = 1 & ② \times (-\frac{1}{5}) \end{cases}$$

$$(\text{IV}) \quad \begin{cases} x = 1 & ② \\ 3x + y = 5 & ①\ (①式と②式を入れ替え) \end{cases}$$

$$(\text{V}) \quad \begin{cases} x = 1 & ① \\ y = 2 & ② + ① \times (-3) \end{cases}$$

（Ⅰ）〜（Ⅴ）は以下に示す式の基本変形とよばれる変形を施されたものであり，これら式変形で移りあう連立一次方程式は全て同値な式である．

● 式の基本変形

(1) 1つの式を何倍か（$\neq 0$）する．（（Ⅱ）→（Ⅲ））

(2) 2つの式を入れ替える．（（Ⅲ）→（Ⅳ））

(3) 1つの式に他の式の何倍か（$\neq 0$）を加える．（（Ⅰ）→（Ⅱ），（Ⅳ）→（Ⅴ））

この式の基本変形で移りあう連立一次方程式（Ⅰ）〜（Ⅴ）を拡大係数行列で表記すると次のようになる．

$$(\text{Ⅰ}') \quad \begin{pmatrix} 3 & 1 & | & 5 \\ 1 & 2 & | & 5 \end{pmatrix} \begin{smallmatrix} ① \\ ② \end{smallmatrix}$$

$$(\text{Ⅱ}') \quad \begin{pmatrix} 3 & 1 & | & 5 \\ -5 & 0 & | & -5 \end{pmatrix} \begin{smallmatrix} ① \\ ②+①\times(-2) \end{smallmatrix}$$

$$(\text{Ⅲ}') \quad \begin{pmatrix} 3 & 1 & | & 5 \\ 1 & 0 & | & 1 \end{pmatrix} \begin{smallmatrix} ① \\ ②\times(-\frac{1}{5}) \end{smallmatrix}$$

$$(\text{Ⅳ}') \quad \begin{pmatrix} 1 & 0 & | & 1 \\ 3 & 1 & | & 5 \end{pmatrix} \begin{smallmatrix} ② \\ ① \end{smallmatrix}$$

$$(\text{Ⅴ}') \quad \begin{pmatrix} 1 & 0 & | & 1 \\ 0 & 1 & | & 2 \end{pmatrix} \begin{smallmatrix} ① \\ ②+①\times(-3) \end{smallmatrix}$$

（Ⅰ′）〜（Ⅴ′）は上の連立方程式の式変形を拡大係数行列表記したものであり，上の式の基本変形に対応する係数行列の変形を行の基本変形とよぶ．つまり（Ⅰ′）〜（Ⅴ′）の拡大係数行列は行の基本変形により移り変わると考えられる．

●行の基本変形

(1) 1つの行を何倍か（≠0）する．（(Ⅱ′)→(Ⅲ′)）

(2) 2つの行を入れ替える．　（(Ⅲ′)→(Ⅳ′)）

(3) 1つの行に他の行の何倍か（≠0）を加える．（(Ⅰ′)→(Ⅱ′)，(Ⅳ′)→(Ⅴ′)）

掃き出し法

　行の基本変形を用いて連立一次方程式を解く方法を掃き出し法とよぶ．

▶ **解が一意に定まる場合**

　拡大係数行列に行の基本変形を施し係数行列に対応する部分が単位行列 E になるように変形する．そこで得られる一番右端の列ベクトルが考えている連立一次方程式の解である．

$$(A|\mathbf{b}) \xrightarrow[\text{行の基本変形}]{} (E|\underset{\text{解}}{\underbrace{\mathbf{b}'}})$$

のとき $\mathbf{b}'$ が解である．例えば上の例において（Ⅴ′）の係数行列に対応する部分は単位行列になっているので，一番右端の列ベクトル $\begin{pmatrix} 1 \\ 2 \end{pmatrix}$ が方程式の解である．

（注）● $(A|\mathbf{b}) \to (E|\mathbf{b}')$ までの過程は様々あるが，どのような過程を経ても得られる $\mathbf{b}'$ は一意に決まる．

　　　●行の基本変形をいくら適切に施しても係数行列に対応する部分が単位行列にならない場合がある．その場合は考えている連立一次方程式の解が一意に定まらないのだが，これについては後述する．

例　題

$\begin{cases} 2x + 3y = 8 \\ x + 2y = 5 \end{cases}$ を掃き出し法で解きなさい．

[解]

　連立一次方程式を行列を用いて書き直すと $\begin{pmatrix} 2 & 3 \\ 1 & 2 \end{pmatrix} \begin{pmatrix} x \\ y \end{pmatrix} = \begin{pmatrix} 8 \\ 5 \end{pmatrix}$ となり，拡大係数行列は $\left(\begin{array}{cc|c} 2 & 3 & 8 \\ 1 & 2 & 5 \end{array} \right)$ となる．拡大係数行列を行の基本変形により以下

のように変形する.

$$\begin{pmatrix} 2 & 3 & | & 8 \\ 1 & 2 & | & 5 \end{pmatrix} \overset{①}{\underset{②}{\longrightarrow}} \begin{pmatrix} 1 & 2 & | & 5 \\ 2 & 3 & | & 8 \end{pmatrix} \overset{②}{\underset{①}{\longrightarrow}} \begin{pmatrix} 1 & 2 & | & 5 \\ 0 & -1 & | & -2 \end{pmatrix} \begin{smallmatrix} ① \\ ②+①\times(-2) \end{smallmatrix}$$

$$\longrightarrow \begin{pmatrix} 1 & 2 & | & 5 \\ 0 & 1 & | & 2 \end{pmatrix} \begin{smallmatrix} ① \\ ②\times(-1) \end{smallmatrix} \begin{pmatrix} 1 & 0 & | & 1 \\ 0 & 1 & | & 2 \end{pmatrix} \begin{smallmatrix} ①+②\times(-2) \\ ② \end{smallmatrix}$$

よって, $\begin{pmatrix} x \\ y \end{pmatrix} = \begin{pmatrix} 1 \\ 2 \end{pmatrix}$

* 2 変数の場合の変形の順番

ステップ 1 : 1–1 成分を 1 に

ステップ 2 : 2–1 成分を 0 に

ステップ 3 : 2–2 成分を 1 に

ステップ 4 : 1–2 成分を 0 に

例 題

$$\begin{cases} 2x + y + z = 0 \\ x - y - z = -3 \\ 3y + 2z = 4 \end{cases}$$ を掃き出し法で解きなさい.

[解]

この連立一次方程式の拡大係数行列は

$$\begin{pmatrix} 2 & 1 & 1 & | & 0 \\ 1 & -1 & -1 & | & -3 \\ 0 & 3 & 2 & | & 4 \end{pmatrix}$$

となる. 拡大係数行列を行の基本変形により以下のように変形する.

$$\begin{pmatrix} 2 & 1 & 1 & | & 0 \\ 1 & -1 & -1 & | & -3 \\ 0 & 3 & 2 & | & 4 \end{pmatrix} \overset{①}{\underset{②}{\underset{③}{\longrightarrow}}} \begin{pmatrix} 1 & -1 & -1 & | & -3 \\ 2 & 1 & 1 & | & 0 \\ 0 & 3 & 2 & | & 4 \end{pmatrix} \overset{②}{\underset{①}{\underset{③}{\longrightarrow}}}$$

$$\begin{pmatrix} 1 & -1 & -1 & | & -3 \\ 0 & 3 & 3 & | & 6 \\ 0 & 3 & 2 & | & 4 \end{pmatrix} \begin{smallmatrix} ① \\ ②+①\times(-2) \\ ③ \end{smallmatrix} \begin{pmatrix} 1 & -1 & -1 & | & -3 \\ 0 & 1 & 1 & | & 2 \\ 0 & 3 & 2 & | & 4 \end{pmatrix} \begin{smallmatrix} ① \\ ②\times\frac{1}{3} \\ ③ \end{smallmatrix}$$

$$\begin{pmatrix} 1 & 0 & 0 & | & -1 \\ 0 & 1 & 1 & | & 2 \\ 0 & 3 & 2 & | & 4 \end{pmatrix} \begin{smallmatrix} ①+② \\ ② \\ ③ \end{smallmatrix} \begin{pmatrix} 1 & 0 & 0 & | & -1 \\ 0 & 1 & 1 & | & 2 \\ 0 & 0 & -1 & | & -2 \end{pmatrix} \begin{smallmatrix} ① \\ ② \\ ③+②\times(-3) \end{smallmatrix}$$

$$\begin{pmatrix} 1 & 0 & 0 & \vline & -1 \\ 0 & 1 & 1 & \vline & 2 \\ 0 & 0 & 1 & \vline & 2 \end{pmatrix}\begin{matrix} ① \\ ② \\ ③×(-1) \end{matrix} \xrightarrow{\begin{matrix} ① \\ ② \\ \end{matrix}} \begin{pmatrix} 1 & 0 & 0 & \vline & -1 \\ 0 & 1 & 0 & \vline & 0 \\ 0 & 0 & 1 & \vline & 2 \end{pmatrix}\begin{matrix} ① \\ ② \\ ③×(-1) \end{matrix}$$

よって，$\begin{pmatrix} x \\ y \\ z \end{pmatrix} = \begin{pmatrix} -1 \\ 0 \\ 2 \end{pmatrix}$

＊3変数の場合の変形の順番

　　ステップ 1：1–1 成分を 1 に

　　ステップ 2：2–1 成分，3–1 成分を 0 に

　　ステップ 3：2–2 成分を 1 に

　　ステップ 4：1–2 成分，3–2 成分を 0 に

　　ステップ 5：3–3 成分を 1 に

　　ステップ 6：1–3 成分，2–3 成分を 0 に

▶ **解が一意に定まらない場合**

　連立 1 次方程式の解が存在しない，あるいは解は存在するが一意に定まらず複数存在する場合は，拡大係数行列に行の基本変形を適切に施しても係数行列に対応する行列が単位行列にはならない．

　　例

$$\begin{cases} x + 2y = 0 \\ 2x + 4y = 2 \end{cases}$$

$$\begin{pmatrix} 1 & 2 & \vline & 0 \\ 2 & 4 & \vline & 2 \end{pmatrix}\begin{matrix} ① \\ ② \end{matrix} \xrightarrow{\text{行の基本変形}} \begin{pmatrix} 1 & 2 & \vline & 0 \\ 0 & 0 & \vline & 2 \end{pmatrix}\begin{matrix} ① \\ ②+①×(-2) \end{matrix}$$

　係数行列の 2 行目の成分が全て 0 になったので単位行列にすることは不可能である．

　このような場合にどうするかを考える．

● **解が存在しない場合**

　ここでは連立一次方程式に解が存在しない場合の掃き出し法を用いた解法を考える．

例

次の連立一次方程式を掃き出し法で解く.

$$\begin{cases} 2x_1 + x_2 = 4 \\ 2x_1 + x_2 = 2 \end{cases}$$

拡大係数行列に行の基本変形を施して係数行列に対応する部分を単位行列に近づける.

$$\begin{pmatrix} 2 & 1 & \vline & 4 \\ 2 & 1 & \vline & 2 \end{pmatrix} \overset{①}{\underset{②}{\longrightarrow}} \begin{pmatrix} 1 & 1/2 & \vline & 2 \\ 2 & 1 & \vline & 2 \end{pmatrix} \overset{①×\frac{1}{2}}{\underset{②}{\longrightarrow}} \begin{pmatrix} 1 & 1/2 & \vline & 2 \\ 0 & 0 & \vline & -2 \end{pmatrix} \begin{smallmatrix} ① \\ ②+①×(-2) \end{smallmatrix}$$

これ以上係数行列に対応する部分を単位行列に近づけることはできない. 最終的な拡大係数行列に対応する連立一次方程式をかくと,

$$\begin{pmatrix} 1 & 1/2 & \vline & 2 \\ 0 & 0 & \vline & -2 \end{pmatrix} \longrightarrow \begin{pmatrix} 1 & 1/2 \\ 0 & 0 \end{pmatrix}\begin{pmatrix} x_1 \\ x_2 \end{pmatrix} = \begin{pmatrix} 2 \\ -2 \end{pmatrix} \longrightarrow \begin{cases} x_1 + \dfrac{1}{2}x_2 = 2 \\ 0x_1 + 0x_2 = -2 \end{cases}$$

第2式に着目すると, x_1, x_2 にどのような数字を入れても左辺は 0 になるので, 第2式を満たす x_1, x_2 は存在しない. つまりこの連立一次方程式は解をもたない.

例のように, 単位行列に近づけた行列 (これを簡約化とよぶ) において, 次のように

$$\begin{pmatrix} 1 & 0 & \cdots & \cdots & & \vline & 0 \\ 0 & 1 & \cdots & & \vdots & \vline & 0 \\ \vdots & \vdots & \ddots & & \vdots & \vline & \vdots \\ 0 & 0 & \cdots & & 0 & \vline & a \\ 0 & 0 & \cdots & & 0 & \vline & 0 \\ 0 & 0 & \cdots & & 0 & \vline & 0 \end{pmatrix}$$

$[0\ 0\ \cdots 0\,|\,a]$ になる行 (a は 0 でない定数) が存在した場合, もとの方程式は解をもたない.

●解が複数存在する場合

例

$$\begin{cases} x_1 + 2x_2 = 4 \\ 2x_1 + 4x_2 = 8 \end{cases}$$ を掃き出し法で解く.

拡大係数行列に行の基本変形を施して係数行列に対応する部分を単位行列に近づける.

$$\begin{pmatrix} 1 & 2 & \bigg| & 4 \\ 2 & 4 & \bigg| & 8 \end{pmatrix} \begin{matrix} ① \\ \xrightarrow{} \\ ② \end{matrix} \begin{pmatrix} 1 & 2 & \bigg| & 4 \\ 0 & 0 & \bigg| & 0 \end{pmatrix} \begin{matrix} ① \\ \\ ②+①×(-2) \end{matrix}$$

これ以上係数行列に対応する部分を単位行列に近づけることはできない. 最終的な拡大係数行列に対応する連立一次方程式をかくと

$$\begin{pmatrix} 1 & 2 & \bigg| & 4 \\ 0 & 0 & \bigg| & 0 \end{pmatrix} \longrightarrow \begin{pmatrix} 1 & 2 \\ 0 & 0 \end{pmatrix}\begin{pmatrix} x_1 \\ x_2 \end{pmatrix} = \begin{pmatrix} 4 \\ 0 \end{pmatrix} \longrightarrow \begin{cases} x_1 + 2x_2 = 4 \\ 0x_1 + 0x_2 = 0 \end{cases}$$

第2式は 0=0 となり, 自明な式なので意味のある式は第1式の $x_1 + 2x_2 = 4$ のみである. $x_1 + 2x_2 = 4$ を満たす x_1, x_2 は $x_2 = c$ (c は定数) とおくことで $x_1 = 4 - 2c$ と定まる. つまり

$$\begin{pmatrix} x_1 \\ x_2 \end{pmatrix} = \begin{pmatrix} c \\ 4 - 2c \end{pmatrix} \quad (c \text{ は定数})$$

c にはどのような数を入れてもよいので解 x_1, x_2 は無数に存在することになる.

例のように, 単位行列に近づけた行列において次のように

$$\begin{pmatrix} 1 & 0 & \cdots & \cdots & \bigg| & 0 \\ 0 & 1 & \cdots & \vdots & \bigg| & 0 \\ \vdots & \vdots & \ddots & \vdots & \bigg| & \vdots \\ 0 & 0 & \cdots & 0 & \bigg| & 0 \\ 0 & 0 & \cdots & 0 & \bigg| & 0 \end{pmatrix}$$

となり, 対応する連立一次方程式において意味のある方程式の数が変数の数より少なくなる場合は解が一意に定まらない. この場合は, 一部の変数を任意定数とおくことで解を求めることができる.

（注）拡大係数行列を単位行列に近づけることを簡約化するという．簡約化
　　　された行列に対し階数という量を定義すると，上で述べた連立一次方
　　　程式の解が一意に定まるか，定まらないか，解をもたないかという分
　　　類をより系統的に捉えることができる．これはより上級の教科書を参
　　　考にしてほしい．

やってみよう

次の連立一次方程式を掃き出し法で解きなさい.

(1) $\begin{cases} -x_1 + 2x_2 = -1 \\ 3x_1 - 3x_2 = 6 \end{cases}$ 　　(2) $\begin{cases} 3x_1 + 2x_2 = 0 \\ x_1 - 2x_2 = 8 \end{cases}$

(3) $\begin{cases} x_1 - x_2 + x_3 = 1 \\ 2x_1 \quad\ - x_3 = 5 \\ -x_1 + 2x_2 - 3x_3 = 0 \end{cases}$ 　　(4) $\begin{cases} -x_1 + x_2 = -3 \\ 3x_1 - 3x_2 = 9 \end{cases}$

(5) $\begin{cases} 2x_1 - 2x_2 + x_3 = 3 \\ -x_1 + x_2 + 2x_3 = 6 \end{cases}$

[**解**]

(1) $(x_1, x_2) = (3, 1)$ 　　(2) $(x_1, x_2) = (2, -3)$ 　　(3) $(x_1, x_2, x_3) = (3, 3, 1)$

(4) 解なし 　　(5) $(x_1, x_2, x_3) = (c, c, 3)$ （c は定数）

7.3 逆行列を用いた連立 1 次方程式の解法 ---

　1 次方程式 $ax = b$ を解く際には両辺に $\dfrac{1}{a}$ を掛けて $x = \dfrac{b}{a}$ と解く．行列の理論を用いることで，これに似た解き方を連立一次方程式に対しても与えることができる．

7.3.1 逆行列

逆行列

　A を n 次正方行列とする．そのとき $AB = BA = E$ を満たす n 次正方行列 B を A の逆行列とよび，$B = A^{-1}$ とかく．

例

$A = \begin{pmatrix} 1 & 2 \\ 3 & 4 \end{pmatrix}, B = \begin{pmatrix} -2 & 1 \\ 3/2 & -1/2 \end{pmatrix}$ とすると, $AB = BA = \begin{pmatrix} 1 & 0 \\ 0 & 1 \end{pmatrix}$ となる

ので, $B = A^{-1}$

(注) ● ある n 次正方行列 A が与えられたとき, 必ずしも A の逆行列 A^{-1} が
存在するとは限らない.

　　　● A の逆行列が存在するとき, 逆行列 A^{-1} は一意に定まる. この事実
は以下のように証明される.

　　　　B, C がともに A の逆行列だとすると

$$B = BE = B(AC) = (BA)C = EC = C$$

となり結局 B と C は一致することになる.

正則行列

n 次正方行列 A が逆行列 A^{-1} をもつとき, A を正則行列という.

7.3.2　逆行列の計算法

掃き出し法で用いた行の基本変形を利用して逆行列を計算することができる.

● 計算方法

n 次正方行列を A とし, A に単位行列を付け加えた行列を $(A|E)$ とかく.
すると $(A|E)$ は $n \times 2n$ 行列となる.

この $(A|E)$ に行の基本変形を施して, 左半分の $n \times n$ 行列が単位行列 E と
なるようにすると, そのとき右半分に現れた $n \times n$ 行列が A の逆行列 A^{-1} で
ある.

$$(A|E) \underset{\text{行の基本変形}}{\longrightarrow} (E| \underset{A\text{の逆行列}}{\underline{A^{-1}}})$$

(1) $A = \begin{pmatrix} 1 & 2 \\ 3 & 4 \end{pmatrix}$ の逆行列を求めなさい.

[解]

$$\begin{matrix} A & E \\ \begin{pmatrix} 1 & 2 & | & 1 & 0 \\ 3 & 4 & | & 0 & 1 \end{pmatrix} \begin{smallmatrix} ① \\ ② \end{smallmatrix} \xrightarrow{} & \begin{pmatrix} 1 & 2 & | & 1 & 0 \\ 0 & -2 & | & -3 & 1 \end{pmatrix} \begin{smallmatrix} ① \\ ②+①×(-3) \end{smallmatrix} \xrightarrow{} \end{matrix}$$

$$\begin{pmatrix} 1 & 0 & | & -2 & 1 \\ 0 & -2 & | & -3 & 1 \end{pmatrix} \begin{smallmatrix} ①+② \\ ② \end{smallmatrix} \xrightarrow{} \begin{pmatrix} 1 & 0 & | & -2 & 1 \\ 0 & 1 & | & 3/2 & -1/2 \end{pmatrix} \begin{smallmatrix} ① \\ ②×(-\frac{1}{2}) \end{smallmatrix}$$
$$\underbrace{}_{E} \quad \underbrace{}_{A^{-1}}$$

よって, $A^{-1} = \begin{pmatrix} -2 & 1 \\ 3/2 & -1/2 \end{pmatrix}$

実際, $AA^{-1} = \begin{pmatrix} 1 & 2 \\ 3 & 4 \end{pmatrix} \begin{pmatrix} -2 & 1 \\ 3/2 & -1/2 \end{pmatrix} = \begin{pmatrix} -2 & 1 \\ 3/2 & -1/2 \end{pmatrix} \begin{pmatrix} 1 & 2 \\ 3 & 4 \end{pmatrix} = E$ となること が確かめられる.

(2) $A = \begin{pmatrix} -1 & 1 \\ 1 & -1 \end{pmatrix}$ の逆行列を求めなさい.

[解]

$$\begin{pmatrix} -1 & 1 & | & 1 & 0 \\ 1 & -1 & | & 0 & 1 \end{pmatrix} \begin{smallmatrix} ① \\ ② \end{smallmatrix} \xrightarrow{} \begin{pmatrix} 1 & -1 & | & 0 & 1 \\ -1 & 1 & | & 1 & 0 \end{pmatrix} \begin{smallmatrix} ② \\ ① \end{smallmatrix} \xrightarrow{}$$

$$\begin{pmatrix} 1 & -1 & | & 0 & 1 \\ 0 & 0 & | & 1 & 1 \end{pmatrix} \begin{smallmatrix} ① \\ ②+① \end{smallmatrix}$$

左半分の行列の2行目が0ベクトルになってしまったので単位行列にすることはできない. したがって行列 A は逆行列はもたない.

7.3.3 逆行列を用いた連立一次方程式の計算

前項で学んだ逆行列を用いて, 連立一次方程式を解くことを考える. $A\mathbf{x} = \mathbf{b}$, の両辺に左から A^{-1} を掛けると $A^{-1}A\mathbf{x} = A^{-1}\mathbf{b}$ なので $A^{-1}A = E$ を用いると, $\mathbf{x} = A^{-1}\mathbf{b}$ となり解が求まる. つまり, 考えている連立一次方程式における係数行列の逆行列が存在すれば, それを左辺のベクトルに左から掛ければよい.

連立 1 次方程式 $A\mathbf{x} = \mathbf{b}$ において行列 A が正則行列（すなわち，逆行列 (A^{-1}) が存在する）であるとき

$$\mathbf{x} = A^{-1}\mathbf{b}$$

（注）この解法は解が一意に定まる場合にしか使えない．実は公式にある A が正則行列という条件は連立 1 次方程式 $A\mathbf{x} = \mathbf{b}$ の解が一意に定まるための必要十分条件である．

例　題

$\begin{cases} x_1 + 2x_2 = 4 \\ 3x_1 + 4x_2 = 10 \end{cases}$ を逆行列を用いた方法で解きなさい．

［解］

求めたい連立一次方程式の係数行列 $\begin{pmatrix} 1 & 2 \\ 3 & 4 \end{pmatrix}$ の逆行列は $\begin{pmatrix} -2 & 1 \\ 3/2 & -1/2 \end{pmatrix}$ となる（前の例題参照）．よって

$$\begin{pmatrix} x_1 \\ x_2 \end{pmatrix} = \begin{pmatrix} -2 & 1 \\ 3/2 & -1/2 \end{pmatrix}\begin{pmatrix} 4 \\ 10 \end{pmatrix} = \begin{pmatrix} 2 \\ 1 \end{pmatrix}$$

（注）$A\mathbf{x} = \mathbf{b}$ において係数行列 A に逆行列が存在しない場合はこの方法は使えない．

やってみよう

1. 次の行列の逆行列を求めなさい．

(1) $\begin{pmatrix} 1 & 3 \\ 2 & 1 \end{pmatrix}$　　　(2) $\begin{pmatrix} 1 & 2 \\ 3 & 6 \end{pmatrix}$　　　(3) $\begin{pmatrix} 1 & 2 & 0 \\ -1 & 1 & 2 \\ 0 & 0 & 1 \end{pmatrix}$

2. 次の連立一次方程式を逆行列を用いて解きなさい．

(1) $\begin{cases} x_1 + 3x_2 = 4 \\ 2x_1 + x_2 = 2 \end{cases}$　　　(2) $\begin{cases} 2x_1 - x_2 + 2x_3 = 6 \\ -x_1 + x_2 - 3x_3 = -8 \\ x_1 + 3x_2 - 3x_3 = -2 \end{cases}$

[解]

1. (1) $\begin{pmatrix} -1/5 & 3/5 \\ 2/5 & -1/5 \end{pmatrix}$ (2) 逆行列を持たない.   (3) $\begin{pmatrix} 1/3 & -2/3 & 4/3 \\ 1/3 & 1/3 & -2/3 \\ 0 & 0 & 1 \end{pmatrix}$

2. (1) 係数行列の逆行列は $\begin{pmatrix} -1/5 & 3/5 \\ 2/5 & -1/5 \end{pmatrix}$ なので,

$$\begin{pmatrix} x_1 \\ x_2 \end{pmatrix} = \begin{pmatrix} -1/5 & 3/5 \\ 2/5 & -1/5 \end{pmatrix} \begin{pmatrix} 4 \\ 2 \end{pmatrix} = \begin{pmatrix} 2/5 \\ 6/5 \end{pmatrix}$$

  (2) 係数行列の逆行列は $\begin{pmatrix} 3/5 & 3/10 & 1/10 \\ -3/5 & -4/5 & 2/5 \\ -2/5 & -7/10 & 1/10 \end{pmatrix}$ なので,

$$\begin{pmatrix} x_1 \\ x_2 \\ x_3 \end{pmatrix} = \begin{pmatrix} 3/5 & 3/10 & 1/10 \\ -3/5 & -4/5 & 2/5 \\ -2/5 & -7/10 & 1/10 \end{pmatrix} \begin{pmatrix} 6 \\ -8 \\ -2 \end{pmatrix} = \begin{pmatrix} 1 \\ 2 \\ 3 \end{pmatrix}$$

7.4 クラメルの公式を用いた解法 ⋅⋅⋅⋅⋅⋅⋅⋅⋅⋅⋅⋅⋅⋅

7.4.1 行 列 式

この節では連立一次方程式を後述するクラメルの公式で解くために必要な行列式について説明する. 本書ではまず 2 次と 3 次の正方行列に対する行列式を扱うこととする. その後, 一般の n 次正方行列に対する行列式を扱う.

行列式の表示

正方行列 A の行列式を $|A|$ または $\det(A)$ とかく. det は行列式を表す determinant の略である.

2 次正方行列の行列式

A を 2 次正方行列とする.

$$|A| = \begin{vmatrix} a_{11} & a_{12} \\ a_{21} & a_{22} \end{vmatrix} = a_{11}a_{22} - a_{12}a_{21}$$

で定義される.

A を3次正方行列とする.

$$|A| = \begin{vmatrix} a_{11} & a_{12} & a_{13} \\ a_{21} & a_{22} & a_{23} \\ a_{31} & a_{32} & a_{33} \end{vmatrix}$$

$$= a_{11}a_{22}a_{33} + a_{12}a_{23}a_{31} + a_{21}a_{32}a_{13} - a_{13}a_{22}a_{31} - a_{12}a_{21}a_{33} - a_{23}a_{32}a_{11}$$

で定義される.

2次と3次の行列式の定義にはサラスの方法という覚え方がある.

これは, 左上から右下への成分の積を "+", 右上から左下への積を "-" として和をとったものが行列式になるというものである.

▶ **サラスの方法**

● 2次の正方行列

$$\begin{vmatrix} a_{11} & a_{12} \\ a_{21} & a_{22} \end{vmatrix} = a_{11}a_{22} - a_{12}a_{21}$$

● 3次の正方行列

$$\begin{vmatrix} a_{11} & a_{12} & a_{13} \\ a_{21} & a_{22} & a_{23} \\ a_{31} & a_{32} & a_{33} \end{vmatrix} = a_{11}a_{22}a_{33} + a_{12}a_{23}a_{31} + a_{21}a_{32}a_{13}$$

$$- a_{13}a_{22}a_{31} - a_{12}a_{21}a_{33} - a_{23}a_{32}a_{11}$$

例　題

サラスの方法を用いて次の行列式を求めなさい.

(1) $\begin{vmatrix} 2 & 3 \\ -1 & -2 \end{vmatrix}$

［解］

$$\begin{vmatrix} 2 & 3 \\ -1 & -2 \end{vmatrix} = 2 \times (-2) - 3 \times (-1) = -1$$

(2) $\begin{vmatrix} 1 & -1 & 2 \\ 0 & 3 & -2 \\ 1 & 2 & -1 \end{vmatrix}$

［解］

$$\begin{vmatrix} 1 & -1 & 2 \\ 0 & 3 & -2 \\ 1 & 2 & -1 \end{vmatrix} = 1 \times 3 \times (-1) + (-1) \times (-2) \times 1 + 0 \times 2 \times 2$$

$$-2 \times 3 \times 1 - (-1) \times 0 \times (-1) - (-2) \times 2 \times 1 = -3$$

n 次正方行列（$n \geq 4$）の行列式

4次以上の正方行列の場合，その行列式の定義は簡単には覚えられないので次にあげる行列式の性質を用いて具体的な計算を行う．

● 性質 1

$$\begin{vmatrix} a_{11} & a_{12} & \cdots & a_{1n} \\ 0 & a_{22} & \cdots & a_{2n} \\ \vdots & \vdots & \ddots & \vdots \\ 0 & a_{n2} & \cdots & a_{nn} \end{vmatrix} = a_{11} \begin{vmatrix} a_{22} & \cdots & a_{2n} \\ \vdots & \ddots & \vdots \\ a_{n2} & \cdots & a_{nn} \end{vmatrix}$$

例 1

性質1が成り立つことを次の具体例の左辺と右辺をサラスの公式で計算することで確かめる．

$$\begin{vmatrix} 2 & -1 & 3 \\ 0 & 2 & -2 \\ 0 & 1 & 1 \end{vmatrix} = 2 \begin{vmatrix} 2 & -2 \\ 1 & 1 \end{vmatrix}$$

左辺 $= 2 \times 2 \times 1 - (-2) \times 1 \times 2 = 8$

右辺 $= 2 \times (2 \times 1 - (-2) \times 1) = 8$

よって性質1が成り立つことが分かる．

例2

(1) $\begin{vmatrix} 3 & 2 & 1 \\ 0 & 1 & -1 \\ 0 & 2 & 2 \end{vmatrix} = 3 \begin{vmatrix} 1 & -1 \\ 2 & 2 \end{vmatrix} = 3 \times (1 \times 2 - (-1) \times 2) = 12$

(2) $\begin{vmatrix} 1 & 0 & 0 & 0 \\ 0 & 1 & 0 & 0 \\ 0 & 0 & 1 & 0 \\ 0 & 0 & 0 & 1 \end{vmatrix} = 1 \begin{vmatrix} 1 & 0 & 0 \\ 0 & 1 & 0 \\ 0 & 0 & 1 \end{vmatrix} = 1 \times 1 \begin{vmatrix} 1 & 0 \\ 0 & 1 \end{vmatrix} = 1 \times 1 \times (1 \times 1 - (0) \times 0) = 1$

(注)(2) の計算からも分かるように一般的に，単位行列 E の行列式 $\det(E)$ $= 1$ である．

● **性質2**

1つの行を c 倍すると行列式は c 倍になる．

$$\begin{vmatrix} a_{11} & a_{12} & \cdots & a_{1n} \\ \vdots & \vdots & & \vdots \\ ca_{i1} & ca_{i2} & \cdots & ca_{in} \\ \vdots & \vdots & & \vdots \\ a_{n1} & a_{n2} & \cdots & a_{nn} \end{vmatrix} = c \begin{vmatrix} a_{11} & a_{12} & \cdots & a_{1n} \\ \vdots & \vdots & & \vdots \\ a_{i1} & a_{i2} & \cdots & a_{in} \\ \vdots & \vdots & & \vdots \\ a_{n1} & a_{n2} & \cdots & a_{nn} \end{vmatrix}$$

例1

性質2が成り立つことを次の具体例の左辺と右辺をサラスの公式で計算することで確かめる．

$$\begin{vmatrix} 2 & 3 & 0 \\ 1 & 1 & 2 \\ 0 & -2 & 2 \end{vmatrix} = 2 \begin{vmatrix} 2 & 3 & 0 \\ 1 & 1 & 2 \\ 0 & -1 & 1 \end{vmatrix}$$

左辺 $= 2 \times 1 \times 2 - 3 \times 1 \times 2 - 2 \times (-2) \times 2 = 6$

右辺 $= 2 \times (2 \times 1 \times 1 - 3 \times 1 \times 1 - 2 \times (-1) \times 2) = 6$

よって性質2が成り立つことが分かる．

例2

$$\begin{vmatrix} 1 & -1 & 2 \\ 0 & 3 & -2 \\ 1 & 2 & -1 \end{vmatrix} = -3 \text{ について, 例えば3行目を2倍すると,}$$

$$\begin{vmatrix} 1 & -1 & 2 \\ 0 & 3 & -2 \\ 2\times1 & 2\times2 & 2\times(-1) \end{vmatrix} \underset{\text{性質2}}{=} 2 \begin{vmatrix} 1 & -1 & 2 \\ 0 & 3 & -2 \\ 1 & 2 & -1 \end{vmatrix} = 2\times(-3) = -6$$

● **性質3**

2つの行を入れ替えると行列式は -1 倍になる.

例1

性質3が成り立つことを次の具体例の左辺と右辺をサラスの公式で計算することで確かめる.

$$\begin{vmatrix} 2 & 1 & 0 \\ 1 & 1 & 2 \\ 0 & 3 & 1 \end{vmatrix} = - \begin{vmatrix} 2 & 1 & 0 \\ 0 & 3 & 1 \\ 1 & 1 & 2 \end{vmatrix}$$

左辺 $= 2\times1\times1 - 1\times1\times1 - 2\times3\times2 = -11$

右辺 $= -(2\times3\times2 + 1\times1\times1 - 1\times1\times2) = -11$

よって性質3が成り立つことが分かる.

例2

$$\begin{vmatrix} 0 & 0 & 2 \\ 0 & 1 & -1 \\ 3 & 2 & 1 \end{vmatrix} \underset{\text{性質}3}{=} - \begin{vmatrix} 3 & 2 & 1 \\ 0 & 1 & -1 \\ 0 & 0 & 2 \end{vmatrix} \underset{\text{性質}1}{=} -3 \begin{vmatrix} 1 & -1 \\ 0 & 2 \end{vmatrix} = -6$$

● **性質4**

行列の1つの行に他の行の何倍かを加えても行列式の値は変わらない.

$$\begin{vmatrix} a_{11} & a_{12} & \cdots & a_{1n} \\ \vdots & \vdots & & \vdots \\ a_{i1} & a_{i2} & \cdots & a_{in} \\ \vdots & \vdots & & \vdots \\ a_{j1} & a_{j2} & \cdots & a_{jn} \\ \vdots & \vdots & & \vdots \\ a_{n1} & a_{n2} & \cdots & a_{nn} \end{vmatrix} = \begin{vmatrix} a_{11} & a_{12} & \cdots & a_{1n} \\ \vdots & \vdots & & \vdots \\ a_{i1}+ca_{j1} & a_{i2}+ca_{j2} & \cdots & a_{in}+ca_{jn} \\ \vdots & \vdots & & \vdots \\ a_{j1} & a_{j2} & \cdots & a_{jn} \\ \vdots & \vdots & & \vdots \\ a_{n1} & a_{n2} & \cdots & a_{nn} \end{vmatrix}$$

例1

性質4が成り立つことを次の具体例の左辺と右辺をサラスの公式で計算することで確かめる.

$$\begin{vmatrix} 1 & 1 & 0 \\ 2 & 3 & 2 \\ 0 & -3 & -1 \end{vmatrix} = \begin{vmatrix} 1 & 1 & 0 \\ 0 & 1 & 2 \\ 0 & -3 & -1 \end{vmatrix} \begin{matrix} ① \\ ②+①×(-2) \\ ③ \end{matrix}$$

左辺 $=1×3×(-1)-1×2×(-1)-2×(-3)×1=5$

右辺 $=1×1×(-1)-2×(-3)×1=5$

よって性質4が成り立つことが分かる.

例 2

$$\begin{vmatrix} 2 & -1 & 3 \\ 2 & 3 & 1 \\ 1 & 1 & 2 \end{vmatrix} \begin{matrix} ① \\ ② \\ ③ \end{matrix} \underset{性質3}{=} - \begin{vmatrix} 1 & 1 & 2 \\ 2 & 3 & 1 \\ 2 & -1 & 3 \end{vmatrix} \begin{matrix} ③ \\ ② \\ ① \end{matrix}$$

$$\underset{性質4}{=} - \begin{vmatrix} 1 & 1 & 2 \\ 0 & 1 & -3 \\ 0 & -3 & -1 \end{vmatrix} \begin{matrix} ① \\ ②+①\times(-2) \\ ③+①\times(-2) \end{matrix} \underset{性質1}{=} - \begin{vmatrix} 1 & -3 \\ -3 & -1 \end{vmatrix} = 10$$

このように性質 1〜4 を用いて行列式を求めることができる．この変形は掃き出し方の際の行の基本変形に似ている．

やってみよう

1. 次の行列の行列式をサラスの方法で求めなさい．

(1) $\begin{pmatrix} 1 & -3 \\ 1 & 1 \end{pmatrix}$ (2) $\begin{pmatrix} 1 & 0 & -3 \\ -3 & 0 & 2 \\ 1 & 2 & -1 \end{pmatrix}$

2. 次の行列の行列式を行列の性質を用いて求めなさい．

(1) $\begin{pmatrix} 1 & 2 \\ 3 & -2 \end{pmatrix}$ (2) $\begin{pmatrix} 2 & 1 & -1 \\ -3 & 0 & 4 \\ 3 & 1 & -2 \end{pmatrix}$ (3) $\begin{pmatrix} 1 & 3 & -3 & 1 \\ 0 & 1 & 1 & 2 \\ 1 & 0 & 2 & 3 \\ -1 & 1 & 2 & 2 \end{pmatrix}$

[解]
1. (1) $1 \times 1 - (-3) \times 1 = 4$ (2) $1 \times 0 \times (-1) + 0 \times 2 \times 1 + (-3) \times 2 \times (-3) - (-3 \times 0 \times 1) - (0 \times -3 \times -1) - (2 \times 2 \times 1) = 14$
2. (1) -8 (2) 1 (3) 0

7.4.2 クラメルの公式を用いた連立 1 次方程式の解法

前項で学んだ行列式を用いて連立 1 次方程式を解く方法としてクラメルの公式を学ぶ．

公式●クラメルの公式

A が n 次正方行列で $|A| \neq 0$ とする．連立 1 次方程式 $A\mathbf{x} = \mathbf{b}$ の解は

$$\mathbf{x} = \begin{pmatrix} x_1 \\ x_2 \\ \vdots \\ x_n \end{pmatrix} \text{ とすると，} x_i = \frac{|A_{\mathbf{b}}^i|}{|A|}$$

である．

ただし，$A_{\mathbf{b}}^i$ は A の i 列目を $\mathbf{b}$ に替えた行列である．すなわち

$$A_{\mathbf{b}}^i = \begin{pmatrix} a_{11} & \cdots & b_1 & \cdots & a_{1n} \\ a_{21} & \cdots & b_2 & \cdots & a_{2n} \\ \vdots & & \vdots & & \vdots \\ a_{n1} & \cdots & b_n & \cdots & a_{nn} \end{pmatrix} \overset{i\,列}{}$$

例題

次の連立 1 次方程式を「クラメルの公式」で解きなさい．

$$\begin{cases} x_1 + 2x_2 = 4 \\ -x_1 + 3x_2 = 1 \end{cases}$$

[解]

「クラメルの公式」を用いると

$$|A| = \begin{vmatrix} 1 & 2 \\ -1 & 3 \end{vmatrix}, \quad |A_{\mathbf{b}}^1| = \begin{vmatrix} 4 & 2 \\ 1 & 3 \end{vmatrix}, \quad |A_{\mathbf{b}}^2| = \begin{vmatrix} 1 & 4 \\ -1 & 1 \end{vmatrix} \text{ に注意して，}$$

$$x_1 = \frac{|A_{\mathbf{b}}^1|}{|A|} = \frac{\begin{vmatrix} 4 & 2 \\ 1 & 3 \end{vmatrix}}{\begin{vmatrix} 1 & 2 \\ -1 & 3 \end{vmatrix}}, \quad x_2 = \frac{|A_{\mathbf{b}}^2|}{|A|} = \frac{\begin{vmatrix} 1 & 4 \\ -1 & 1 \end{vmatrix}}{\begin{vmatrix} 1 & 2 \\ -1 & 3 \end{vmatrix}} \text{ となるので，}$$

$$x_1 = \frac{10}{5} = 2, \quad x_2 = \frac{5}{5} = 1$$

（注）「クラメルの公式」は解が一意に定まる場合にしか使えない．実は
「クラメルの公式」にある条件 $|A| \neq 0$ は連立 1 次方程式の解が一意に
定まるための必要十分条件である．

次の連立一次方程式を「クラメルの公式」を用いて解きなさい.

(1) $\begin{cases} 4x_1 + x_2 = 4 \\ 3x_1 + 2x_2 = 3 \end{cases}$　　(2) $\begin{cases} x_1 + 3x_2 - 2x_3 = 0 \\ 3x_1 - 2x_2 + 5x_3 = 11 \\ -x_1 + 2x_2 + 2x_3 = 5 \end{cases}$

[解]

(1)「クラメルの公式」を用いると $|A| = \begin{vmatrix} 4 & 1 \\ 3 & 2 \end{vmatrix}$, $|A_{\mathbf{b}}^1| = \begin{vmatrix} 4 & 1 \\ 3 & 2 \end{vmatrix}$, $|A_{\mathbf{b}}^2| = \begin{vmatrix} 4 & 4 \\ 3 & 3 \end{vmatrix}$ に注意して,

$$x_1 = \frac{|A_{\mathbf{b}}^1|}{|A|} = \frac{\begin{vmatrix} 4 & 1 \\ 3 & 2 \end{vmatrix}}{\begin{vmatrix} 4 & 1 \\ 3 & 2 \end{vmatrix}}, \quad x_2 = \frac{|A_{\mathbf{b}}^2|}{|A|} = \frac{\begin{vmatrix} 4 & 4 \\ 3 & 3 \end{vmatrix}}{\begin{vmatrix} 4 & 1 \\ 3 & 2 \end{vmatrix}}$$

となるので, $x_1 = \dfrac{5}{5} = 1$, $x_2 = \dfrac{0}{5} = 0$

(2)「クラメルの公式」を用いると $|A| = \begin{vmatrix} 1 & 3 & -2 \\ 3 & -2 & 5 \\ -1 & 2 & 2 \end{vmatrix}$, $|A_{\mathbf{b}}^1| = \begin{vmatrix} 0 & 3 & -2 \\ 11 & -2 & 5 \\ 5 & 2 & 2 \end{vmatrix}$,

$|A_{\mathbf{b}}^2| = \begin{vmatrix} 1 & 0 & -2 \\ 3 & 11 & 5 \\ -1 & 5 & 2 \end{vmatrix}$, $|A_{\mathbf{b}}^3| = \begin{vmatrix} 1 & 3 & 0 \\ 3 & -2 & 11 \\ -1 & 2 & 5 \end{vmatrix}$ に注意して,

$$x_1 = \frac{|A_{\mathbf{b}}^1|}{|A|} = \frac{\begin{vmatrix} 0 & 3 & -2 \\ 11 & -2 & 5 \\ 5 & 2 & 2 \end{vmatrix}}{\begin{vmatrix} 1 & 3 & -2 \\ 3 & -2 & 5 \\ -1 & 2 & 2 \end{vmatrix}}, \quad x_2 = \frac{|A_{\mathbf{b}}^2|}{|A|} = \frac{\begin{vmatrix} 1 & 0 & -2 \\ 3 & 11 & 5 \\ -1 & 5 & 2 \end{vmatrix}}{\begin{vmatrix} 1 & 3 & -2 \\ 3 & -2 & 5 \\ -1 & 2 & 2 \end{vmatrix}},$$

$$x_3 = \frac{|A_{\mathbf{b}}^3|}{|A|} = \frac{\begin{vmatrix} 1 & 3 & 0 \\ 3 & -2 & 11 \\ -1 & 2 & 5 \end{vmatrix}}{\begin{vmatrix} 1 & 3 & -2 \\ 3 & -2 & 5 \\ -1 & 2 & 2 \end{vmatrix}}$$

となるので, $x_1 = \dfrac{-55}{-55} = 1$, $x_2 = \dfrac{-55}{-55} = 1$, $x_3 = \dfrac{-110}{-55} = 2$

1. 次の行列の行列式を計算しなさい.

(1) $\begin{pmatrix} a & b \\ b & a \end{pmatrix}$ (2) $\begin{pmatrix} a & 1 & 1 \\ 1 & a & 1 \\ 1 & 1 & a \end{pmatrix}$ (3) $\begin{pmatrix} 1 & 1 & 1 \\ x_1 & x_2 & x_3 \\ x_1^2 & x_2^2 & x_3^2 \end{pmatrix}$

2. 次の行列の逆行列を計算しなさい.

(1) $\begin{pmatrix} 1 & -a \\ a & 1 \end{pmatrix}$ (2) $\begin{pmatrix} 1 & 2 \\ 3 & 4 \end{pmatrix}$ (3) $\begin{pmatrix} 1 & 2 & 1 \\ -1 & 2 & 0 \\ 0 & -1 & 3 \end{pmatrix}$

3. 次の連立1次方程式を掃き出し法で解きなさい.

(1) $\begin{cases} x_1 + 2x_2 = 3 \\ 3x_1 - 6x_2 = -3 \end{cases}$ (2) $\begin{cases} x_1 + x_2 + x_3 = 2 \\ x_1 - x_2 - x_3 = 0 \\ 3x_2 + 2x_3 = 2 \end{cases}$

(3) $\begin{cases} x_1 + x_2 - x_3 + 4x_4 = 1 \\ x_2 - 2x_3 + x_4 = 2 \\ 2x_1 - x_2 + 4x_3 + 5x_4 = -6 \end{cases}$ (4) $\begin{cases} x_1 + 3x_2 + 3x_3 = 4 \\ 2x_1 + x_2 + x_3 = 3 \\ x_1 + x_2 + x_3 = 2 \end{cases}$

4. 次の連立1次方程式を「クラメルの公式」を用いて解きなさい.

(1) $\begin{cases} 4x_1 + 2x_2 = 0 \\ x_1 + x_2 = 1 \end{cases}$ (2) $\begin{cases} x_1 + x_2 = 2 \\ 4x_1 + 5x_2 = 5 \end{cases}$

(3) $\begin{cases} 2x_1 - x_2 + x_3 = 3 \\ x_1 + 3x_2 - 2x_3 = 1 \\ -2x_1 - x_2 + 3x_3 = 5 \end{cases}$

5. 次の連立1次方程式が解を一意にもつための定数 k の条件を定め,そのときの解も求めなさい.

$\begin{cases} x_1 + 2x_2 + 3x_3 = 6 \\ -x_1 + 3x_2 + 5x_3 = 7 \\ 4x_1 - 3x_2 + x_3 = k \end{cases}$

第8講
線形代数 3
——固有値，固有ベクトル

■行列をベクトルの左から掛けると一般にはベクトルの方向と長さが変化する．例えば，$A = \begin{pmatrix} 1 & 0 \\ -1 & 3 \end{pmatrix}$, $\mathbf{x} = \begin{pmatrix} 1 \\ 1 \end{pmatrix}$ とすると，$A\mathbf{x} = \begin{pmatrix} 1 & 0 \\ -1 & 3 \end{pmatrix} \begin{pmatrix} 1 \\ 1 \end{pmatrix} = \begin{pmatrix} 1 \\ 2 \end{pmatrix}$ となり，ベクトル $\begin{pmatrix} 1 \\ 1 \end{pmatrix}$ は $\begin{pmatrix} 1 \\ 2 \end{pmatrix}$ に変化する．しかし，特別なベクトル，例えば $\mathbf{x}' = \begin{pmatrix} 0 \\ 1 \end{pmatrix}$ とすると $A\mathbf{x}' = \begin{pmatrix} 1 & 0 \\ -1 & 3 \end{pmatrix} \begin{pmatrix} 0 \\ 1 \end{pmatrix} = \begin{pmatrix} 0 \\ 3 \end{pmatrix} = 3 \begin{pmatrix} 0 \\ 1 \end{pmatrix}$ となり，$\mathbf{x}'$ は行列 $A = \begin{pmatrix} 1 & 0 \\ -1 & 3 \end{pmatrix}$ を掛けても，長さは3倍になるが，方向は変わらないことが分かる．

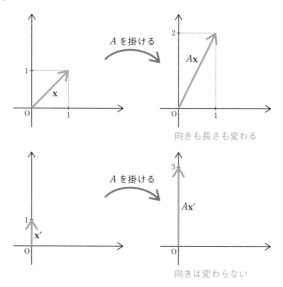

本講ではこのように，行列を掛けても方向を変えないベクトルを考える．

このようなベクトルは経済学でも用いられるマルコフ連鎖と関連が強く，本書第10講に詳しく説明がなされている．

A を n 次正方行列とする．$A\mathbf{x} = \lambda\mathbf{x}$（$\mathbf{x} \neq \mathbf{0}$，$\lambda$ は実数）を満たす λ を A の固有値，$\mathbf{x}$ を固有値 λ に属する A の固有ベクトルという．

（注）固有値 λ を複素数に拡張することもできるが，本書では実数のみ考えることにする．

例

$A = \begin{pmatrix} 1 & 2 \\ 0 & -4 \end{pmatrix}$ とすると

$$\begin{pmatrix} 1 & 2 \\ 0 & -4 \end{pmatrix} \begin{pmatrix} 1 \\ -\frac{5}{2} \end{pmatrix} = -4 \begin{pmatrix} 1 \\ -\frac{5}{2} \end{pmatrix}$$

とかけるので，行列 A の固有値は -4 で，固有ベクトルは $\begin{pmatrix} 1 \\ -\frac{5}{2} \end{pmatrix}$ である．

上記では，行列 A が与えられたときに天下り的にその固有値，固有ベクトルが示された．ここでは，行列 A が与えられたとき，どのようにその固有値，固有ベクトルを求めるかを考える．

固有多項式

n 次正方行列 A に対し，次の多項式 $g(t)$ を A の固有多項式という．

$$g(t) = |tE - A|$$

例

$A = \begin{pmatrix} 1 & -1 \\ 2 & 3 \end{pmatrix}$ における固有多項式 $g(t)$ は

$$g(t) = \left| t\begin{pmatrix} 1 & 0 \\ 0 & 1 \end{pmatrix} - \begin{pmatrix} 1 & -1 \\ 2 & 3 \end{pmatrix} \right| = \begin{vmatrix} t-1 & 1 \\ -2 & t-3 \end{vmatrix}$$
$$= (t-1)(t-3) - 1 \cdot (-2) = t^2 - 4t + 5$$

次の公式は，行列 A が与えられたときに，その固有値を求めるときに有用である．

A の固有多項式 $g(t)$ に対して，方程式 $g(t)=0$ を A の固有方程式という．

━ 公式●固有値の求め方 ━

> $g(t)$ を行列 A の固有多項式とするとき，固有方程式 $g(t)=0$ の解が固有値である．つまり，λ を A の固有値とすると，$g(\lambda)=0$ が満たされる．

例　題

$A = \begin{pmatrix} 1 & 0 \\ -1 & 3 \end{pmatrix}$ における固有値 λ を求めなさい.

[解]

公式「固有値の求め方」より，A の固有方程式 $g(t)=0$ の解を求めればそれが固有値である．

$$g(t) = \left| t\begin{pmatrix} 1 & 0 \\ 0 & 1 \end{pmatrix} - \begin{pmatrix} 1 & 0 \\ -1 & 3 \end{pmatrix} \right| = \begin{vmatrix} t-1 & 0 \\ 1 & t-3 \end{vmatrix}$$
$$= (t-1)(t-3)$$

$g(t)=0$ となるのは，$t=1,3$ であるので A の固有値 $\lambda=1,3$ である．

固有値が求められれば，固有ベクトルの定義から連立 1 次方程式を解くことで，固有ベクトルを求めることができる．つまり，$A\mathbf{x}=\lambda\mathbf{x}$, $(\lambda E-A)\mathbf{x}=\mathbf{0}$ を解いて得られる $\mathbf{x}$ が固有値 λ に属する A の固有ベクトルである．

例　題

$A = \begin{pmatrix} 6 & 3 \\ -5 & -2 \end{pmatrix}$ とする.

(1) A の固有多項式を求めなさい.

(2) A の固有値 λ を求めなさい.

(3) A の各固有値に対する固有ベクトルを求めなさい.

[解]
(1)

$$g(t) = |tE-A| = \left| t\begin{pmatrix} 1 & 0 \\ 0 & 1 \end{pmatrix} - \begin{pmatrix} 6 & 3 \\ -5 & -2 \end{pmatrix} \right| = \begin{vmatrix} t-6 & -3 \\ 5 & t+2 \end{vmatrix}$$
$$= (t-6)(t+2) - (-3)\times(5) = t^2 - 4t + 3$$

(2) 固有方程式 $g(t) = t^2 - 4t + 3 = (t - 3)(t - 1) = 0$ を解くと，$t = 1, 3$ であるから，固有値 $\lambda = 1, 3$ である．

(3)

$\lambda = 1$ に対する固有ベクトル：

$\lambda = 1$ とすると固有ベクトル $\mathbf{x} = \begin{pmatrix} x_1 \\ x_2 \end{pmatrix}$ は $A\mathbf{x} = \mathbf{x}$ を満たす．これは $(E - A)\mathbf{x} = \mathbf{0}$ とかけて，この連立一次方程式を解いて $\mathbf{x}$ を求めれば，それが固有ベクトル $\mathbf{x}$ である．

$$\left\{ \begin{pmatrix} 1 & 0 \\ 0 & 1 \end{pmatrix} - \begin{pmatrix} 6 & 3 \\ -5 & -2 \end{pmatrix} \right\} \mathbf{x} = \begin{pmatrix} 0 \\ 0 \end{pmatrix}$$

$$\begin{pmatrix} -5 & -3 \\ 5 & 3 \end{pmatrix} \mathbf{x} = \begin{pmatrix} 0 \\ 0 \end{pmatrix}$$

この連立一次方程式を掃き出し法で解くと，

$$\begin{pmatrix} -5 & -3 & | & 0 \\ 5 & 3 & | & 0 \end{pmatrix} \overset{①}{\underset{①+②}{\longrightarrow}} \begin{pmatrix} -5 & -3 & | & 0 \\ 0 & 0 & | & 0 \end{pmatrix} \overset{①\times(-\frac{1}{5})}{\underset{②}{\longrightarrow}} \begin{pmatrix} 1 & 3/5 & | & 0 \\ 0 & 0 & | & 0 \end{pmatrix}$$

これは $\begin{pmatrix} 1 & 3/5 \\ 0 & 0 \end{pmatrix} \begin{pmatrix} x_1 \\ x_2 \end{pmatrix} = \begin{pmatrix} 0 \\ 0 \end{pmatrix}$ なので，結局 $x_1 + \frac{3}{5}x_2 = 0$．$x_2 = c$（c は任意定数）とすると，$x_1 = -\frac{3}{5}c$ となり $\mathbf{x} = \begin{pmatrix} x_1 \\ x_2 \end{pmatrix} = \begin{pmatrix} -\frac{3}{5}c \\ c \end{pmatrix}$．$c = 1$ として，$\mathbf{x} = \begin{pmatrix} x_1 \\ x_2 \end{pmatrix} = \begin{pmatrix} -\frac{3}{5} \\ 1 \end{pmatrix}$ が固有ベクトルの一つである．

(注) c の選び方を変えると異なる固有ベクトルが得られるが，それらは長さのみ異なり，方向は変わらない．固有ベクトルは方向が重要である．例えば，$c = 5$ とすれば $\mathbf{x} = \begin{pmatrix} x_1 \\ x_2 \end{pmatrix} = \begin{pmatrix} -3 \\ 5 \end{pmatrix}$ であるが $\mathbf{x} = 5 \begin{pmatrix} -\frac{3}{5} \\ 1 \end{pmatrix}$ とかけることからも明らかに，$c = 1$ のときの固有ベクトル $\begin{pmatrix} -\frac{3}{5} \\ 1 \end{pmatrix}$ とは長さが異なるだけで方向は同じである．

$\lambda = 3$ に対する固有ベクトル：

$\lambda = 3$ とすると固有ベクトル $\mathbf{x} = \begin{pmatrix} x_1 \\ x_2 \end{pmatrix}$ は $A\mathbf{x} = 3\mathbf{x}$ を満たす．つまり $(3E - A)\mathbf{x} = \mathbf{0}$ を解けばよい．

$$\left\{ \begin{pmatrix} 3 & 0 \\ 0 & 3 \end{pmatrix} - \begin{pmatrix} 6 & 3 \\ -5 & -2 \end{pmatrix} \right\} \mathbf{x} = \begin{pmatrix} 0 \\ 0 \end{pmatrix}$$

$$\begin{pmatrix} -3 & -3 \\ 5 & 5 \end{pmatrix} \mathbf{x} = \begin{pmatrix} 0 \\ 0 \end{pmatrix}$$

この連立一次方程式を掃き出し法で解くと，

$$\begin{pmatrix} -3 & -3 & \Big| & 0 \\ 5 & 5 & \Big| & 0 \end{pmatrix} \xrightarrow[②]{①} \begin{pmatrix} 1 & 1 & \Big| & 0 \\ 1 & 1 & \Big| & 0 \end{pmatrix} \xrightarrow[②\times(\frac{1}{5})]{①\times(-\frac{1}{3})} \begin{pmatrix} 1 & 1 & \Big| & 0 \\ 0 & 0 & \Big| & 0 \end{pmatrix} \begin{matrix} ① \\ ②+①\times(-1) \end{matrix}$$

これは $\begin{pmatrix} 1 & 1 \\ 0 & 0 \end{pmatrix}\begin{pmatrix} x_1 \\ x_2 \end{pmatrix} = \begin{pmatrix} 0 \\ 0 \end{pmatrix}$ なので，結局 $x_1 + x_2 = 0$．$x_2 = c$（c は任意定数）とすると，$x_1 = -c$ となり $\mathbf{x} = \begin{pmatrix} x_1 \\ x_2 \end{pmatrix} = \begin{pmatrix} -c \\ c \end{pmatrix}$．$c = 1$ として，$\mathbf{x} = \begin{pmatrix} x_1 \\ x_2 \end{pmatrix} = \begin{pmatrix} -1 \\ 1 \end{pmatrix}$ が固有ベクトルの一つである．

上では固有ベクトルとして縦ベクトル（$m \times 1$ 行列）を考えたが，同様のことを横ベクトル（$1 \times n$ 行列）にも適用できる．

右固有ベクトル

A を n 次正方行列とする．${}^t\mathbf{x}A = \lambda\,{}^t\mathbf{x}$（$\mathbf{x} \neq \mathbf{0},\ \lambda \in R$）を満たす λ を A の固有値，${}^t\mathbf{x}$ を A の右固有ベクトルという．

（注）単に固有ベクトルというと，$A\mathbf{x} = \lambda\mathbf{x}$ を満たすベクトル $\mathbf{x}$ のことだが，右固有ベクトルと区別したいときは，$A\mathbf{x} = \lambda\mathbf{x}$ を満たす $\mathbf{x}$ のことを左固有ベクトルとよぶ．

例

$A = \begin{pmatrix} 1 & 2 \\ 0 & 4 \end{pmatrix}$ のとき

$$(0,1)\begin{pmatrix} 1 & 2 \\ 0 & 4 \end{pmatrix} = 4(0,1)$$

とかけるので $(0,1)$ は固有値 4 に属する行列 A の右固有ベクトルである．

また，$\begin{pmatrix} 1 & 2 \\ 0 & 4 \end{pmatrix}\begin{pmatrix} 2 \\ 3 \end{pmatrix} = 4\begin{pmatrix} 2 \\ 3 \end{pmatrix}$ とかけるので，$\begin{pmatrix} 2 \\ 3 \end{pmatrix}$ は固有値 4 に属する A の左固有ベクトルである．

（注）この例からも分かる通り，一般に左固有ベクトルと右固有ベクトルは一致しない．

1. 次の行列 A の固有値と固有ベクトルを求めなさい.

   (1) $A = \begin{pmatrix} 1 & 3 \\ 0 & 1 \end{pmatrix}$ (2) $A = \begin{pmatrix} 2 & 1 \\ 0 & -1 \end{pmatrix}$

2. 次の行列 A の固有値と対応する右固有ベクトルと左固有ベクトルをそれぞれ求めなさい. そして異なる固有値の右固有ベクトルと左固有ベクトルは直行することを確かめなさい.

$$A = \begin{pmatrix} 1 & 1 \\ 6 & 2 \end{pmatrix}$$

[解]

1. (1) 行列 A の固有多項式は

$$g(t) = \left| t\begin{pmatrix} 1 & 0 \\ 0 & 1 \end{pmatrix} - \begin{pmatrix} 1 & 3 \\ 0 & 1 \end{pmatrix} \right| = \begin{vmatrix} t-1 & -3 \\ 0 & t-1 \end{vmatrix}$$
$$= (t-1)^2$$

$g(t) = 0$ となるのは, $t = 1$ であるので A の固有値 $\lambda = 1$ である.

$\lambda = 1$ に対する固有ベクトル:

$\lambda = 1$ とすると固有ベクトル $\mathbf{x} = \begin{pmatrix} x_1 \\ x_2 \end{pmatrix}$ は $A\mathbf{x} = \mathbf{x}$ を満たす. つまり $(E - A)\mathbf{x} = \mathbf{0}$ を解けばよい.

$$\left\{ \begin{pmatrix} 1 & 0 \\ 0 & 1 \end{pmatrix} - \begin{pmatrix} 1 & 3 \\ 0 & 1 \end{pmatrix} \right\} \mathbf{x} = \begin{pmatrix} 0 \\ 0 \end{pmatrix} \quad \begin{pmatrix} 0 & -3 \\ 0 & 0 \end{pmatrix} \mathbf{x} = \begin{pmatrix} 0 \\ 0 \end{pmatrix}$$

この連立一次方程式は $-3x_2 = 0$ より, $x_2 = 0$ なので, $x_1 = c$ とおくと, $\begin{pmatrix} x_1 \\ x_2 \end{pmatrix} = \begin{pmatrix} c \\ 0 \end{pmatrix}$

$c = 1$ として, $\mathbf{x} = \begin{pmatrix} x_1 \\ x_2 \end{pmatrix} = \begin{pmatrix} 1 \\ 0 \end{pmatrix}$ が固有ベクトルの一つである.

(2) 行列 A の固有多項式は

$$g(t) = \left| t\begin{pmatrix} 1 & 0 \\ 0 & 1 \end{pmatrix} - \begin{pmatrix} 2 & 1 \\ 0 & -1 \end{pmatrix} \right| = \begin{vmatrix} t-2 & -1 \\ 0 & t+1 \end{vmatrix}$$
$$= (t-2)(t+1)$$

$g(t) = 0$ となるのは, $t = -1, 2$ であるので A の固有値 $\lambda = -1, 2$ である.

$\lambda = -1$ に対する固有ベクトル:

$\lambda = -1$ とすると固有ベクトル $\mathbf{x} = \begin{pmatrix} x_1 \\ x_2 \end{pmatrix}$ は $A\mathbf{x} = -\mathbf{x}$ を満たす. つまり $(E + A)\mathbf{x} = \mathbf{0}$ を解けばよい.

$$\left\{ \begin{pmatrix} 1 & 0 \\ 0 & 1 \end{pmatrix} + \begin{pmatrix} 2 & 1 \\ 0 & -1 \end{pmatrix} \right\} \mathbf{x} = \begin{pmatrix} 0 \\ 0 \end{pmatrix} \quad \begin{pmatrix} 3 & 1 \\ 0 & 0 \end{pmatrix} \mathbf{x} = \begin{pmatrix} 0 \\ 0 \end{pmatrix}$$

この連立一次方程式は，$3x_1 + x_2 = 0$ なので，$x_1 = c$ とおくと，$x_2 = -3c$ となり，$\begin{pmatrix} x_1 \\ x_2 \end{pmatrix} = \begin{pmatrix} c \\ -3 \end{pmatrix}$．$c = 1$ として，$\mathbf{x} = \begin{pmatrix} x_1 \\ x_2 \end{pmatrix} = \begin{pmatrix} 1 \\ -3 \end{pmatrix}$ が固有ベクトルの一つである．

$\lambda = 2$ に対する固有ベクトル：

$\lambda = 2$ とすると固有ベクトル $\mathbf{x} = \begin{pmatrix} x_1 \\ x_2 \end{pmatrix}$ は $A\mathbf{x} = 2\mathbf{x}$ を満たす．つまり $(2E - A)\mathbf{x} = \mathbf{0}$ を解けばよい．

$$\left\{ 2 \begin{pmatrix} 1 & 0 \\ 0 & 1 \end{pmatrix} - \begin{pmatrix} 2 & 1 \\ 0 & -1 \end{pmatrix} \right\} \mathbf{x} = \begin{pmatrix} 0 \\ 0 \end{pmatrix} \qquad \begin{pmatrix} 0 & -1 \\ 0 & 3 \end{pmatrix} \mathbf{x} = \begin{pmatrix} 0 \\ 0 \end{pmatrix}$$

この連立一次方程式は掃き出し法により，$x_2 = 0$ となり，$x_1 = c$ とおくと，$\begin{pmatrix} x_1 \\ x_2 \end{pmatrix} = \begin{pmatrix} c \\ 0 \end{pmatrix}$．$c = 1$ として，$\mathbf{x} = \begin{pmatrix} x_1 \\ x_2 \end{pmatrix} = \begin{pmatrix} 1 \\ 0 \end{pmatrix}$ が固有ベクトルの一つである．

2. A の固有多項式は

$$g(t) = \left| t \begin{pmatrix} 1 & 0 \\ 0 & 1 \end{pmatrix} - \begin{pmatrix} 1 & 1 \\ 6 & 2 \end{pmatrix} \right| = \begin{vmatrix} t-1 & -1 \\ -6 & t-2 \end{vmatrix}$$
$$= (t-4)(t+1)$$

$g(t) = 0$ となるのは，$t = 4, -1$ であるので A の固有値 $\lambda = 4, -1$ である．

$\lambda = 4$ に対する左固有ベクトル $\begin{pmatrix} l_1 \\ l_2 \end{pmatrix}$ を求めるには，連立 1 次方程式 $\begin{pmatrix} 1 & 1 \\ 6 & 2 \end{pmatrix} \begin{pmatrix} l_1 \\ l_2 \end{pmatrix} = 4 \begin{pmatrix} 1 & 0 \\ 0 & 1 \end{pmatrix} \begin{pmatrix} l_1 \\ l_2 \end{pmatrix}$ を解けばよく，これを解くと，$\begin{pmatrix} l_1 \\ l_2 \end{pmatrix} = \begin{pmatrix} 1 \\ 3 \end{pmatrix}$

$\lambda = -1$ に対する右固有ベクトル $(r_1 \ r_2)$ を求めるには，連立 1 次方程式 $(r_1 \ r_2) \begin{pmatrix} 1 & 1 \\ 6 & 2 \end{pmatrix} = -(r_1 \ r_2)$ を解けばよく，これを解くと，$(r_1 \ r_2) = (-3 \ 1)$

$\begin{pmatrix} 1 \\ 3 \end{pmatrix} (-3 \ 1) = 0$ より，異なる固有値に属する左固有ベクトルと右固有ベクトルは直交することが分かる．同様にして，$\lambda = 4$ に対する右固有ベクトルは $(2 \ 1)$，$\lambda = -1$ に対する左固有ベクトルは $\begin{pmatrix} 1 \\ -2 \end{pmatrix}$ となり直交することが確かめられる．

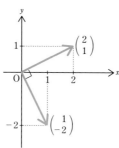

8.2 行列の対角化--------------------------------

対角化

n 次正方行列 A が与えられたとき，正則行列 P を用いて対角行列 $B = P^{-1}AP$ をつくることを行列 A の対角化という．

例

$A = \begin{pmatrix} 1 & 2 \\ 3 & 2 \end{pmatrix}$ を対角化する．

$P = \begin{pmatrix} -1 & 2 \\ 1 & 3 \end{pmatrix}$ とすると，$P^{-1} = \begin{pmatrix} -3/5 & 2/5 \\ 1/5 & 1/5 \end{pmatrix}$ なので，

$$B = P^{-1}AP = \begin{pmatrix} -3/5 & 2/5 \\ 1/5 & 1/5 \end{pmatrix} \begin{pmatrix} 1 & 2 \\ 3 & 2 \end{pmatrix} \begin{pmatrix} -1 & 2 \\ 1 & 3 \end{pmatrix}$$
$$= \begin{pmatrix} -1 & 0 \\ 0 & 4 \end{pmatrix}$$

これより，$A = \begin{pmatrix} 1 & 2 \\ 3 & 2 \end{pmatrix}$ は $P = \begin{pmatrix} -1 & 2 \\ 1 & 3 \end{pmatrix}$ を用いて対角化されたことが分かる．

A を対角化すると次の計算に役立つ．

A^n の計算

与えられた A を正則行列 P を用いて対角化し，対角行列 B を得たとする．つまり $B = P^{-1}AP$．両辺を n 乗すると

$$B^n = (P^{-1}AP)^n$$
$$= P^{-1}A\underbrace{PP^{-1}}_{E}A\underbrace{P}_{E}\cdots\underbrace{P^{-1}}_{E}A\underbrace{PP^{-1}}_{E}AP$$
$$= P^{-1}A^nP$$

両辺左から P，右から P^{-1} をかけると

$$PB^nP^{-1} = \underbrace{PP^{-1}}_{E}A^n\underbrace{PP^{-1}}_{E}$$

これより，$A^n = PB^nP^{-1}$

B は対角行列なので B のべき行列 B^n の計算は容易である．実際，次のような公式が成り立つ

公式●対角行列のべき行列

B を対角行列とする．

$$B = \begin{pmatrix} a_{11} & 0 & \cdots & 0 \\ 0 & a_{22} & \cdots & 0 \\ \vdots & \vdots & \ddots & \vdots \\ 0 & 0 & \cdots & a_{nn} \end{pmatrix}$$

このとき，

$$B^n = \begin{pmatrix} a_{11}^n & 0 & \cdots & 0 \\ 0 & a_{22}^n & \cdots & 0 \\ \vdots & \vdots & \ddots & \vdots \\ 0 & 0 & \cdots & a_{nn}^n \end{pmatrix}$$

この公式を用いると簡単に B^n を計算でき，つまりは，A^n を効率よく計算することができる．

例 題

$A = \begin{pmatrix} 6 & 3 \\ -5 & -2 \end{pmatrix}$, $P = \begin{pmatrix} -3 & 1 \\ 5 & -1 \end{pmatrix}$ とすると $P^{-1}AP = \begin{pmatrix} 1 & 0 \\ 0 & 3 \end{pmatrix}$ であることを認めて，これを用いて A^n を計算しなさい．

[解]

$$P^{-1} = \begin{pmatrix} -3 & 1 \\ 5 & -1 \end{pmatrix}^{-1} = \begin{pmatrix} 1/2 & 1/2 \\ 5/2 & 3/2 \end{pmatrix}$$

$$B = P^{-1}AP = \begin{pmatrix} 1/2 & 1/2 \\ 5/2 & 3/2 \end{pmatrix} \begin{pmatrix} 6 & 3 \\ -5 & -2 \end{pmatrix} \begin{pmatrix} -3 & 1 \\ 5 & -1 \end{pmatrix} = \begin{pmatrix} 1 & 0 \\ 0 & 3 \end{pmatrix}$$

B は対角行列なので B^n の計算は容易であり，公式「対角行列のべき行列」より

$$B^n = \begin{pmatrix} 1 & 0 \\ 0 & 3 \end{pmatrix}^n = \begin{pmatrix} 1^n & 0 \\ 0 & 3^n \end{pmatrix} = \begin{pmatrix} 1 & 0 \\ 0 & 3^n \end{pmatrix}$$

したがって,

$$A^n = PB^nP^{-1} \begin{pmatrix} -3 & 1 \\ 5 & -1 \end{pmatrix} \begin{pmatrix} 1 & 0 \\ 0 & 3^n \end{pmatrix} \begin{pmatrix} 1/2 & 1/2 \\ 5/2 & 3/2 \end{pmatrix}$$
$$= \begin{pmatrix} -\frac{3}{2} + \frac{5}{2}3^n & -\frac{3}{2} + \frac{3}{2}3^n \\ \frac{5}{2} - \frac{5}{2}3^n & \frac{5}{2} - \frac{3}{2}3^n \end{pmatrix}$$

　どんな正方行列 A でも対角化可能であるとは限らない．正方行列 A が対角化可能であるための必要十分条件は知られているが，本書ではその条件についてはふれず，対角化可能な行列のみ扱う．最も簡単な場合として，n 次正方行列 A の異なる固有値の数が n 個あるとき，行列 A は対角化可能であることが知られているので，以後，この場合のみを考える．

　それでは，対角化可能な行列 A が与えられたときどのように正方行列 P を求め，対角行列 B を得るのか考えよう．

対角化の計算方法

　対角化可能な n 次正方行列 A，A の異なる n 個の固有値を $\lambda_1, \lambda_2, \cdots, \lambda_n$，そして各固有値に対する固有ベクトルを $\mathbf{u}_1, \mathbf{u}_2, \cdots, \mathbf{u}_n$ とする．つまり，

$$A\mathbf{u}_i = \lambda_i\mathbf{u}_i \quad (i = 1, 2, \cdots, n)$$

このとき，各固有ベクトルを左から順に並べてできる行列 $P = (\mathbf{u}_1, \mathbf{u}_2, \cdots, \mathbf{u}_n)$ とすると，$B = P^{-1}AP$ は対角行列となり，対角化される．このとき対角行列 B は

$$B = \begin{pmatrix} \lambda_1 & 0 & \cdots & 0 \\ 0 & \lambda_2 & \cdots & 0 \\ \vdots & \vdots & \ddots & \vdots \\ 0 & 0 & \cdots & \lambda_n \end{pmatrix}$$

となる．

（注）（1）上でも述べたが，ここでは，n 次正方行列 A は n 個の異なる固有

値を持つと仮定している。このとき A は対角化可能であることは数学的に示されている。

(2) n 次正方行列 A の異なる固有値の数が n より少ない場合でも対角化可能な場合がある。この事実を明らかにするためには対角化可能であるための必要十分条件を知る必要があるが、すでに述べた通りこれはより上級な教科書を参照すること。

(3) 対角行列 $B = \begin{pmatrix} \lambda_1 & 0 & \cdots & 0 \\ 0 & \lambda_2 & \cdots & 0 \\ \vdots & \vdots & \ddots & \vdots \\ 0 & 0 & \cdots & \lambda_n \end{pmatrix}$

の固有値を並べる順番は変えてもよい。ただし、対応する行列 P もそれに応じて固有ベクトル $\mathbf{u}$ の並べる順番を変えなくてはならない。

例　題

$A = \begin{pmatrix} 1 & 2 \\ 3 & 2 \end{pmatrix}$ を対角化しなさい。

[解]

A の固有多項式

$$\begin{aligned} g(t) &= |tE - A| \\ &= \begin{vmatrix} t-1 & -2 \\ -3 & t-2 \end{vmatrix} \\ &= (t-1)(t-2) - 6 = t^2 - 3t - 4 = (t-4)(t+1) \end{aligned}$$

固有方程式 $g(t) = 0$ の解が固有値なので、固有値は $\lambda = 4, -1$ である。

次にそれぞれの固有値に対する固有ベクトルを求める。

$\lambda = 4$ のとき、固有ベクトルを $\mathbf{u}_1 = \begin{pmatrix} a_1 \\ a_2 \end{pmatrix}$ とすると、

$$4\mathbf{u}_1 = A\mathbf{u}_1, \quad (4E - A)\mathbf{u}_1 = \mathbf{0}, \quad \begin{pmatrix} 3 & -2 \\ -3 & 2 \end{pmatrix}\mathbf{u}_1 = \mathbf{0}$$

この連立1次方程式を掃き出し法で解くと、

$$\begin{pmatrix} 3 & -2 & \vdots & 0 \\ -3 & 2 & \vdots & 0 \end{pmatrix}\!\!\begin{smallmatrix}①\\②\end{smallmatrix} \longrightarrow \begin{pmatrix} 3 & -2 & \vdots & 0 \\ 0 & 0 & \vdots & 0 \end{pmatrix}\!\!\begin{smallmatrix}①\\②+①\end{smallmatrix} \longrightarrow \begin{pmatrix} 1 & -2/3 & \vdots & 0 \\ 0 & 0 & \vdots & 0 \end{pmatrix}\!\!\begin{smallmatrix}①×\frac{1}{3}\\②\end{smallmatrix}$$

$a_1 - \dfrac{2}{3}a_2 = 0,\ a_2 = c$（$c$ は定数）とおくと，$a_1 = \dfrac{2}{3}c$. よって，

$$\mathbf{u}_1 = \begin{pmatrix} a_1 \\ a_2 \end{pmatrix} = \begin{pmatrix} \frac{2}{3}c \\ c \end{pmatrix}$$

$c = 3$ とすると，$\lambda = 4$ に対する固有ベクトルは $\mathbf{u}_1 = \begin{pmatrix} 2 \\ 3 \end{pmatrix}$

$\lambda = -1$ のとき，固有ベクトルを $\mathbf{u}_2 = \begin{pmatrix} b_1 \\ b_2 \end{pmatrix}$ とすると，

$$A\mathbf{u}_2 = -\mathbf{u}_2,\ (-E-A)\mathbf{u}_2 = 0,\ \begin{pmatrix} -2 & -2 \\ -3 & -3 \end{pmatrix}\mathbf{u}_2 = 0$$

$\lambda = 4$ のときと同様に掃き出し法で解くと

$$\begin{pmatrix} -2 & -2 & \bigm| & 0 \\ -3 & -3 & \bigm| & 0 \end{pmatrix} \overset{①}{\underset{②}{\longrightarrow}} \begin{pmatrix} 1 & 1 & \bigm| & 0 \\ 1 & 1 & \bigm| & 0 \end{pmatrix} \overset{①\times(-\frac{1}{2})}{\underset{②\times(-\frac{1}{3})}{\longrightarrow}} \begin{pmatrix} 1 & 1 & \bigm| & 0 \\ 0 & 0 & \bigm| & 0 \end{pmatrix} \begin{smallmatrix} ① \\ ②+①\times(-1) \end{smallmatrix}$$

$b_1 + b_2 = 0,\ b_2 = s$（s は定数）とおくと，$b_1 = -s$

よって，$\mathbf{u}_2 \begin{pmatrix} b_1 \\ b_2 \end{pmatrix} = \begin{pmatrix} -s \\ s \end{pmatrix}$, $s = 1$ とすると $\lambda = -1$ に対する固有ベクトルは

$\mathbf{u}_2 = \begin{pmatrix} -1 \\ 1 \end{pmatrix}$. 以上より，$A = \begin{pmatrix} 1 & 2 \\ 3 & 2 \end{pmatrix}$ は $P = (\mathbf{u}_1, \mathbf{u}_2) = \begin{pmatrix} 2 & -1 \\ 3 & 1 \end{pmatrix}$ を用いて

$B = P^{-1}AP$ とおくと $B = \begin{pmatrix} 4 & 0 \\ 0 & -1 \end{pmatrix}$ と対角化される．実際，$P^{-1}AP =$

$\begin{pmatrix} \frac{1}{5} & \frac{1}{5} \\ -\frac{3}{5} & \frac{2}{5} \end{pmatrix}\begin{pmatrix} 1 & 2 \\ 3 & 2 \end{pmatrix}\begin{pmatrix} 2 & -1 \\ 3 & 1 \end{pmatrix} = \begin{pmatrix} 4 & 0 \\ 0 & -1 \end{pmatrix}$ である．

上の（注）でも述べたが，対角化の仕方は 1 通りではない．この場合，例え

ば，$\begin{pmatrix} -1 & 2 \\ 1 & 3 \end{pmatrix}$ とすると，$B = P^{-1}AP = \begin{pmatrix} -1 & 0 \\ 0 & 4 \end{pmatrix}$

やってみよう

1. 次の行列 A を対角化し得られる対角行列 B を求めなさい．

(1) $A = \begin{pmatrix} 1 & 4 \\ 1 & 1 \end{pmatrix}$　　(2) $A = \begin{pmatrix} 3 & 3 \\ 3 & 1 \end{pmatrix}$　　(3) $A = \begin{pmatrix} 1 & 2 & 3 \\ 0 & 2 & 3 \\ 0 & 0 & -1 \end{pmatrix}$

2. 次の行列 A を対角化し，A^n を計算しなさい．

$$A = \begin{pmatrix} 5 & -6 \\ -2 & 1 \end{pmatrix}$$

[解]

1.

(1) A の固有多項式

$$\begin{aligned}
g(t) &= |tE - A| \\
&= \begin{vmatrix} t-1 & -4 \\ -1 & t-1 \end{vmatrix} \\
&= (t-1)(t-1) - 4 = t^2 - 2t - 3 = (t-3)(t+1)
\end{aligned}$$

固有方程式 $g(t) = 0$ の解が固有値なので，固有値は $\lambda = 3, -1$ である．したがって

$$B = \begin{pmatrix} 3 & 0 \\ 0 & -1 \end{pmatrix}$$

(2) A の固有多項式

$$\begin{aligned}
g(t) &= |tE - A| \\
&= \begin{vmatrix} t-3 & -3 \\ -3 & t-1 \end{vmatrix} \\
&= (t-3)(t-1) - 9 = t^2 - 4t - 6
\end{aligned}$$

固有方程式 $g(t) = 0$ の解が固有値なので，固有値は $\lambda = 2 + \sqrt{10}, 2 - \sqrt{10}$ である．したがって

$$B = \begin{pmatrix} 2+\sqrt{10} & 0 \\ 0 & 2-\sqrt{10} \end{pmatrix}$$

(3) A の固有多項式を求める（行列式の性質に注意して）．

$$\begin{aligned}
g(t) &= |tE - A| \\
&= \begin{vmatrix} t-1 & -2 & -3 \\ 0 & t-2 & -3 \\ 0 & 0 & t+1 \end{vmatrix} \\
&= (t-1) \begin{vmatrix} t-2 & -3 \\ 0 & t+1 \end{vmatrix} \\
&= (t-1)(t-2)(t+1)
\end{aligned}$$

固有方程式 $g(t) = 0$ の解が固有値なので，固有値は $\lambda = 2, 1, -1$ である．したがって

$$B = \begin{pmatrix} 2 & 0 & 0 \\ 0 & 1 & 0 \\ 0 & 0 & -1 \end{pmatrix}$$

2. A の固有多項式

$g(t) = |tE - A|$

$= \begin{vmatrix} t-5 & 6 \\ 2 & t-1 \end{vmatrix}$

$= (t-5)(t-1) - 12 = t^2 - 6t - 7 = (t-7)(t+1)$

固有方程式 $g(t) = 0$ の解が固有値なので，固有値は $\lambda = 7, -1$ である．

次に各固有値の固有ベクトルを求める．

$\lambda = 7$ のとき，固有ベクトルを $\mathbf{u}_1 = \begin{pmatrix} a_1 \\ a_2 \end{pmatrix}$ とすると，$A\mathbf{u}_1 = 7\mathbf{u}_1$, $(7E-A)\mathbf{u}_1 = \mathbf{0}$, $\begin{pmatrix} 2 & 6 \\ 2 & 6 \end{pmatrix}\mathbf{u}_1 = \mathbf{0}$．これを掃き出し法で解くと結局 $a_1 + 3a_2 = 0$．$a_2 = c$（c は定数）とおくと，$a_1 = -3c$．よって，$\mathbf{u}_1 = \begin{pmatrix} a_1 \\ a_2 \end{pmatrix} = \begin{pmatrix} -3c \\ c \end{pmatrix}$，$c = 1$ とすると $\lambda = -1$ に対する固有ベクトルは $\mathbf{u}_1 = \begin{pmatrix} -3 \\ 1 \end{pmatrix}$

$\lambda = -1$ のとき，固有ベクトルを $\mathbf{u}_2 = \begin{pmatrix} b_1 \\ b_2 \end{pmatrix}$ とすると，$A\mathbf{u}_2 = -\mathbf{u}_2$, $(-E-A)\mathbf{u}_2 = \mathbf{0}$, $\begin{pmatrix} -6 & 6 \\ 2 & -2 \end{pmatrix}\mathbf{u}_2 = \mathbf{0}$．これを掃き出し法で解くと結局 $b_1 - b_2 = 0$．$b_2 = s$（s は定数）とおくと，$b_1 = s$．よって，$\mathbf{u}_2 = \begin{pmatrix} b_1 \\ b_2 \end{pmatrix} = \begin{pmatrix} s \\ s \end{pmatrix}$，$s = 1$ とすると $\lambda = -1$ に対する固有ベクトルは $\mathbf{u}_2 = \begin{pmatrix} 1 \\ 1 \end{pmatrix}$．これらより，行列 A は，$P = \begin{pmatrix} -3 & 1 \\ 1 & 1 \end{pmatrix}$ を用いて対角化される．また，$P^{-1} = \begin{pmatrix} -1/4 & 1/4 \\ 1/4 & 3/4 \end{pmatrix}$ である．$B = P^{-1}AP \begin{pmatrix} 7 & 0 \\ 0 & -1 \end{pmatrix}$ より，A^n の計算を行うと，

$A^n = PB^nP^{-1} = \begin{pmatrix} -3 & 1 \\ 1 & 1 \end{pmatrix} \begin{pmatrix} 7^n & 0 \\ 0 & (-1)^n \end{pmatrix} \begin{pmatrix} -1/4 & 1/4 \\ 1/4 & 3/4 \end{pmatrix}$

$= \begin{pmatrix} \dfrac{3 \cdot 7^n + (-1)^n}{4} & \dfrac{-3 \cdot 7^n + 3 \cdot (-1)^n}{4} \\ \dfrac{-7^n + (-1)^n}{4} & \dfrac{7^n + 3 \cdot (-1)^n}{4} \end{pmatrix}$

1. 次の行列 A の固有値と固有ベクトルを求めなさい.

   (1) $A = \begin{pmatrix} 1 & 3 \\ 0 & -2 \end{pmatrix}$ (2) $A = \begin{pmatrix} 1 & 0 & 0 \\ 2 & -1 & 1 \\ 3 & 0 & 2 \end{pmatrix}$

2. 次の行列 A を対角化して得られる対角行列 B を求めなさい.

   (1) $A = \begin{pmatrix} 5 & 8 \\ -4 & -7 \end{pmatrix}$ (2) $A = \begin{pmatrix} -2 & -4 & -5 \\ -1 & 1 & 1 \\ 2 & 2 & 3 \end{pmatrix}$

3. 次の行列 A を対角化し, A^n を計算しなさい.

   (1) $A = \begin{pmatrix} 1 & 1 \\ 0 & -2 \end{pmatrix}$ (2) $A = \begin{pmatrix} 1 & 0 & -1 \\ 3 & 2 & 3 \\ 6 & 2 & 3 \end{pmatrix}$

4. 対称行列の異なる固有値に属する固有ベクトルは互いに直交することを次の対称行列で示しなさい.

   (1) $A = \begin{pmatrix} 5 & 2 \\ 2 & 2 \end{pmatrix}$ (2) $A = \begin{pmatrix} 1 & 1 & 2 \\ 1 & 2 & 1 \\ 2 & 1 & 1 \end{pmatrix}$

5. 上三角行列 $\begin{pmatrix} a_{11} & a_{12} & a_{13} \\ 0 & a_{22} & a_{23} \\ 0 & 0 & a_{33} \end{pmatrix}$ の固有値を求めなさい.

第 II 部
経済学解説編

経済学解説編を読み進めていく上での注意事項

　数学解説編では，抽象的な観点から数学的概念や知識の説明を取り扱った．これに対して，経済学解説編では，経済学で用いられるモデル分析について説明することを主要な目的とする．そのため，数学解説編とは異なり，それぞれの変数や数式が経済学に特有の意味をもつことになる．例えば，ミクロ経済学の分野では，物価，需要量，および供給量，また，マクロ経済学の分野では，国内総生産（GDP），資本，および労働などの変数が記号として表現される．

　ここでは，読者の理解を助けるために，まず最初に変数と数式に関する若干の注意事項を提示しておく．

■ 変　数

　モデル分析には，主として，外生変数と内生変数という2種類の変数の区別があることに注意してほしい．

　外生変数：我々が構築しているモデルにおいて，その外側から決定される変数であり，所与の値をとる．
　内生変数：モデルにおいて決定されるべき変数である．

　ここでは，**第9講**におけるケインズの45度線モデルを具体例として，考えてみよう．外生変数は，限界消費性向 c，独立消費 C_0，設備投資 I，政府支出 G である．また，内生変数は総需要 Y^D，総供給 Y^S，国内総所得 Y であり，この3つの内生変数が45度線モデルにおける未知数であり，財市場の均衡条件を用いることにより，これらの内生変数の均衡値が数学的に算出されることになる．

　また，外生変数と内生変数の区別は取り扱うモデルに依存することに注意してほしい．例えば，45度線モデルでは，設備投資 I を外生変数として分

析を進める．しかしながら，45度線モデルに貨幣市場（金融市場）を追加的に導入したIS–LMモデルでは，設備投資は内生変数として取り扱われる．本テキストではIS–LMモデルを取り扱わないが，IS–LMモデルはマクロ経済学の基本であり，マクロ経済学を深く理解するためには，この点を理解することが重要である．

■ 数　式

モデル分析には，種々の数式が登場するが，それらの数式は，主として，4種類に大別される．

定義式：左辺と右辺で同じ意味をもつ表記を等号で結んだものである．例えば，利潤＝収入－費用，付加価値＝総生産－中間投入などが定義式である．

行動方程式：人々の行動を記述する方程式である．例えば，マクロ経済学における消費関数は家計の消費行動を定式化しており，ミクロ経済学における需要関数は家計や企業の需要行動を定式化している．

技術的関係式：経済における技術的関係を示す方程式である．例えば，生産関数は代表的な例である．また，内生的経済成長理論で用いられる技術革新方程式や，ミクロ経済学で用いられる生産可能性曲線なども技術的関係式に分類することができるだろう．

均衡式：経済における均衡を示す等式である．ミクロ経済学における特定市場の均衡式とマクロ経済学における財市場の均衡式が代表的な例である．なお，完全競争市場における均衡式では，価格が調整されることによってその等号が成立していることに注意が必要である．また，ケインズ的マクロ経済学では，生産量が調整されることによって財市場の均衡が成立していることに注意が必要である．

■この講では，線形代数を応用した経済学の話題として，市場均衡と 45 度線
モデルについて解説する．市場均衡とは需要と供給が一致する状態であり，
この状態で決定される価格を均衡価格とよぶ．ここでは，特定の市場につい
て分析を進める部分均衡分析について学ぶが，これはミクロ経済学の基本的
事項である．また，45 度線モデルはケインズの有効需要の原理を取り入れ
た経済モデルであり，マクロ経済学における基本的事項になる．また，微分
を用いて 45 度線モデルにおける乗数効果について学ぶ．さらに，微分と行
列の知識を用いて経済学で多用される比較静学分析についても学ぶ．

9.1　完全競争市場における均衡------------------

　ミクロ経済学を学ぶときには，その分析が部分均衡分析であるか一般均衡分
析であるかについて注意を払うことがしばしば必要となる．部分均衡分析に
は，他の市場との相互依存関係を無視し，特定の市場のみに着目して単純化
された分析を実行するという特徴がある．他の市場の影響が小さい場合には，
部分均衡分析は分析対象となる市場の問題解決に明瞭な指針を提示すること
が可能になる．また，一般均衡分析には，相互依存関係が存在する複数もし
くは多数の市場が各市場において同時に達成される均衡を分析するという特
徴がある．一般均衡分析は，均衡の存在・安定性・一意性など数学的に高度
に発展した反面，部分均衡分析に比して複雑なモデルを分析することになり，
必然的に，政策的観点から判断して明快な結論を得ることが難しくなるとい
う性質をもつ．

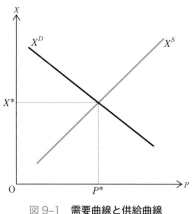

図 9-1　需要曲線と供給曲線

　ここでは，完全競争市場における部分均衡分析として特定の 1 市場につい
て考察する．この市場における需要曲線として，1 次関数

$$X^d = a - bP \quad (a > 0, \ b > 0) \tag{9.1}$$

を想定する．ここで，X^d は需要量であり，P は価格である．また，X^s を供
給量として，供給曲線を

$$X^s = -c + dP \quad (c > 0, \ d > 0) \tag{9.2}$$

と設定する[1]．この市場における需要と供給は，図 9-1 のように提示される．
なお，ミクロ経済学の多くの教科書と異なり，この図では縦軸に数量，横軸
に価格が割り当てられていることに注意して欲しい．これは，完全競争市場
では，価格が決定されてから数量が定まるという因果関係があるからである．
　市場均衡では，

$$X^s = X^d \tag{9.3}$$

---

[1] ここで X という変数の右肩に d を付けて需要量，また，X という変数の右肩に s を付けて供給
量であることを示している．変数 X の 2 乗や 3 乗といった累乗を示していないことに注意してほ
しい．

という条件が成立することに注意すれば,

$$a - bP = -c + dP \tag{9.4}$$

となる. これは変数 P に関する 1 次方程式であり, この解を求めるならば,

$$P^* = \frac{a+c}{b+d} > 0 \tag{9.5}$$

を得る. なお, 変数の右肩の記号「*」は, 上記の 1 次方程式の解であることを強調するために付加している. なお, 需要と供給を正確に一致させるという意味で, P^* はこの市場における均衡価格とよばれる.

さらに, P^* が均衡価格であることに注意すれば, 当然ながら, P^* のときに $X^s = X^d$ が成立する. これに対応する数量を X^* として, 具体的に P^* の値をそれぞれの (9.1) 式と (9.2) 式に代入することにより,

$$X^* = \frac{ad - bc}{b+d} \tag{9.6}$$

が成立することを確認することも重要である.

以上, 代入による方法で, 均衡価格を求める方法について考えてきた. 以下では, 「クラメルの公式」を援用することにより, 均衡価格を求める手順について考察していく[2].

需要曲線と供給曲線を行列の形式で表示することにより,

$$\begin{pmatrix} b & 1 \\ -d & 1 \end{pmatrix} \begin{pmatrix} P \\ X \end{pmatrix} = \begin{pmatrix} a \\ -c \end{pmatrix} \tag{9.7}$$

を得る. なお, 左辺の 2×2 行列を A とする. つまり,

$$A = \begin{pmatrix} b & 1 \\ -d & 1 \end{pmatrix} \tag{9.8}$$

とする. このとき, (9.7) 式に対して, 「クラメルの公式」を適用するならば,

$$P^* = \frac{\begin{vmatrix} a & 1 \\ -c & 1 \end{vmatrix}}{|A|}, \quad X^* = \frac{\begin{vmatrix} b & a \\ -d & -c \end{vmatrix}}{|A|} \tag{9.9}$$

が成立する. 行列式を計算することにより,

---

2 「クラメルの公式」については, **7.4 節**を参照のこと.

$$P^* = \frac{a+c}{b+d}, \quad X^* = \frac{ad-bc}{b+d} \tag{9.10}$$

を得る[3].

　完全競争市場では，市場の参加者（供給者と需要者）は価格支配力をもっておらず，市場で不均衡が発生した場合，その不均衡は価格調整によって解消される．例えば，市場に超過需要が発生していれば，市場の価格調整機能によって価格が上昇し，最終的に市場均衡が達成される．他方，市場に超過供給が発生していれば，市場の価格調整機能によって価格が下落し，最終的に市場均衡が達成される．

　このような価格調整はワルラス的調整過程とよばれ，完全競争市場では価格調整速度が十分に速く，短い期間において均衡点が実現すると想定される．経済学は多くの場面において，均衡状態に焦点を当て分析を進めていくことが多いが，このような想定が背後にあることに注意して欲しい．

9.2　ケインズの45度線モデル

9.2.1　経済学的説明

　マクロ経済学の基礎的な話題として，45度線モデルが多くのテキストにおいて解説されている．45度線モデルは，ケインズ的経済学において中心的な概念である乗数効果を説明するモデルである．

　このモデルの主な特徴は，ある1国の閉鎖経済において，消費Cが国内総所得Yに依存することを前提とすることにある．つまり，消費関数は

$$C = cY + C_0 \quad (0 < c < 1) \tag{9.11}$$

と定式化される．ただし，cは限界消費性向，C_0は基礎的消費もしくは独立消費とよばれる．

3　行列式については，**7.4節**を参照のこと．

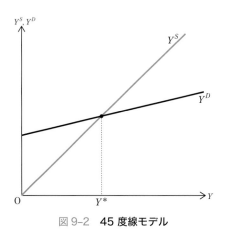

図 9-2 **45 度線モデル**

　また，マクロ経済学において財市場における総需要 Y^D は，$Y^D = C + I + G$ と定義される．つまり，消費 C と設備投資 I と政府支出 G の和がマクロ経済における財に対する需要を形成する．45 度線モデルでは，通常，I と G は外生変数であり，一定として取り扱う．消費関数を考慮することにより，以下のように，総需要関数を得る．

$$Y^D = cY + C_0 + I + G \quad (0 < c < 1) \tag{9.12}$$

　さらに，マクロ経済学における供給について考えてみよう．45 度線モデルでは，総供給曲線として

$$Y^S = Y \tag{9.13}$$

が成立する．ここで，Y^S は国内総生産であり，国内の各企業の生産活動によって新たに生みだされた付加価値の総計である．生みだされた付加価値は，主に雇用者報酬（労働所得）や営業余剰（企業利潤）といった項目をとって国民に分配され尽くす．つまり，これは，国内総生産と国内総所得が常に一致することを意味する．

　総需要関数と総供給関数のグラフが図 9-2 で与えられている．総供給関

数の傾きは1であり，45度の角度をもつ．これが45度線モデルとよばれる由来である．また，総需要関数の傾きは c であり，総供給曲線の傾きより必ず小さい．また，財市場の均衡条件（$Y^D = Y^S$）は

$$Y = C + I + G \tag{9.14}$$

と表記できるが，図9-2では，総供給関数と総需要関数の交点として表されている．

45度線モデルを構成する基本的要素は，（9.11）式と（9.14）式という2本の式であり，その内生変数は C と Y である．

9.2.2 数学的展開

マクロ経済学のテキストであれば，次のように代入法を用いて均衡値 Y^* を算出することが普通であろう．すなわち，（9.11）式を（9.14）式に代入することにより，

$$Y = cY + C_0 + I + G \tag{9.15}$$

を得る．これにより，

$$Y^* = \frac{C_0 + I + G}{1 - c} \tag{9.16}$$

を求めることができる．

これに対して，以下では，通常のマクロ経済学のテキストと異なり，「クラメルの公式」を応用して均衡値を計算することを試みる．まず，（9.11）と（9.14）を行列の形式で表現するならば，

$$\begin{pmatrix} 1 & -c \\ -1 & 1 \end{pmatrix} \begin{pmatrix} C \\ Y \end{pmatrix} = \begin{pmatrix} C_0 \\ I + G \end{pmatrix} \tag{9.17}$$

となる．なお，左辺の 2×2 行列を A とする．つまり，

$$A = \begin{pmatrix} 1 & -c \\ -1 & 1 \end{pmatrix} \tag{9.18}$$

とする．このとき，（9.17）に対して，「クラメルの公式」を適用するならば，

$$C^* = \frac{\begin{vmatrix} C_0 & -c \\ I+G & 1 \end{vmatrix}}{|A|}, \quad Y^* = \frac{\begin{vmatrix} 1 & C_0 \\ -1 & I+G \end{vmatrix}}{|A|} \tag{9.19}$$

を得る. 行列式を計算することにより,

$$C^* = \frac{C_0 + c(I+G)}{1-c}, \quad Y^* = \frac{C_0 + I + G}{1-c} \tag{9.20}$$

を得る.

乗数効果とは, 外生変数の変化が国内総所得に関する均衡値 Y^* に与える効果のことである. 特に, 投資の変化が Y^* に与える効果を投資乗数とよび, 政府支出の変化が Y^* に与える効果を政府支出乗数もしくは財政乗数とよぶ. これらを数学的に求める際には, (9.20) 式の第2式に注目して微分演算を適用すればよい.

$$\frac{dY^*}{dI} = \frac{1}{1-c}, \quad \frac{dY^*}{dG} = \frac{1}{1-c} \tag{9.21}$$

なお, 消費関数に関する想定により, $0 < c < 1$ が成立するので, 常に $1/(1-c) > 1$ が成立する. 乗数が必ず1以上の値をとることは経済学的に重要な意味をもつ. 特に, 政策的視点から解釈するならば, 政府が追加的に1兆円の政府支出を行うとき, 最終的に, 経済全体で1兆円以上の経済効果がもたらされるのである. 例えば, $c = 0.9$ であれば, 乗数は10であり, 政府支出に対して「10倍」の経済効果が期待される.

理解を深めるための例題

上で展開した45度線モデルを租税 T を考慮することによって拡張したモデルを考える. ただし, 租税 T は一定であり, 外生変数である. このとき, 消費が可処分所得 ($Y - T$) に依存することを想定して, 消費関数を再定式化する.

$$C = c(Y - T) + C_0 \quad (0 < c < 1) \tag{9.22}$$

問題1 消費関数 (9.22) と財市場の均衡条件 (9.14) に着目して, 内生変数 C と Y に関する連立方程式を行列を用いて表記しなさい.

[解説]

$$\begin{pmatrix} 1 & -c \\ -1 & 1 \end{pmatrix} \begin{pmatrix} C \\ Y \end{pmatrix} = \begin{pmatrix} C_0 - cT \\ I + G \end{pmatrix} \tag{9.23}$$

となる.

問題2 上記の行列表記された連立方程式を「クラメルの公式」を援用して解を求めなさい.

[解説]

$$C^* = \frac{\begin{vmatrix} C_0 - cT & -c \\ I + G & 1 \end{vmatrix}}{|A|}, \quad Y^* = \frac{\begin{vmatrix} 1 & C_0 - cT \\ -1 & I + G \end{vmatrix}}{|A|} \tag{9.24}$$

を得る. ただし,

$$A = \begin{pmatrix} 1 & -c \\ -1 & 1 \end{pmatrix} \tag{9.25}$$

である. 分母と分子の行列式を計算することにより,

$$C^* = \frac{C_0 - cT + c(I + G)}{1 - c}, \quad Y^* = \frac{C_0 - cT + I + G}{1 - c} \tag{9.26}$$

を得る.

9.3 比較静学

比較静学分析は, 外生変数が変化したときに, 内生変数の均衡値 (その体系における解) がどのように変化するかを調べる分析である. つまり, 比較静学では, 外生変数の変化に対する内生変数の均衡値の感応度を数学的に導出することが達成すべき目標である. 例えば, 外生的変化に対して, 均衡値が増加するのか否かを調査したり, 均衡値の変化分を具体的に導出することによって, 均衡値の性質を詳しく検討することが比較静学分析の特色となる.

比較静学分析は, n 変数 n 方程式の体系においても適用可能であるが, 説明の簡明さを確保するために, 2 個の内生変数 (x_1, x_2) が 2 本の方程式に

よって規定されている体系を用いて説明を進める。また、この体系は1個の外生変数 α に影響を受けることを想定する。このような体系は一般的に以下のように定式化できる。

$$f_1(x_1, x_2, \alpha) = 0 \tag{9.27a}$$

$$f_2(x_1, x_2, \alpha) = 0 \tag{9.27b}$$

この2本の方程式に一意の均衡 (x_1^*, x_2^*) が存在することを想定しよう。もちろん、均衡点が存在しない場合や均衡点が複数存在する可能性もある。前者の場合、そもそも比較静学を実行する余地はない。また、後者の場合は、それぞれの均衡点について比較静学分析を適用することが可能である。このような意味で、均衡点の数に関する想定は本質的事項ではない。ただし、比較静学分析は均衡点の近傍における分析であることを十分に認識する必要がある。

さて、$f_{11}^* f_{22}^* - f_{12}^* f_{21}^* \neq 0$ という条件を仮定しよう。この仮定により、陰関数定理を適用することが可能になり、(9.27) 式を満たす $x_1^* = \phi_1(\alpha)$, $x_2^* = \phi_2(\alpha)$ が存在し、

$$\frac{dx_1^*}{d\alpha} = \phi_1'(\alpha) = \frac{\begin{vmatrix} -f_{1\alpha}^* & f_{12}^* \\ -f_{2\alpha}^* & f_{22}^* \end{vmatrix}}{|A|}, \quad \frac{dx_2^*}{d\alpha} = \phi_2'(\alpha) = \frac{\begin{vmatrix} f_{11}^* & -f_{1\alpha}^* \\ f_{21}^* & -f_{2\alpha}^* \end{vmatrix}}{|A|} \tag{9.28}$$

が成立する[4]。ただし、$f_{ij}^* = \partial f_i(x_1^*, x_2^*)/\partial x_j$ であり、$f_{i\alpha}^*(x_1^*, x_2^*) = \partial f_i(x_1^*, x_2^*)/\partial \alpha$ である $(i, j = 1, 2)$。また、$|A| = f_{11}^* f_{22}^* - f_{12}^* f_{21}^*$ としている。

上記の微係数 (9.28) は、外生変数 α が変化したときの内生変数 (x_1^*, x_2^*) の均衡値の感応度を示しており、この微係数の大きさを知ることにより、外生的与件の変化が均衡にどの程度の影響を与えるかを厳密に測定することができる。

なお、上記の微係数は以下のようにして求められる。(9.27) 式を満たす (x_1^*, x_2^*, α) の近傍で全微分の演算を実行することにより、

4　陰関数定理については、上級のテキストを参照して欲しい。この部分の説明は微分と行列に関する知識で理解可能である。

$$f_{11}^* dx_1 + f_{12}^* dx_2 + f_{1\alpha}^* d\alpha = 0 \qquad (9.29a)$$

$$f_{21}^* dx_1 + f_{22}^* dx_2 + f_{2\alpha}^* d\alpha = 0 \qquad (9.29b)$$

を得る．これを行列を用いて表記するならば，

$$\begin{pmatrix} f_{11}^* & f_{12}^* \\ f_{21}^* & f_{22}^* \end{pmatrix} \begin{pmatrix} dx_1 \\ dx_2 \end{pmatrix} = \begin{pmatrix} -f_{1\alpha}^* d\alpha \\ -f_{2\alpha}^* d\alpha \end{pmatrix} \qquad (9.30)$$

となる．ここで，左辺の 2×2 行列を A と定義する．つまり，

$$A = \begin{pmatrix} f_{11}^* & f_{12}^* \\ f_{21}^* & f_{22}^* \end{pmatrix} \qquad (9.31)$$

であり，上で述べたように，$|A| \neq 0$ を仮定する．（9.30）式に「クラメルの公式」を適用するならば，

$$dx_1^* = \frac{\begin{vmatrix} -f_{1\alpha}^* d\alpha & f_{12}^* \\ -f_{2\alpha}^* d\alpha & f_{22}^* \end{vmatrix}}{|A|}, \quad dx_2^* = \frac{\begin{vmatrix} f_{11}^* & -f_{1\alpha}^* d\alpha \\ f_{21}^* & -f_{2\alpha}^* d\alpha \end{vmatrix}}{|A|} \qquad (9.32)$$

となる．これを整理することによって，（9.28）式を得る．

理解を深めるための例題

　ここでは，（9.11）式と（9.14）式で規定される 45 度線モデルにおいて，政府支出 G（外生変数）の変化が内生変数である Y の均衡値 Y^* に与える影響（dY^*/dG）を比較静学分析の手法で考察する．

　なお，45 度線モデルで「乗数」を求めたが，この乗数分析も比較静学分析の一種である．45 度線モデルは連立 1 次方程式で記述される線形モデルであり，その均衡値を明示的に求めることが容易であった．比較静学分析の利点は，均衡値の存在が確定的であれば，均衡値を明示的に解くことなしに，外生変数の変化に対応する内生変数の感応度を求めることが可能であることにある．

　$\boxed{問題 1}$　45 度線モデルにおいて均衡値を明示的に求めることなしに，前述した比較静学の考え方を用いて財政乗数を求めなさい．

[解説]

　（9.11）式と（9.14）式において，内生変数（C と Y），および，外生変数 G に関する全微分演算を行うならば，

$$\begin{pmatrix} 1 & -c \\ -1 & 1 \end{pmatrix} \begin{pmatrix} dC \\ dY \end{pmatrix} = \begin{pmatrix} 0 \\ dG \end{pmatrix} \tag{9.33}$$

を得る．比較静学分析では，均衡値 (C^*, Y^*) で評価された微係数を求める必要があるが，45度線モデルは1次関数で記述されているモデルであるから，その微係数は不変である．財政乗数を求めるためには，dY^*/dG を計算することだけで十分であり，「クラメルの公式」を用いて，

$$dY^* = \frac{\begin{vmatrix} 1 & 0 \\ -1 & dG \end{vmatrix}}{\begin{vmatrix} 1 & -c \\ -1 & 1 \end{vmatrix}} \tag{9.34}$$

を得る．つまり，

$$\frac{dY^*}{dG} = \frac{1}{1-c} > 1 \tag{9.35}$$

となることが分かる．

1. ある市場における需要曲線が $X^d = 20 - 2P$，また，供給曲線が $X^s = 3P$ で表されるとする．
   (1) 需要曲線と供給曲線を均衡条件式 $X^d = X^s$ に代入することにより，P に関する 1 次関数を導出することにより，均衡価格を求めなさい．
   (2) (a) 需要曲線と供給曲線について，2×2 行列を用いて表記しなさい．
   　　(b) その行列表記に対して「クラメルの公式」を用いて，P と X を同時に求めなさい．

2. 9.3 節の「理解を深めるための例題」において租税が一定であることを仮定した．ここでは，一定の租税ではなく，所得税の場合を考察する．τ は所得税率として，所得税を $T = \tau Y - T_0$ と特定化する．なお，$0 < \tau < 1$ とする．
   (1) 内生変数 C と Y について行列を用いて表記し，それらの均衡値を「クラメルの公式」を用いて解きなさい．
   (2) 上で求めた Y^* をもとに財政乗数 (dY^*/dG) を微分演算によって求めなさい．

3. 需要関数 (9.1) と供給関数 (9.2) で記述される完全競争市場を考える．
   (1) 外生的要因による需要の増大は，(9.1) 式における a の増大によって表現できる．外生変数 a の変化によって，均衡価格 P と均衡数量 X がどれだけ変化するかを解析的に求めるために，(9.7) 式において内生変数 P と X と外生変数 a について全微分演算を実行しなさい．
   (2) その結果をもとに，「クラメルの公式」を利用して dP/da および dX/da を求めなさい．

■この講では，線形代数を応用した経済学の話題として，産業連関分析とマル
コフ連鎖について解説する．産業連関分析とは各産業における投入と産出の
関係に着目して経済の生産過程を分析するものであり，マクロ経済学の1分
野を構成している．また，マルコフ連鎖は時間の経過とともに状態が確率的
に変化する状態を定式化したものであり，金融工学などで応用されている．

10.1 産業連関分析：2産業モデル

10.1.1 経済学的説明

　ここでは，産業連関分析について解説する．産業連関分析は，各産業の連
関関係に着目し，経済の循環過程を分析するものであり，このような考え方
の源流は，ケネーの『経済表』（1758年）やマルクスの『資本論』（1867年）
にある．現代の形式で産業連関分析を完成させたのは，レオンチェフであり，
彼が出版した『アメリカ経済の構造』（1941年）はこの分野での古典的な著
作となっている．

　現実の経済では多くの産業によって経済取引が実行されているが，ここで
は，まず，仮想的な2産業から構成される経済を考える．なお，貿易はない
ものとする．

　産業連関表が表 10-1 として提示されている．第1産業では第1財が生産
されており，その産出量は x_1 であり，また，第2産業では第2財が生産さ
れており，その産出量は x_2 である．例えば，表 10-1 の第1列にある第1産

表10-1　産業連関表

投入＼産出	第1産業の中間需要	第2産業の中間需要	最終需要	産出量
第1産業	X_{11}	X_{12}	f_1	x_1
第2産業	X_{21}	X_{22}	f_2	x_2

業の項目を横方向（行）に見てみよう．X_{11} は第1産業による第1財の需要量であり，X_{12} は第2産業による第1財の需要量である．これらは各部門の生産活動から生じる原材料の需要であり，各産業間の取引量を示している．また，最終需要とは，家計による消費支出や政府による財政支出から構成され，第1産業における最終需要は f_1 として表記されている．

　これまでの説明を踏まえれば，第1産業における需要と供給の一致は

$$x_1 = X_{11} + X_{12} + f_1 \tag{10.1}$$

で表現される．

　同様に，第2産業について需要と供給の一致は

$$x_2 = X_{21} + X_{22} + f_2 \tag{10.2}$$

と表記される．

　ここで，

$$a_{ij} = \frac{X_{ij}}{x_j} \quad (i, j = 1, 2) \tag{10.3}$$

と定義しよう．これは，第 j 財1単位を生産するために必要な第 i 財の量を示している．この a_{ij} を投入係数とよび，通常の産業連関分析ではこの投入係数を一定と想定することが多い．投入係数が一定であることは，経済の技術が一定であることを意味する．技術革新もしくは技術変化のない短期的分析を進める上では，このような想定は十分に一般的である．

　ここで，投入係数を用いて，（10.1）式と（10.2）式を書き直すならば，

$$x_1 = a_{11}x_1 + a_{12}x_2 + f_1 \tag{10.4a}$$

$$x_2 = a_{21}x_1 + a_{22}x_2 + f_2 \tag{10.4b}$$

となる．ここで，$f_i \geq 0$ $(i = 1, 2)$ である．

10.1.2 数学的展開

ここで，投入係数 a_{ij} $(i, j = 1, 2)$ と (f_1, f_2) を外生変数とすれば，（10.4）式は (x_1, x_2) に関する連立方程式となる．つまり，

$$(1 - a_{11})x_1 - a_{12}x_2 = f_1 \tag{10.5a}$$

$$-a_{21}x_1 + (1 - a_{22})x_2 = f_2 \tag{10.5b}$$

となる．さらに，行列とベクトルの記法を用いることにより，（10.5）式は次のように整理できる[1]．

$$(I - A)\boldsymbol{x} = \boldsymbol{f} \tag{10.6}$$

ただし，

$$I = \begin{pmatrix} 1 & 0 \\ 0 & 1 \end{pmatrix}, \ A = \begin{pmatrix} a_{11} & a_{12} \\ a_{21} & a_{22} \end{pmatrix}, \ \boldsymbol{x} = \begin{pmatrix} x_1 \\ x_2 \end{pmatrix}, \ \boldsymbol{f} = \begin{pmatrix} f_1 \\ f_2 \end{pmatrix} \tag{10.7}$$

である．なお，I は単位行列，A は投入係数行列，$I - A$ はレオンチェフ行列とよばれる．

ここで，$\det(I - A) = (1 - a_{11})(1 - a_{22}) - a_{12}a_{21} \neq 0$ であることを仮定しよう．この条件は，（10.5）式もしくは（10.6）式に対して一意の解が存在することを保証する条件である．実際に，「クラメルの公式」を利用することにより，

$$x_1 = \frac{\begin{vmatrix} f_1 & -a_{12} \\ f_2 & 1 - a_{22} \end{vmatrix}}{\det(I - A)} = \frac{(1 - a_{22})f_1 + a_{12}f_2}{\det(I - A)} \tag{10.8a}$$

1　連立 1 次方程式と行列については，**7.1 節**を参照のこと．

$$x_2 = \frac{\begin{vmatrix} 1-a_{11} & f_1 \\ -a_{21} & f_2 \end{vmatrix}}{\det(I-A)} = \frac{(1-a_{11})f_2 + a_{21}f_1}{\det(I-A)} \qquad (10.8b)$$

と計算できる．以上の議論により，$\det(I-A)=(1-a_{11})(1-a_{22})-a_{12}a_{21} \neq 0$
であれば，一意の解が存在することが確認できた．

これに対して，$\det(I-A)=0$ という条件は，幾何学的には（10.6）式にお
ける 2 本の式が (x_1, x_2) 平面において平行となる条件である．この場合をさ
らに考察するならば，2 式が完全に一致するときには解が不定となり，また，
2 式が一致しないときには解が存在しない（不能）という結果を得る．

産業連関分析は優れて数学的な構造をもち，抽象的に定式化されているが，
その根底には経済学的な問題意識が存在している．以下では，特に，一意の
解がさらに非負であるか否かについて考察を進めていく．幸いなことに，こ
の点についてホーキンス・サイモンの定理を援用することによって肯定的な結
論を得ることができる．ホーキンス・サイモンの定理とは，非負行列で構成
される連立方程式が非負解 (x_1, x_2) をもつ必要十分条件について述べた定理
であり，この講の最後の節で一般的な形式を提示している．

なお，（10.5）式もしくは（10.6）式について，ホーキンス・サイモンの定
理における条件と同値の条件は以下のように書き下すことができる．つまり，
レオンチェフ行列式

$$I-A = \begin{pmatrix} 1-a_{11} & -a_{12} \\ -a_{21} & 1-a_{22} \end{pmatrix} \qquad (10.9)$$

に着目して，その左上隅からとった正方行列の 2 つの行列式について

$$1-a_{11} > 0, \quad \begin{vmatrix} 1-a_{11} & -a_{12} \\ -a_{21} & 1-a_{22} \end{vmatrix} > 0 \qquad (10.10)$$

が成立することである．この条件（ホーキンス・サイモン条件）が，連立方程
式（10.4）の解が非負となるための必要十分条件である．

なお，投入係数 a_{ij} が非負であることに注意すれば，（10.10）式を整理す
ることにより，$1-a_{22} > 0$ が成立することも分かる．これらの事実と（10.8）
式を考慮することによって，(x_1, x_2) が非負解となることを確認してほしい．

さらに，$a_{ii} < 1$（$i=1,2$）という条件は純生産可能条件とよばれる．第 i 産業

において 1 単位の財を生産するときに自産業の財を a_{ii} 単位投入することが必要であるが, $a_{ii} > 1$ であれば, このような技術を保有する経済は社会的観点から見て長期的に持続的可能ではない. また, 個別企業の観点から見ても, $a_{ii} > 1$ という条件は利潤獲得に深刻な欠陥をもつ技術である.

理解を深めるための例題

仮説的な事例として, 小麦産業（農業部門）と自動車産業（工業部門）の 2 つの産業のみから構成される経済を考える. 表 10–2 で示されているように, 小麦産業は 100 兆円分の小麦を産出しているが, 中間需要として小麦産業が 20 兆円分の小麦, 自動車産業が 40 兆円の小麦を購入している. また, 小麦の最終需要として, 家計や政府が 40 兆円分の小麦を購入している. また, 自動車産業は 200 兆円分の自動車を産出しているが, 中間需要として小麦産業が 30 兆円分の自動車, 自動車産業が 60 兆円の自動車を購入している. また, 自動車の最終需要として, 家計や政府が 110 兆円分の自動車を購入している.

表 10–2　仮設例：小麦と自動車

投入 ＼ 産出	小麦産業の中間需要	自動車産業の中間需要	最終需要	産出量
小麦産業	20	40	40	100
自動車産業	30	60	110	200

問題 1　小麦産業を第 1 産業, 自動車産業を第 2 産業として, 投入係数を求めなさい.

[解説]

$a_{ij} = X_{ij}/x_j$ であることに注意して,

$$a_{11} = 20/100 = 0.2, \quad a_{12} = 40/200 = 0.2,$$
$$a_{21} = 30/100 = 0.3, \quad a_{22} = 60/200 = 0.3$$

を得る.

問題 2　レオンチェフ行列 $I - A$ とその行列式 $\det(I - A)$ を求めなさい.

[解説]

投入係数行列は

$$A = \begin{pmatrix} 0.2 & 0.2 \\ 0.3 & 0.3 \end{pmatrix} \tag{10.11}$$

であるから

$$I - A = \begin{pmatrix} 0.8 & -0.2 \\ -0.3 & 0.7 \end{pmatrix} \tag{10.12}$$

が成立する.

また, $\det(I-A) = 0.8 \cdot 0.7 - (-0.2) \cdot (-0.3) = 0.5$ となる.

問題3 投入係数行列 (10.11) についてホーキンス・サイモン条件が成立することを確認しなさい.

[解説]

上で求めている投入係数を考慮することによって

$$1 - a_{11} = 1 - 0.2 = 0.8 > 0, \quad \begin{vmatrix} 1-a_{11} & -a_{12} \\ -a_{21} & 1-a_{22} \end{vmatrix} = 0.5 > 0 \tag{10.13}$$

となることが確認できる.

問題4 最終需要ベクトルは $f = (40, 110)$ であった. この条件とレオンチェフ行列に関する行列式を用いることによって, x_1 と x_2 の値を求めなさい.

[解説]

「クラメルの公式」を利用することにより,

$$x_1 = \frac{\begin{vmatrix} f_1 & -a_{12} \\ f_2 & 1-a_{22} \end{vmatrix}}{\det(I-A)} = (0.7 \cdot 40 + 0.2 \cdot 110) \cdot 2 = 100 \tag{10.14}$$

$$x_2 = \frac{\begin{vmatrix} 1-a_{11} & f_1 \\ -a_{21} & f_2 \end{vmatrix}}{\det(I-A)} = (0.8 \cdot 110 + 0.3 \cdot 40) \cdot 2 = 200 \tag{10.15}$$

を得る.

10.2　産業連関分析：n 産業モデル --------------

　以上は，2 産業モデルに限定された議論であったが，これを n 産業モデル
に拡張することも可能である．なお，日本では総務省によって産業分類が発
表されている．そこでは，大分類として，「農業，林業」，「建設業」，「製造
業」，「情報通信業」，「教育，学習支援業」，「医療，福祉」などの分類項目が
提示され，それぞれの分類にしたがって統計が作成されている．また，「統
計法」という法律が公布されており，この法律の第一条では，「公的統計が
国民にとって合理的な意思決定を行うための基盤となる重要な情報であるこ
とにかんがみ，公的統計の作成及び提供に関し基本となる事項を定めること
により，公的統計の体系的かつ効率的な整備及びその有用性の確保を図り，
もって国民経済の健全な発展及び国民生活の向上に寄与する」ことがその目
的であると明記されている．

　ここでは，n 種類の産業が存在し，それぞれの産業が $(x_1, x_2, \cdots, x_n)$ の産出
を得ているとする．また，特定の第 i 産業の産出について，各 j 産業による
第 i 財に対する中間需要（X_{ij}）と最終需要（f_i）が発生しているとする．こ
れにより，各産業における需要と供給の均衡式は以下のようになる．

$$x_1 = X_{11} + X_{12} + \cdots + X_{1n} + f_1 \tag{10.16a}$$
$$\cdots \qquad \cdots \qquad \cdots$$
$$x_i = X_{i1} + X_{i2} + \cdots + X_{in} + f_i \tag{10.16b}$$
$$\cdots \qquad \cdots \qquad \cdots$$
$$x_n = X_{n1} + X_{n2} + \cdots + X_{nn} + f_n \tag{10.16c}$$

　ここで，以前に述べた投入係数を n 産業モデルに適用できるように新たに
定義するならば，

$$a_{ij} = \frac{X_{ij}}{x_j} \quad (i, j = 1, 2, \cdots, n) \tag{10.17}$$

となる．投入係数を用いて上述の均衡式を書き改めるならば，

$$x_1 = a_{11}x_1 + a_{12}x_2 + \cdots + a_{1n}x_n + f_1 \tag{10.18a}$$

$$\cdots \qquad \cdots \quad \cdots$$

$$x_i = a_{i1}x_1 + a_{i2}x_2 + \cdots + a_{in}x_n + f_i \tag{10.18b}$$

$$\cdots \qquad \cdots \quad \cdots$$

$$x_n = a_{n1}x_1 + a_{n2}x_2 + \cdots + a_{nn}x_n + f_n \tag{10.18c}$$

を得る．さらに，表記の繁雑さを避けるために，行列の記法を導入するならば，

$$\boldsymbol{x} = A\boldsymbol{x} + \boldsymbol{f} \tag{10.19}$$

ただし，

$$\boldsymbol{x} = \begin{pmatrix} x_1 \\ x_2 \\ \vdots \\ x_n \end{pmatrix}, \ A = \begin{pmatrix} a_{11} & a_{12} & \cdots & a_{1n} \\ a_{21} & a_{22} & \cdots & a_{2n} \\ \vdots & \vdots & \ddots & \vdots \\ a_{n1} & a_{n2} & \cdots & a_{nn} \end{pmatrix}, \ \boldsymbol{f} = \begin{pmatrix} f_1 \\ f_2 \\ \vdots \\ f_n \end{pmatrix} \tag{10.20}$$

である．

連立方程式（10.19）について，「クラメルの公式」を適用する．ただし，$\det(I - A) \neq 0$ であることを想定するならば，連立方程式の解は

$$x_i = \frac{\begin{vmatrix} a_{11} & a_{12} & \cdots & a_{1,i-1} & f_1 & a_{1,i+1} & \cdots & a_{1n} \\ a_{21} & a_{22} & \cdots & a_{2,i-1} & f_2 & a_{2,i+1} & \cdots & a_{2n} \\ \vdots & \vdots & \ddots & \vdots & \vdots & \vdots & \ddots & \vdots \\ a_{n1} & a_{n2} & \cdots & a_{n,i-1} & f_n & a_{n,i+1} & \cdots & a_{nn} \end{vmatrix}}{\det(I - A)} \tag{10.21}$$

と求めることができる．なお，上式右辺の分子は，A の行列式について第 i 列をベクトル f に置換したものである．なお，$i = 1, 2, \cdots, n$ である．

$\det(I - A) \neq 0$ という条件のもとでは，連立方程式（10.19）の解であるベクトル $\boldsymbol{x}$ の非負性は保証されていない．この条件に加えて，ホーキンス・サイモン条件が満たされるならば，非負値をとる任意のベクトル f に対して，一意のベクトル $\boldsymbol{x}$ が存在して，それが非負となることが保証される．

10.3 マルコフ連鎖 ----------------------------

　マルコフ連鎖は，時間の経過とともに，状態もしくは位置が確率的法則によって変化する現象を取り扱う．ここでは，離散時間のマルコフ連鎖を取り扱い，時点 $t = 0, 1, 2, \cdots$ に対して状態が変化（推移（もしくは，遷移ともいう））していく体系を考える．このような意味でマルコフ連鎖は動学的要素を含むが，この節では，行列に関する演算に着目してマルコフ連鎖に関するトピックを取り扱うことにする．なお，マルコフ連鎖によって定式化される社会現象もしくは経済現象は多岐にわたる．例えば，社会階層の移動や人口の地域間移動などを理論化する際に，マルコフ連鎖が有益な分析装置として用いられている．また，金融工学などの最先端の分野においてもマルコフ連鎖の理論が応用されている．

　ここでは，2つの状態 (x_1, x_2) と推移確率 p_{ij} $(i, j = 1, 2)$ によって記述されるマルコフ連鎖を考察する．ただし，p_{ij} は，体系が時点 t において状態 x_i にあるとき，次の時点 $t + 1$ においてその状態が状態 x_j へ推移する確率である．なお，マルコフ連鎖では，この推移確率がどの時点においても一定値をとることを想定する．

　上記の p_{ij} について行列を用いて表現するならば

$$P = \begin{pmatrix} p_{11} & p_{12} \\ p_{21} & p_{22} \end{pmatrix} \tag{10.22}$$

となる．なお，ある時点において体系が状態 x_i にあるとき，次の時点において (x_1, x_2) のうち，いずれかの状態が必ず成立することを考慮すれば，$p_{i1} + p_{i2} = 1$ となることは自明である．

　また，時点 t において状態 x_i にある確率を $\omega_i(t)$ とすれば，行ベクトル

$$\omega(t) = (\omega_1(t), \omega_2(t)) \tag{10.23}$$

は，体系の時点 t における状態の確率分布を示す[2]．もちろん，言うまでも

2　行ベクトルについては，**6.2 節**を参照のこと．

なく，

$$\omega_1(t) + \omega_2(t) = 1 \tag{10.24}$$

という関係が成り立つ．なお，$t \geq 0$ に対して

$$\omega(t+1) = \omega(t)P \tag{10.25}$$

が成立する．したがって，代入計算を繰り返すことによって

$$\omega(t) = \omega(0)P^t \tag{10.26}$$

を得ることができる．これは，初期の確率分布 $\omega(0)$ が確定されるならば，将来の任意の時点における状態の確率分布を知ることができることを意味する．

　ある国における人々の有職と無職という2つの状態の移動について理論的考察を進めてみよう．この国の人口は一定であり，N（>0）人が居住していると想定する．人々の状態として，無職か有職のどちらかの可能性が存在する．なお，推移確率について，有職者が無職者になる確率は $1/3$ であり，無職者が有職者になる確率は $1/2$ であるとする．人々の状態は有職か無職であるから，有職者が有職者のままである確率は $2/3$ であり，無職者が無職者のままである確率は $1/2$ となる．これらの推移確率は図式的に図10-1に示されている．

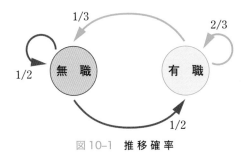

図 10-1　推 移 確 率

問題1　上記の国において，有職者と無職者に関する推移確率を示す行列 P を求めなさい．

[解説]

　時点 t において $\omega_1(t)N$ 人の有職者，また，$\omega_2(t)N$ 人の無職者が存在すると
する．ただし，$\omega_1(t)+\omega_2(t)=1$ である．推移確率を考慮するならば，次の時点
$t+1$ において，以下の体系を得る．

$$\omega_1(t+1)N = (2/3)\omega_1(t)N + (1/2)\omega_2(t)N \tag{10.27a}$$

$$\omega_2(t+1)N = (1/3)\omega_1(t)N + (1/2)\omega_2(t)N \tag{10.27b}$$

$N>0$ に注意して，上式を行列とベクトルを用いて表現するならば，

$$(\omega_1(t+1), \omega_2(t+1)) = (\omega_1(t), \omega_2(t))P, \quad P = \begin{pmatrix} 2/3 & 1/3 \\ 1/2 & 1/2 \end{pmatrix} \tag{10.28}$$

となる．

問題2　行列 P について，固有方程式を解くことによって，固有値と固
有ベクトルを求めなさい[3]．

[解説]

　行列 P に対応する固有方程式は

$$6\lambda^2 - 7\lambda + 1 = 0 \tag{10.29}$$

であり，その固有値は $\lambda_1 = 1$，$\lambda_2 = 1/6$ である．なお，この2つの固有値に対応
する固有ベクトルは，$eP = e\lambda$ で与えられることに注意すれば，$\lambda_1 = 1$ に対して，
固有ベクトルは $e_1 = (1/2, 1/3)$ であり，また，$\lambda_2 = 1/6$ に対して，固有ベクトル
は $e_2 = (1, -1)$ となる．

問題3　行列 P について，対角化の操作を利用することによって P^t を
求めなさい[4]．

[解説]

　固有値を利用して，対角行列 D について

$$MPM^{-1} = D, \quad D = \begin{pmatrix} 1 & 0 \\ 0 & 1/6 \end{pmatrix} \tag{10.30}$$

が成立する．なお，行列 M については，固有ベクトルを用いて

3　固有方程式，固有値，および固有ベクトルについては，**8.1 節**を参照のこと．
4　行列の対角化については，**8.2 節**を参照のこと．

$$M = \begin{pmatrix} 1/2 & 1/3 \\ 1 & -1 \end{pmatrix} \tag{10.31}$$

と確定できる．また，その逆行列を求めるならば，

$$M^{-1} = \frac{6}{5} \begin{pmatrix} 1 & 1/3 \\ 1 & -1/2 \end{pmatrix} \tag{10.32}$$

となる．

このような準備のもと，P^t について考察を進めていこう．$P = M^{-1}DM$ が成立することに注意すれば，$P^2 = (M^{-1}DM)(M^{-1}DM) = M^{-1}D^2M$，さらには，$P^3 = (M^{-1}D^2M)(M^{-1}DM) = M^{-1}D^3M$ が成立する．したがって，$P^t = M^{-1}D^tM$ が成立することが分かる．このことを利用して，最終的には，

$$P^t = \frac{6}{5} \begin{pmatrix} (1/2)+(1/3)(1/6)^t & (1/3)-(1/3)(1/6)^t \\ (1/2)-(1/2)(1/6)^t & (1/3)+(1/2)(1/6)^t \end{pmatrix} \tag{10.33}$$

を得る．これにより，$\omega(t) = \omega(0)P^t$ を適用すれば，$\omega(0)$ が与えられたときに任意の時点について $\omega(t)$ を具体的に確定することができる．

問題 4 時間が十分に経過したとき（$t \to \infty$）に，確率分布 $\omega(t)$ に関する性質について考察しなさい．

[解説]

まず，（10.33）式に注意すれば，

$$\lim_{t \to \infty} P^t = \begin{pmatrix} 3/5 & 2/5 \\ 3/5 & 2/5 \end{pmatrix} \tag{10.34}$$

を得る．さらに，初期の分布 $\omega = (\omega_1(0), \omega_2(0))$ について，$\omega_1(0) + \omega_2(0) = 1$ を考慮することによって，

$$\lim_{t \to \infty} \omega(t) = \omega^* = (3/5, 2/5) \tag{10.35}$$

を得る．

つまり，（10.35）式は，任意の初期分布に対して，最終的な経済の状態が $(3/5, 2/5)$ に落ち着くことを示している．これは，初期において，すべての N 人が有職者である場合（$\omega = (1, 0)$）でも，また，すべての N 人が無職者である場合（$\omega = (0, 1)$）でも，最終的には，経済の人口分布の状態が $(3/5, 2/5)$ に限りなく近づくことを意味する．

なお，$\boldsymbol{\omega}^*$ は，推移確率を示す行列 P によって規定される写像の不動点である．実際に，$\boldsymbol{\omega}^* = \boldsymbol{\omega}^* P$ が成立することを確認されたい．

10.4　n 個の状態を推移するマルコフ連鎖 ·····

これまでは，2 個の状態を推移するマルコフ連鎖に限定して説明してきたが，マルコフ連鎖を考えるとき，n 個の状態 $(x_1, x_2, \cdots, x_n)$ における推移を考察することも可能である．それにしたがい，推移確率は以下のように表記できる．

$$P = \begin{pmatrix} p_{11} & p_{12} & \cdots & p_{1n} \\ p_{21} & p_{22} & \cdots & p_{2n} \\ \vdots & \vdots & \ddots & \vdots \\ p_{n1} & p_{n2} & \cdots & p_{nn} \end{pmatrix} \tag{10.36}$$

これまでと同様に，p_{ij} は，体系が時点 t において状態 x_i にあるとき，次の時点 $t+1$ においてその状態が状態 x_j へ推移する確率であり，この推移確率はどの時点においても一定値をとる．また，ある時点において体系が状態 x_i にあるとき，次の時点において $(x_1, x_2, \cdots, x_n)$ のうち，いずれかの状態が必ず成立するので，$p_{i1} + p_{i2} + \cdots + p_{in} = 1$ となる．

さらに，時点 t において状態 x_i にある確率を $\omega_i(t)$ とすれば，行ベクトル

$$\boldsymbol{\omega}(t) = (\omega_1(t), \omega_2(t), \cdots, \omega_n(t)) \tag{10.37}$$

は，体系の時点 t における状態の確率分布を示す．なお，

$$\omega_1(t) + \omega_2(t) + \cdots + \omega_n(t) = 1 \tag{10.38}$$

という関係が成り立つ．さらに，$t \geq 0$ に対して

$$\boldsymbol{\omega}(t+1) = \boldsymbol{\omega}(t)P \tag{10.39}$$

が成立する．この関係を利用して，代入計算を繰り返すことによって

$$\boldsymbol{\omega}(t) = \boldsymbol{\omega}(0)P^t \tag{10.40}$$

を得ることができる．これは，初期の確率分布 $\boldsymbol{\omega}(0)$ が確定されるならば，将来の任意の時点における状態の確率分布を知ることができることを意味する．

10.5 発展的話題：ホーキンス・サイモン条件···

（10.10）式は，投入係数行列が 2×2 行列である場合のホーキンス・サイモン条件であった．ここでは，さらに一般的な場合，つまり，投入係数行列 A が $n \times n$ 行列である場合のホーキンス・サイモン条件を提示する．

非負値をとる任意のベクトル $\boldsymbol{f} \geq \boldsymbol{0}$ に対して，以下の n 次連立方程式を考える．

$$\boldsymbol{x} = A\boldsymbol{x} + \boldsymbol{f} \tag{10.41}$$

ただし，

$$\boldsymbol{x} = \begin{pmatrix} x_1 \\ x_2 \\ \vdots \\ x_n \end{pmatrix}, \; A = \begin{pmatrix} a_{11} & a_{12} & \cdots & a_{1n} \\ a_{21} & a_{22} & \cdots & a_{2n} \\ \vdots & \vdots & \ddots & \vdots \\ a_{n1} & a_{n2} & \cdots & a_{nn} \end{pmatrix}, \; \boldsymbol{f} = \begin{pmatrix} f_1 \\ f_2 \\ \vdots \\ f_n \end{pmatrix} \tag{10.42}$$

であり，A は非負行列である．この連立方程式が非負解 $\boldsymbol{x}$ をもつ必要十分条件は $I-A$ のあらゆる首座小行列式が正となることである（ホーキンス・サイモンの定理）．ただし，「$I-A$ のあらゆる首座小行列式が正となる」条件は，

$$1-a_{11}>0, \quad \begin{vmatrix} 1-a_{11} & -a_{12} \\ -a_{21} & 1-a_{22} \end{vmatrix}>0, \cdots, \quad \begin{vmatrix} 1-a_{11} & -a_{12} & \cdots & -a_{1n} \\ -a_{21} & 1-a_{22} & \cdots & -a_{2n} \\ \vdots & \vdots & \ddots & \vdots \\ -a_{n1} & -a_{n2} & \cdots & 1-a_{nn} \end{vmatrix}>0$$

$$(10.43)$$

と同値である. なお, 上の式は, レオンチェフ行列

$$I-A = \begin{pmatrix} 1-a_{11} & -a_{12} & \cdots & -a_{1n} \\ -a_{21} & 1-a_{22} & \cdots & -a_{2n} \\ \vdots & \vdots & \ddots & \vdots \\ -a_{n1} & -a_{n2} & \cdots & 1-a_{nn} \end{pmatrix} \qquad (10.44)$$

について, 左上隅から順次とった n 個の行列式である.

1. 産業連関分析として，投入係数行列を

$$A = \begin{pmatrix} 0.1 & 1.1 \\ 0.2 & 0.2 \end{pmatrix}$$

とする．

(1) レオンチェフ行列 $I - A$ とその行列式 $\det(I - A)$ を求めなさい．

(2) この数値例でホーキンス・サイモン条件が成立することを確認しなさい．

(3) 最終需要ベクトルを $f = (20, 20)$ とする．「クラメルの公式」を用いて第 1 産業と第 2 産業の産出量 (x_1, x_2) を求めなさい．

2. ある経済において，景気の状態が好景気（状態 1）と不景気（状態 2）の 2 つの場合に区別され，その状態の推移はマルコフ連鎖によって表現されるものとする．もし今期に好景気であれば，次の期に不景気となる確率は 1/4 である．また，もし今期に不景気であれば，次の期に好景気となる確率は 1/3 である．なお，経済の状態は好景気か不景気かの 2 つの状態に限られるので，今期に好景気で次期も好景気となる確率は 3/4 であり，今期に不景気で次期も不景気になる確率は 2/3 である．

(1) 上記の経済において，景気の状態に関する推移確率を示す 2×2 行列 P を求めなさい．

(2) 上で求めた行列 P に対応する 2 つの固有値を求めなさい．また，その固有値に対応する固有ベクトルをそれぞれ求めなさい．

第11講
微分1
──1変数の関数

■この講では，1変数の関数を取り扱い，微分と最適化を応用した経済的話題を解説する．具体的には，生産関数，需要（供給）関数の弾力性，企業の利潤最大化，独占企業の利潤最大化について学ぶ．これらの話題は主として，ミクロ経済学に関する話題であるが，生産関数に関する議論はマクロ経済学を学ぶ上でも重要なものである．さらに，発展的話題として凹関数について学ぶ．

11.1 生産関数 ----------------------------------

企業が労働のみを投入して生産物を産出する生産過程を想定する．この過程は生産関数として定式化される．

$$Y = F(N) \tag{11.1}$$

このとき，生産関数が微分可能であれば，導関数 $F'(N)$ が存在し，これを労働の限界生産力とよぶ[1]．数学的には，生産関数の接線の傾きが労働の限界生産力となる．これは，労働の追加的な投入に対する生産物の増加分である．生産関数は $N \geq 0$ において定義されるが，$F'(N) > 0$ であると多くの場合に想定される．

図11-1において，2種類の生産関数が提示されている．なお，この2種類の生産関数における共通の性質として，$N \geq 0$ において $F'(N) > 0$ が常に成立することが想定されている．

---

1 導関数については，**1.1節**を参照のこと．

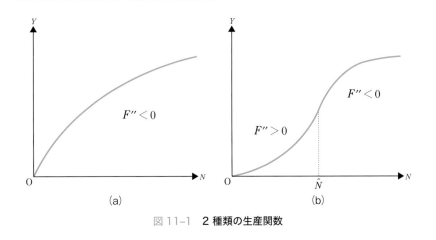

図11-1　2種類の生産関数

　図11-1 (a) は，労働投入量の増加につれて，労働の限界生産力が次第に減少していく事例である．数学的に表現するならば，$F''(N)<0$ が成立している．これを労働の限界生産力逓減の法則とよび，特定の生産要素（ここでは，労働）だけを増加させても，その生産性が徐々に悪化することを示している．この図では，労働投入量の増加に対して，最終的には労働の限界生産力がゼロになることが表現されている．

　図11-1 (b) は，労働投入量が少ないとき（$N<\tilde{N}$）には，労働投入量の増加とともに，労働の限界生産力が次第に増加している（$F''(N)>0$）．これは，大規模な装置や設備を用いて生産を行う場合，労働投入量が少ないときには，労働投入の増加が生産の効率性を上昇させ労働の限界生産力が逓増する状況を示している．他方，労働投入量が $N>\tilde{N}$ となると，生産のための装置や設備の規模に比して，労働投入が過剰になり，労働の限界生産力が次第に減少していくことになる．つまり，労働の限界生産力逓減の法則が発現する局面である．数学的に述べれば，$N=\tilde{N}$ において，$F''(N)=0$ かつ $F''(N)$ の符号が変化している．このような性質をもつ点を変曲点とよぶ[2]．なお，$N=\tilde{N}$ のときに労働の限界生産力 $F'(N)$ が最大となることに注意してほしい．

2　変曲点については，**1.4節**を参照のこと．

$N \geq 0$ において定義される生産関数

$$Y = F(N) = \frac{N^2}{N^2 + 12} \tag{11.2}$$

を考える.

問題1 1次の導関数を求めることによって労働の限界生産力を求めなさい.

[解説]

生産関数 $F(N)$ について導関数を求めるならば,

$$\begin{aligned}
F'(N) &= \frac{2N \cdot (N^2 + 12) - N^2 \cdot 2N}{(N^2 + 12)^2} \\
&= \frac{24N}{(N^2 + 12)^2}
\end{aligned} \tag{11.3}$$

を得る. これより, $N > 0$ に対して, $F'(N) > 0$ が成立することが分かる.

問題2 労働の限界生産力逓減の法則はこの関数で成立するか否かを論じなさい.

[解説]

2次の導関数を求めると,

$$\begin{aligned}
F''(N) &= \frac{24 \cdot (N^2 + 12)^2 - 24N \cdot 4N(N^2 + 12)}{(N^2 + 12)^4} \\
&= -\frac{72(N^2 - 4)(N^2 + 12)}{(N^2 + 12)^4}
\end{aligned} \tag{11.4}$$

を得る. これにより, まず, $N = 2$ のとき $F''(N) = 0$ であることが分かる. さらに, $N < 2$ のとき $F''(N) > 0$, また, $N > 2$ のとき $F''(N) < 0$ が成立することも分かる. これにより, $N > 2$ のとき, 労働の限界生産力逓減が成立している.

なお, $N = 2$ において $F''(N)$ の符号が変化することも分かる. これにより, $N = 2$ はこの生産関数の変曲点であることが分かる.

11.2 弾力性--

　需要曲線は，一般的に消費者の効用最大化から導出され，価格に依存して
その財の需要量が決定されることを数学的に定式化している曲線である．例
えば，消費者は自己の効用を最大化するようにリンゴの購入量を決定する．
もちろん，リンゴの価格が変化すれば，それに対応してリンゴの購入量を変
化させる．この関係を示したものが消費者の需要関数である．

　もちろん，生産主体である企業も労働，資本，および原材料などの生産要
素を需要することを考慮すれば，需要曲線は，消費者の効用最大化だけでは
なく，企業の利潤最大化からも導出されることになる．これらの話題は，ど
のような財が需要されているかによって変容する．

　さて，1本の需要曲線を定式化しよう．

$$x = D(p) \tag{11.5}$$

　x は数量であり，p は価格である．なお，多くのミクロ経済学の教科書で
は，需要曲線のグラフを描くときに，縦軸に p，横軸に x を取る．このよう
な場合には，(11.5) 式を変形して，

$$p = D^{-1}(x) \tag{11.6}$$

と表記することが便利になる．D^{-1} は D の逆関数を示しており，(11.6) 式
は逆需要関数とよばれる．

　需要の価格弾力性は以下のように定義される．

$$e_p^D = -\frac{dx/x}{dp/p} \tag{11.7}$$

　需要の価格弾力性は，価格が1％上昇したときに需要が何％減少するかを
示す指標である．通常の場合，価格上昇により需要が減少することから，需
要の価格弾力性が正値をとるように右辺に「マイナス」を付加して定式化し
ている．

　この財に代替財がある場合，その財の需要の価格弾力性が大きいという性

質をもつ. つまり, 当該財の価格が上昇したときに, 当該財の大きく需要量を減少させ, その予算を代替財へと振り分けるほうが消費者にとって好ましい選択となるからである. これに対して, 必需品などの財は, 需要の価格弾力性が小さいという性質をもつと考えられる.

ここでは, 需要の価格弾力性がいかに重要な概念であるかを理解するために, 豊作貧乏が発生する理由について考えてみよう. 豊作貧乏とは, 主に, 農業部門において見られる現象である. 天候に恵まれることによって, ある農産物が豊作となった場合, その市場価格が暴落し, その生産者の収入が大幅に減少してしまうことが往々にして観察される. このような現象が発生するのは, 供給関数の右シフトによって, 需要曲線に沿って市場価格が大幅に低下することが豊作貧乏の要因である. もちろん, 市場価格の低下は農産物の取引量を増大させる効果をもつので, 豊作による価格暴落が常に農家の収入減少に結びつくわけではない.

この点について, 需要の価格弾力性を利用することによって明快な結論を得ることができる. 農家の収入は $R(p) = px = pD(p)$ で与えられ, 豊作貧乏が発生するのは, $R'(p) > 0$ が成立するときである. つまり, 導関数の符号が「正」であれば, 価格が低下することによって収入の減少が常にもたらされることを意味している. 実際に微分演算を実行するならば,

$$
\begin{aligned}
\frac{dR(p)}{dp} &= D(p) + pD'(p) \\
&= D(p)\left(1 + \frac{p}{D}\frac{dD}{dp}\right) \\
&= D(p)(1 - e_p^D)
\end{aligned}
\tag{11.8}
$$

が成立する. したがって, 豊作貧乏が発生する条件は $e_p^D < 1$ であることが分かった. つまり, 必需品に分類される財の市場において, 豊作貧乏が発生することが結論付けられる. この結論は, 暖冬で農産物の収穫量が増えて当該財の価格が暴落するという実際の事例と整合的である.

なお, 供給の価格弾力性も, 特にミクロ経済学において用いられる指標である. その定義は,

$$e_p^S = \frac{dx/x}{dp/p} = \frac{dx}{dp} \cdot \frac{p}{x} \qquad (11.9)$$

で与えられる．なお，当然のことながら，供給の価格弾力性の性質は，供給関数 $x = S(p)$ の性質に依存することになる．

11.3 企業による利潤最大化行動--------------

　ここでは，企業による利潤最大化行動を考える．ある企業が一定の名目賃金率 w を支払うことにより労働 N を雇用し，その労働力の投入によって1種類の産出物 Y を生産しているとする．この生産過程は，生産関数 $Y = F(N)$ によって示される．このとき，企業の利潤は収入から費用を差し引いたものであり，

$$\pi(N) = pF(N) - wN \qquad (11.10)$$

と定式化できる．ここで，p は産出物の価格であり，一定であることを想定する．

　企業の行動原理が自己の利潤最大化であると想定するならば，利潤最大化のための1階条件は

$$\pi'(N) = pF'(N) - w = 0 \qquad (11.11)$$

となる．これは，

$$F'(N) = \frac{w}{p} \qquad (11.12)$$

と変形でき，この式は，企業が利潤最大化を実行する際には，労働の限界生産力が実質賃金率に等しいことを示している．企業にとって，生産関数，価格，および名目賃金率は所与であるから，この1階条件によって，最適な労働投入量 N^* が決定されることになる．

企業は労働 N のみを用いて生産を行い，その生産関数を

$$Y = 8N^{1/2} \tag{11.13}$$

とする．また，産出物の価格，名目賃金率をそれぞれ $p=1$，$w=2$ とする．

☐問題1 利潤 π を N の式として定式化しなさい．

[解説]

利潤の定義は収入から労働費用を差し引いたものであるから，

$$\pi = 8N^{1/2} - 2N \tag{11.14}$$

が成立する．

☐問題2 利潤最大化の1階条件を求めなさい．

[解説]

利潤最大化の1階条件は上記の式を N で微分してやればよいので，

$$4N^{-1/2} - 2 = 0 \tag{11.15}$$

である．

☐問題3 利潤最大化の1階条件を満たす N^* を求めなさい．

[解説]

上記の式は

$$N^{1/2} = 2 \tag{11.16}$$

と変形できる．したがって，$N^* = 4$ を得る．

独占企業による利潤最大化行動----------

独占企業の直面する需要関数を

$$X = P^{-\eta} \quad (\eta > 0) \tag{11.17}$$

とする．ここで，η は需要の価格弾力性であり，一定値をとるものとする．

逆需要関数の形で表現すれば

$$P = X^{-1/\eta} \tag{11.18}$$

独占企業の総費用として，次のような限界費用一定の費用関数を仮定する．

$$C = cX \quad (c > 0) \tag{11.19}$$

なお，ここでは，生産のための固定費用をゼロとしているので，生産のための単位コストは常に平均費用と一致している．

独占企業は，市場の需要関数を既知としており，自分が生産量を変動させれば，需要関数に沿って価格が変動することを認識することができる．このような状況は図 11-2 において描かれている．

このような意味で，独占企業は価格支配力をもつと表現される．この設定は，市場価格を所与として利潤最大化を実行する完全競争企業に関する設定と大きく異なることに注意を払う必要がある．

以上の想定のもとで，市場の需要関数を考慮して，独占企業の利潤は

$$\Pi(X) = PX - cX = X^{1 - \frac{1}{\eta}} - cX \tag{11.20}$$

と X のみに依存する方程式で表記することができる．独占企業は生産量 X を調整して利潤の最大化を目指すことになる．

利潤最大化の 1 階条件は

$$\Pi'(X) = \left(1 - \frac{1}{\eta}\right) X^{-\frac{1}{\eta}} - c = 0 \tag{11.21}$$

であり，この式は，限界収入と限界費用が一致するように，生産量が調整さ

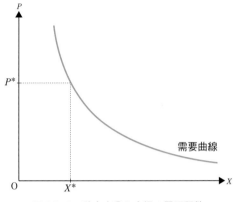

図 11-2　独占企業と市場の需要関数

れることを意味している．上の式を解くと，利潤を最大化する生産量は

$$X^* = \left(\frac{\eta - 1}{\eta c} \right)^{\eta} \tag{11.22}$$

となる．なお，$\eta > 1$ を想定する．この想定により，利潤最大化をもたらす生産量が正であることが保証される．また，(11.18) 式を考慮すれば，このとき企業が設定すべき価格は

$$P^* = \frac{\eta}{\eta - 1} c \tag{11.23}$$

と求めることができる．

　この式は，平均費用に対して $\eta/(\eta-1)$ という係数を掛けたものが最適な価格となることを示している．なお，

$$\frac{\eta}{\eta - 1} = 1 + \frac{1}{\eta - 1} \tag{11.24}$$

と変形できることに注意すれば，$1/(\eta-1)$ が上乗せした利潤の割合を示すマークアップ率である．

　また，独占企業の価格決定について，需要の価格弾力性が大きければ大きいほど，マークアップ率は減少し，価格の低下を招くことが分かる．この理

由は，需要の弾力性が大きい場合，他の市場において消費者にとって代替可能な財が存在することを示唆しており，独占企業による高価格戦略は需要の大幅な減少を伴うことになる．このような事情により，独占企業は相対的に低い価格を選択することが最適となるのである．もちろん，需要の価格弾力性が小さい場合，マークアップ率は大きく，価格は高価格となる．これは，独占企業の高価格戦略が需要の大幅な減少を伴わないからであり，独占企業は相対的に高い価格を選択することが最適となる．

11.5 発展的話題：凹関数と関数の最大値--------

　この項では，凹関数について解説する[3]．区間 X を定義域とする関数 $f(x)$ を考えるとき，任意の 2 点 x_0, $x_1 \in X$ と $0 < \lambda < 1$ となる任意の λ に対して

$$f(\lambda x_0 + (1-\lambda)x_1) \geq \lambda f(x_0) + (1-\lambda)f(x_1) \tag{11.25}$$

が成立するとき，区間 X において f は凹関数であるという．

　図 11-3 において，凹関数が示されている．この図から容易に確認できるように，関数 $f(x)$ が 2 階連続微分可能であれば，凹関数であることと $f''(x) \leq 0$ が成立することは同値である[4]．

　さらに，凹関数 $y = f(x)$ のグラフを念頭に置くと，区間 X の任意の点 x, x_0 について $(x_0, f(x_0))$ を通る関数 $f(x)$ の接線が常に関数 $f(x)$ のグラフの上にある[5]．この状況は数学的に

$$f(x) \leq f(x_0) + f'(x_0)(x - x_0) \tag{11.26}$$

と表現できることに注意して欲しい．

　以上では，凹関数に関する一般的な話題を提示してきた．以下では，凹関数と関数の最大値に関する定理について考えてみよう．

3　曲線の凹凸に関する議論については，**1.4 節**を参照のこと．
4　微分可能性に関する議論については，**1.1 節**を参照のこと．ただし，関数の 2 階連続微分可能性に関する議論は上級のテキストを参照して欲しい．
5　この点についても，**1.4 節**を参照のこと．

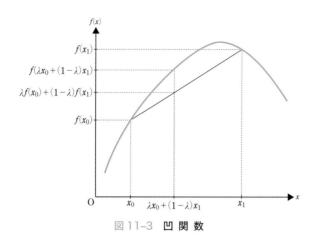

図11–3　凹 関 数

定　理

　関数 f が凹関数である場合，1 階条件 $f'(x)=0$ を満たす点 $x=x^*$ が存在するならば，$x=x^*$ が関数の最大値を与える．

　証明は以下のようになる．ここで，凹関数 f について $f'(x)=0$ を満たす点 $x=x^*$ があったとする[6]．このとき，（11.26）式を考慮するならば，定義された区間 X の任意の x について，$f(x) \leq f(x^*)$ が成立する．この不等号により，$x=x^*$ が関数 f の最大値を与えていることが分かる．

　では，**11.3 節**と **11.4 節**で考察した利潤最大化問題において取り扱った関数が実際に凹関数であったか否かを検討してみよう．まず，**11.3 節**で分析された企業の利潤（11.10）式に関する 2 次の導関数は

$$\pi''(N) = pF''(N) \tag{11.27}$$

となる．これにより，$N>0$ に対して，$F''(N) \leq 0$ が成立すれば，関数 $\pi(X)$ が $N>0$ において凹関数であることが分かる．つまり，$F'(N^*)=w/p$ を満た

6　凹関数である場合に，$f'(x)=0$ を満たす点 $x=x^*$ が必ず存在するとは限らない．例えば，関数 $y=\sqrt{x}\ (x>0)$ は，凹関数であるが，$f'(x)=0$ を満たす点は存在しない．

す $N = N^*$ が利潤の最大値を与えることが分かる．標準的な経済問題では，企業の生産関数が限界生産力逓減（$F''(N) < 0$）を示すことが想定されるが，この想定により，利潤最大化の最適解が存在することが保証される．

次に，**11.4 節**で分析された独占企業の利潤（11.20）式に関する 2 次の導関数は

$$\Pi''(X) = \left(1 - \frac{1}{\eta}\right)\left(-\frac{1}{\eta}\right)X^{-\frac{1}{\eta}-1} \tag{11.28}$$

となる．したがって，$\eta > 1$ と $X > 0$ を仮定する限り，関数 $\Pi(X)$ は凹関数となる．つまり，$\Pi'(X) = 0$ を満たす $X = X^*$ が利潤の最大値を与えることが結論付けられる．

実は，数学的には，関数の最大化問題は 1 階条件だけではなく，2 階条件を考慮することが必要である[7]．これに関して，幸いなことに経済学では，最大化問題を考えるときに取り扱う目的関数は多くの場合，凹関数である．このような事情により，経済学では 1 階条件のみを取り上げて分析することが正当化されるのである．なお，詳細な議論は省くが，一般的な n 変数関数についても同様の定理が成立することに注意されたい．

---

[7] この点については，**1.4 節**の 2 次導関数による極値の判定条件を参照のこと．

1. 供給関数が $x = 3p + 2$ で与えられるとする.
   (1) $p = 2$ のときの価格弾力性を求めなさい.
   (2) $p = 5$ のときの価格弾力性を求めなさい.

2. 生産関数を

$$Y = F(N) = \frac{N^2}{2N^2 + 6}$$

   と想定する. なお, $N \geq 0$ とする.
   (1) 1次の導関数と2次の導関数を求めなさい.
   (2) 変曲点が発生する N の値を求めなさい.

3. 企業の生産関数を $Y = 27N^{2/3}$ とする. また, 価格, 名目賃金率をそれぞれ $p = 1$, $w = 9$ とする.
   (1) 利潤 π を N に関する関数として表記しなさい.
   (2) 上で求めた関数を利用して, 利潤最大化の1階条件を求めなさい.
   (3) 利潤最大化の1階条件を満たす N を求めなさい.

4. 需要曲線 $X = P^{-\eta}$ $(\eta > 0)$ と費用関数 $C = cX$ $(c > 0)$ をもつ独占企業を考える. このとき, $(P - MC)/P$ を需要の価格弾力性を用いて表しなさい (MC は限界費用である). なお, $(P - MC)/P$ は, ラーナーの独占度とよばれる指数である.

5. 需要関数 $X = 50 - (1/2)P$ に直面する独占企業を考える. ここで, X は需要量であり, P は価格である. また, 企業の総費用 C は $C = 60X$ で表される.
   (1) 逆需要関数を求めなさい.
   (2) 逆需要関数を用いることによって, この企業の利潤 π を X の2次関数として表記しなさい.
   (3) 利潤を最大化する生産量 X を求めなさい.

■この講では，2変数の関数を取り扱い，微分と最適化を応用した経済的話題
を解説する．具体的には，2生産要素の生産関数と2財の効用関数について
考察する．生産関数は企業の技術的関係を定式化したものであり，また，効
用関数は消費者の選好関係を定式化したものである．これらの関数は主とし
て，ミクロ経済学で取り扱われる内容である．また，2種類の生産要素を投
入し，1種類の財を生産する企業の利潤最大化問題について解説する．

12.1　効用関数と生産関数：概説 ----------------

　経済学では，効用関数や生産関数は多変数関数として表現される．例えば，
第1財と第2財の消費量の組合せ (x_1, x_2) に対して効用の水準 u が得られる
とき，この関係を

$$u = f(x_1, x_2) \tag{12.1}$$

と表現し，効用関数とよぶ．この関数はある特定の消費者の主観的判断もし
くは個人的な価値観を定式化したものである．同様に，労働 N と資本 K を
投入して産出 Y が得られるとき，この関係を

$$Y = F(N, K) \tag{12.2}$$

と表現し，生産関数とよぶ．この関数は企業の生産活動における技術的条件
や技術的知識を定式化したものである．それゆえに，地球温暖化防止のため
に既存の技術が法的に使用不可能になった場合，あるいは，技術革新が成功

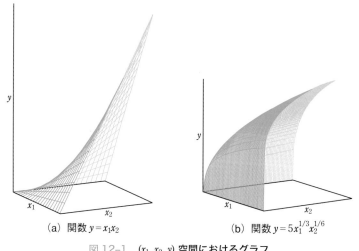

（a）関数 $y = x_1 x_2$　　　　　　（b）関数 $y = 5x_1^{1/3} x_2^{1/6}$

図 12-1　(x_1, x_2, y) 空間におけるグラフ

し新たな技術が使用可能になった場合には，生産関数の形状は変化すること
になる．

　ここでは，2 変数関数の数値例（$y = x_1 x_2$ と $y = 5x_1^{1/3} x_2^{1/6}$）を検討することに
よって関数に対する理解を深める．まず，各関数の (x_1, x_2, y) 空間におけるグ
ラフを図 12-1 に提示する．

　次に，図 12-2 において，平面 $x_2 = 1$ によって切断された y と x_1 の関係を
曲線を提示する．これは，関数 $y = f(x_1, x_2)$ を平面 $x_2 = 1$ に投影したものとも
解釈できる．関数 $y = x_1 x_2$ を平面 $x_2 = 1$ で切断した場合，$y = x_1$ の関係が見て
とれる．この状況が図 12-2（a）において示されている．また，関数 $y = 5x_1^{1/3} x_2^{1/6}$ を平面 $x_2 = 1$ で切断した場合，$y = 5x_1^{1/3}$ の関係が見てとれる．この
状況が図 12-2（b）において示されている．

　最後に，図 12-3 において，平面 $x_1 = x_2$ による切断面を示している．平面
$x_1 = x_2$ は，変数 x_1 が増加するとき，x_2 も同じ比率で増加するという性質を
もっている．この場合には，関数 $y = x_1 x_2$ の切断面は，$y = x_1^2$ として投影され
る．この状況が図 12-3（a）において示されている．また，関数 $y = 5x_1^{1/3} x_2^{1/6}$ の切断面は，$y = 5x_1^{1/2}$ として投影される．この状況が図 12-3（b）

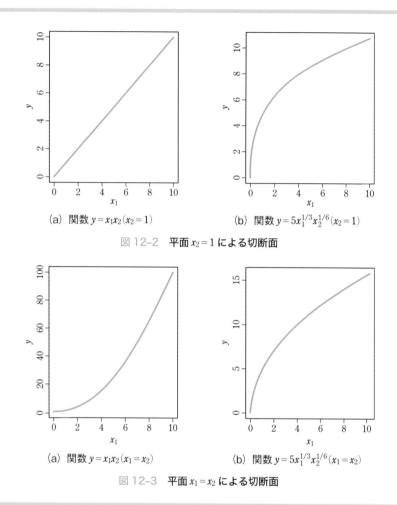

(a) 関数 $y = x_1 x_2\,(x_2 = 1)$ (b) 関数 $y = 5x_1^{1/3}x_2^{1/6}\,(x_2 = 1)$

図 12–2　平面 $x_2 = 1$ による切断面

(a) 関数 $y = x_1 x_2\,(x_1 = x_2)$ (b) 関数 $y = 5x_1^{1/3}x_2^{1/6}\,(x_1 = x_2)$

図 12–3　平面 $x_1 = x_2$ による切断面

において示されている.

12.2　生産関数：限界生産力と規模に関する収穫

　2種類の生産要素として，労働と資本を投入して生産を行う企業を考える．労働投入量 N と資本投入量 K に対応して生産量 Y を得る．これを生産関数

として定式化するならば,

$$Y = F(N, K) \tag{12.3}$$

となる. なお, 関数 F が N と K に関して偏微分可能であることを想定する. このとき, ある特定の点 (N, K) において,

$$\frac{\partial F(N, K)}{\partial N} \equiv F_N(N, K), \quad \frac{\partial F(N, K)}{\partial K} \equiv F_K(N, K) \tag{12.4}$$

を求めることができる. F_N は労働投入量 N に関する偏導関数であり, 労働の限界生産力とよばれる. また, F_K は資本投入量 K に関する偏導関数であり, 資本の限界生産力とよばれる. 多くの場合,

$$F_N(N, K) > 0, \quad F_K(N, K) > 0 \tag{12.5}$$

を想定する. 前者は労働を追加的に投入することにより, 生産量が増加すること, 後者は資本を追加的に投入することにより, 生産量が増加することを意味する.

さらに, 多くの場合,

$$\frac{\partial F_N(N, K)}{\partial N} \equiv F_{NN}(N, K) < 0, \quad \frac{\partial F_K(N, K)}{\partial K} \equiv F_{KK}(N, K) < 0 \tag{12.6}$$

を想定する. この想定は, それぞれ, 労働の限界生産力逓減と資本の限界生産力逓減とよばれる.

2種類の生産要素をともに θ (>1) 倍したとき,

$$F(\theta N, \theta K) > \theta F(N, K) \tag{12.7}$$

が成立するならば, この状況を規模に関して収穫逓増とよぶ. また,

$$F(\theta N, \theta K) < \theta F(N, K) \tag{12.8}$$

が成立するならば, この状況を規模に関して収穫逓減とよぶ. さらに,

$$F(\theta N, \theta K) = \theta F(N, K) \tag{12.9}$$

が成立するならば, この状況を規模に関して収穫一定とよぶ. また, (12.9)

が成立するとき，関数 F は1次同次関数であるという.

　経済学でよく用いられる生産関数として，

$$Y = AN^{\alpha}K^{\beta} \quad (0<\alpha<1, \ 0<\beta<1) \tag{12.10}$$

がある．このような形式の生産関数をコブ・ダグラス型生産関数とよぶ.
$\alpha+\beta>1$ であれば，この生産関数は規模に関する収穫逓増を示し，他方，
$\alpha+\beta<1$ であれば，この生産関数は規模に関する収穫逓減を示す．また，
$\alpha+\beta=1$ であれば，この生産関数は規模に関する収穫一定を示す.

理解を深めるための例題

　生産関数 $Y = F(N,K)$ の数値例として，

$$Y = F(N,K) = 9N^{2/3}K^{2/3} \tag{12.11}$$

を考える．なお，関数は経済的に意味のある範囲，つまり，$N \geq 0, K \geq 0$ において定義される.

[問題1] 労働の限界生産力と資本の限界生産力を求めなさい.

[解説]

　労働の限界生産力は生産関数 F の N に関する偏導関数であり，資本の限界生産力は生産関数 F の K に関する偏導関数である．これにより，労働の限界生産力と資本の限界生産力はそれぞれ，

$$F_N(N,K) = 3N^{-1/3}K^{2/3}, \quad F_K(N,K) = 3N^{2/3}K^{-1/3} \tag{12.12}$$

となる．したがって，$F_N(N,K)>0, \ F_K(N,K)>0$ が成立する.

[問題2] 経済的に意味のある範囲，つまり，$N \geq 0, K \geq 0$ において，労働と資本はそれぞれ限界生産力逓減の性質をもつか否か，答えなさい.

[解説]

　2次の偏導関数について，

$$F_{NN}(N,K) = -N^{-4/3}K^{2/3}<0, \quad F_{KK}(N,K) = -N^{2/3}K^{-4/3}<0 \tag{12.13}$$

が成立する．したがって，労働と資本はそれぞれ限界生産力逓減の性質をもつ.

12.3 効用関数と無差別曲線--------------------

ここでは，2種類の財から構成される効用関数とその無差別曲線について解説しよう． u を効用水準， x_1 を第1財の消費量と x_2 を第2財の消費量として，

$$u = f(x_1, x_2) \quad \left(\frac{\partial f}{\partial x_1} > 0, \ \frac{\partial f}{\partial x_2} > 0 \right) \qquad (12.15)$$

を考える．関数 f は効用関数である．また， $f_i(x_1, x_2) = \partial f(x_1, x_2)/\partial x_i$ は，第 i 財に関する限界効用であり， $f_i(x_1, x_2) > 0$ を想定する （$i = 1, 2$）.

ここで，効用水準を特定の値 $u = u_1$ で固定しよう．この効用水準を達成する消費財の組合せ (x_1, x_2) が図12−4において示されている．この曲線を無差別曲線とよび，

$$x_2 = \varphi(x_1) \qquad (12.16)$$

と表記する．この曲線上での消費の組合せは同じ効用水準を与えることから，どの点が実現したとしても，消費者にとって無差別である.

無差別曲線上のある点における接線の傾きの絶対値 （$-\varphi'(x_1)$） を第2財で測った第1財の限界代替率とよぶ．図12−4において，点 P と点 Q に着目しよう．この2つの点で消費者は同じ効用水準を得ている．つまり，第1財の

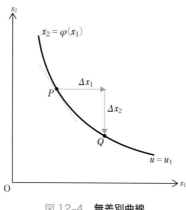

図 12–4　**無差別曲線**

消費量を増大させる（Δx_1）代わりに第 2 財の消費量を代替的に減少させる（Δx_2）ことによって，消費者は点 P から点 Q へと効用水準を維持することができる．つまり，限界代替率は，消費量の変更に伴う代替的消費の程度を示しており，第 1 財の価値を第 2 財で測っていることになる．なお，図 12–4では，説明の便宜上，Δx_1 を大きくとっているが，$\Delta x_1 \to 0$ とすれば，$\Delta x_2 / \Delta x_1$ が点 P における無差別曲線の接線の傾きに等しくなることに注意してほしい．

　さらに，消費者理論では，限界代替率逓減の法則が想定されることが多い．この法則は，第 1 財の消費量が多くなるにつれて，消費者にとって第 1 財の価値は減少することを主張する．つまり，x_1 が大きくなるにしたがい，第 2財の第 1 財に対する限界代替率が小さくなることを意味する（限界効用が逓減することを意味していないことに注意）．これは，x_1 の増大にしたがい，無差別曲線の接線の傾きが緩やかになることと同値である．これを数式で表記するならば，$\varphi''(x_1) > 0$ である．この想定により，無差別曲線が原点に対して凸となっていることに注意してほしい．

　また，

$$\varphi'(x_1) = -\frac{f_1(x_1, x_2)}{f_2(x_1, x_2)} \tag{12.17}$$

が成立することにも注意してほしい．効用関数の全微分を用いることによって，（12.17）式が成立することを以下で示す．（12.15）式を全微分することにより

$$du = f_1(x_1, x_2)dx_1 + f_2(x_1, x_2)dx_2 \tag{12.18}$$

を得る．ここでの主眼は無差別曲線の接線の傾きを求めることであり，効用の水準は一定であること（$u = u_1$）に注意すれば，$du = 0$ である．したがって，無差別曲線の接線の傾きは

$$\frac{dx_2}{dx_1} = -\frac{f_1(x_1, x_2)}{f_2(x_1, x_2)} \tag{12.19}$$

となる．以上より，第2財で測った第1財の限界代替率は，無差別曲線の接線の傾きの絶対値であり，さらに，財1の限界効用と財2の限界効用の比に等しいことが分かった．

理解を深めるための例題

効用関数として，

$$u = f(x_1, x_2) = x_1 x_2 \tag{12.20}$$

を考える．

問題1 第1財の限界効用と第2財の限界効用を求めなさい．

[解説]

第1財の限界効用は，第1財に関する偏導関数により，

$$\frac{\partial u}{\partial x_1} = x_2 \tag{12.21}$$

となる．さらに，第2財の限界効用は，第2財に関する偏導関数により，

$$\frac{\partial u}{\partial x_2} = x_1 \tag{12.22}$$

となる．

問題 2 $u = 10$ のときの無差別曲線 $x_2 = \varphi(x_1)$ を求めなさい. さらに, この無差別曲線上において, $x_1 = 1$ のときの第 2 財の消費量と $x_1 = 5$ のときの第 2 財の消費量をそれぞれ求めなさい.

[解説]

この場合, 効用関数が単純であるから, 明示的に解くことができる. つまり, $x_1 x_2 = 10$ であるから, 無差別曲線 $x_2 = \varphi(x_1)$ は

$$x_2 = \frac{10}{x_1} \tag{12.23}$$

となる.

この結果を利用すれば, $x_1 = 1$ のときの第 2 財の消費量は 10 であり, $x_1 = 5$ のときの第 2 財の消費量は 2 である. この 2 つの組合せが同じ無差別曲線上にあることから, 消費者にとって効用の観点からこの 2 点は無差別である.

問題 3 上で求めた無差別曲線において, $x_1 = 1$ のときの第 2 財の第 1 財に対する限界代替率を求めなさい. さらに, $x_1 = 5$ のときの第 2 財の第 1 財に対する限界代替率を求めなさい.

[解説]

無差別曲線 $x_2 = \varphi(x_1)$ を微分することにより

$$\frac{dx_2}{dx_1} = \varphi'(x_1) = -\frac{10}{x_1^2} \tag{12.24}$$

を得る. 限界代替率は無差別曲線の微係数の絶対値であるから, $x_1 = 1$ のときの第 2 財の第 1 財に対する限界代替率は 10 であり, $x_1 = 5$ のときの第 2 財の第 1 財に対する限界代替率は 2/5 である.

問題 4 限界代替率逓減の法則が成立しているか否かを $u = 10$ のときの無差別曲線に対して微分の演算を利用して調べなさい.

[解説]

限界代替率逓減の法則については, $\varphi''(x_1) > 0$ が成立するか否かを調べればよい. この場合,

$$\varphi''(x_1) = \frac{20}{x_1^3} > 0 \tag{12.25}$$

となることが分かるので，この事例では，限界代替率の法則が確かに成立している．

12.4 生産要素を2種類投入する ・・・・・・・・・・・・・・ 完全競争企業の利潤最大化行動

　ここでは，完全競争企業が規模に関して収穫逓減する生産関数をもっている場合を想定する．なお，想定している生産要素は，労働 N と資本 K の2種類のみであり，産出は1種類であり，その量を Y とする．なお，企業は資本（生産設備）を所有しておらず，資本市場から資本を賃借しているとする．また，労働についても，企業は労働市場から労働を雇用しているとする．まずは，一般的な形で企業の利潤最大化について解説する．生産関数を

$$Y = F(N,K) \tag{12.26}$$

と定式化する．また，産出物の価格を p，賃金率を w，そして，賃借率を r とする．なお，完全競争企業を考えているので，これらの諸価格は所与と考える．企業の利潤は収入 $pF(N,K)$ と費用 $wN+rK$ の差であるから

$$\pi = pF(N,K) - wN - rK \tag{12.27}$$

と表記できる．

　所与の賃金率と賃借率のもとで，企業は利潤最大化を目指して労働の最適な雇用量と資本の最適な賃借量を決定する．利潤最大化のための1階条件は

$$\frac{\partial \pi}{\partial N} = pF_N(N,K) - w = 0, \quad \frac{\partial \pi}{\partial K} = pF_K(N,K) - r = 0 \tag{12.28}$$

であり，これを整理するならば，

$$pF_N(N,K) = w, \quad pF_K(N,K) = r \tag{12.29}$$

となる．第1式は価格で評価された労働の限界生産力が賃金率に等しいことを，また，第2式は価格で評価された資本の限界生産力が資本賃借率に等し

いことを示している.

例えば，$pF_N(N,K) > w$ となっているとき，労働 1 単位の増員によって，収入の増加 ＞ 費用の増加が成立するので，このときは雇用の増員によって利潤が増大する余地がある．反対に，$pF_N(N,K) < w$ となっているとき，労働 1 単位の減員によって，収入の減少 ＜ 費用の減少が成立するので，このときは雇用の減員によって利潤が増大する余地がある．このような意味で，利潤最大化が成立しているときには，$pF_N(N,K) = w$ が成り立つ．なお，資本に関する 1 階条件も同様の論理が成立する．

理解を深めるための例題

生産関数として，コブ・ダグラス型生産関数

$$Y = 30N^{1/3}K^{1/3} \tag{12.30}$$

を仮定する．労働の賃金率を $w = 2$，また，資本の賃借率を $r = 1$ とする．さらに，産出物の価格を $p = 1$ とする.

問題 1 企業の利潤 π を N と K の関数として表記しなさい．

[解説]

問題で与えられた条件をもとにすれば，

$$\pi = 30N^{1/3}K^{1/3} - 2N - K \tag{12.31}$$

となる．

問題 2 企業による利潤最大化のための 1 階条件を求めなさい．

[解説]

π を N と K に関して偏微分して，それをゼロとすればよい．

$$\frac{\partial \pi}{\partial N} = 0 \quad \Rightarrow \quad 10N^{-2/3}K^{1/3} - 2 = 0 \tag{12.32a}$$

$$\frac{\partial \pi}{\partial K} = 0 \quad \Rightarrow \quad 10N^{1/3}K^{-2/3} - 1 = 0 \tag{12.32b}$$

$\boxed{\text{問題 3}}$ 利潤最大化の条件を満たす最適解 N^* と K^* を求めなさい.

[解説]

　上の 2 式の比率を考えることにより，$K/N = 2$ を得る．これを $\partial\pi/\partial N = 0$ の式に代入すれば，

$$10N^{-2/3}(2N)^{1/3} = 2 \tag{12.32}$$

となり，$N^* = 5^3 \cdot 2 = 250$ である．さらに，$K^* = 500$ を得る.

1. 次のようなコブ・ダグラス型生産関数 $Y = 9N^{1/3}K^{2/3}$ を考える.

   (1) 労働の限界生産力と資本の限界生産力を求めなさい.

   (2) 労働の限界生産力は逓減するか否か. また, 資本の限界生産力は逓減するか否かを答えなさい.

   (3) 規模に関して収穫はどのような性質をもつか答えなさい.

2. 効用関数として, $u = \ln x_1 + \ln x_2$ を考える.

   (1) $x_1 = 1$ であるとき, 第 1 財に関する限界効用を求めなさい.

   (2) $u = 10$ のときの無差別曲線を $x_2 = \varphi(x_1)$ として表現しなさい.

   (3) $x_1 = 1$ であるとき, 第 2 財で測った第 1 財の限界代替率を求めなさい.

3. 企業の利潤最大化問題を考える. 生産関数は $Y = 4N^{1/4}K^{1/4}$ であり, 産出物の価格を $p = 1$, 労働の賃金率を $w = 1/2$, 資本の賃借率を $r = 1/2$ とする.

   (1) 利潤 π を N と K を用いて表記しなさい.

   (2) 利潤最大化の 1 階条件に関する 2 本の式を求めなさい.

   (3) 1 階条件の 2 本の式を N と K について解きなさい.

■この講では，制約条件のある最適化問題をラグランジュ未定乗数法を応用して経済的問題を解くことについて解説する．具体的には，まず最初に，2 財モデルで予算制約を考慮しつつ，消費者が効用を最大化する場合を学ぶ．次に，2 期間モデルで予算制約を考慮しつつ，消費者が生涯効用を最大化する場合を学ぶ．なお，最後に，ラグランジュ乗数に関する経済的含意について考察する．

13.1　消費者による効用最大化：2 財モデル----

　この節では，ミクロ経済学で重要な話題の一つである消費者行動に関して，ラグランジュの未定乗数法を応用することを試みる[1]．消費者が 2 種類の財を消費することによって効用 u を得る状況を想定する．なお，消費者は無制限に消費を行うことはできず，所得に応じた予算制約に直面する．効用関数を次のように定式化する．

$$u = u(x_1, x_2) \tag{13.1}$$

　なお，x_1 は財 1 の消費量であり，x_2 は財 2 の消費量である．また，各変数の偏微分が厳密に正であることを想定する．

$$\frac{\partial u(x_1, x_2)}{\partial x_1} > 0, \quad \frac{\partial u(x_1, x_2)}{\partial x_2} > 0$$

1　ラグランジュの未定乗数法については，**3.3 節**を参照のこと．

つまり，この想定は各財の限界効用が厳密に正であることを示している．また，財の価格を p_1，p_2 とすれば，予算制約は

$$p_1 x_1 + p_2 x_2 \leq M \tag{13.2}$$

と定式化できる．ただし，所得 M を一定とする．

消費者が効用を最大化するという行動は，消費者がそれぞれの財に対して最適な消費量を選択することを意味することに注意しなければならない．予算制約内で可能な消費量の組合せは，無限にある．その無限にある組合せの中から，消費者は自らの効用を基準に最適な消費量を選択する．経済学の分析では，消費者のこのような行動を「合理的行動」と定義する．

なお，限界効用が厳密に正であることを想定しているので，各財の消費量が多ければ多いほど，効用が高くなる．これは，予算制約式が必ず等式で成立することを意味する．したがって，消費者の最大化問題は，等式制約条件付き最大化問題に還元され，次のように定式化できる．

$$\begin{aligned} \max \quad & u(x_1, x_2) \\ \text{subject to} \quad & p_1 x_1 + p_2 x_2 = M \end{aligned} \tag{13.3}$$

さて，上述の消費者の効用最大化問題をラグランジュの未定乗数法によって解くことを始めよう．この場合，以下のようなラグランジュ関数を定義することが第 1 段階である．

$$L(x_1, x_2, \lambda) = u(x_1, x_2) + \lambda(M - p_1 x_1 - p_2 x_2) \tag{13.4}$$

なお，λ は新しい変数であり，ラグランジュ乗数とよばれる．

このラグランジュ関数に関する最大化の 1 階条件は

$$\frac{\partial L}{\partial x_1} = \frac{\partial u(x_1, x_2)}{\partial x_1} - \lambda p_1 = 0 \tag{13.5a}$$

$$\frac{\partial L}{\partial x_2} = \frac{\partial u(x_1, x_2)}{\partial x_2} - \lambda p_2 = 0 \tag{13.5b}$$

$$\frac{\partial L}{\partial \lambda} = M - p_1 x_1 - p_2 x_2 = 0 \tag{13.5c}$$

であり，上記の3式を解くことによって最適解 $(x_1^*, x_2^*, \lambda^*)$ を求めることができる[2].

なお，$\partial u(x_1, x_2)/\partial x_1$ は第1財に関する限界効用 MU_1 であり，$\partial u(x_1, x_2)/\partial x_2$ は第2財に関する限界効用 MU_2 である．これに注意して，（13.5a）式と（13.5b）式を整理すれば，

$$\frac{MU_1}{p_1} = \frac{MU_2}{p_2} \tag{13.6}$$

を得る．これは，ゴッセンによって指摘された限界効用均等化の法則（ゴッセンの第2法則）である．

左辺は貨幣1単位あたりの第1財の限界効用であり，右辺は貨幣1単位あたりの第2財の限界効用である．消費者が最適な消費量を選択する場合，これらが均等化することを述べている．

やや余談になるが，1870年代にメンガー，ワルラス，およびジェボンズの3名がほぼ同時期にそれぞれ独立して限界効用という分析概念を導入し，経済学の理論的分析に革新をもたらした．これを経済学における「限界革命」と称することは周知の事実である．ただ，これに対して，1850年代にゴッセンは限界効用の概念を用いて，交換や取引に関して理論的かつ数学的考察を発表している．ゴッセンの研究が限界革命に先駆けていた事実は特筆すべきことである．また，ゴッセンの第1法則は，今日の限界効用逓減の法則であるが，現代のミクロ経済学では効用最大化を分析する際に必ずしも重要視されていない法則であることにも注意が必要であろう．

理解を深めるための例題

効用関数として，

$$u(x_1, x_2) = x_1^\alpha x_2^{1-\alpha} \quad (0 < \alpha < 1) \tag{13.7}$$

というコブ・ダグラス型効用関数を想定し，予算制約として

---

2 厳密には，最大化の十分条件を吟味する必要があるが，効用関数が準凹関数であれば，ラグランジュ関数に関する最大化の1階条件で決定される (x_1^*, x_2^*) が効用関数の最大値を与えることが保証される．なお，これらの点については，学部上級もしくは大学院レベルのテキストを参照してほしい．

$$p_1 x_1 + p_2 x_2 = M \tag{13.8}$$

を考える．この設定のもとで，消費者の効用最大化問題を解く．

[問題1] この効用最大化問題に対するラグランジュ関数 L を設定しなさい．

[解説]

ラグランジュ関数は目的関数にラグランジュ乗数 λ と制約式の積を加えることによって定義されるので，

$$L(x_1, x_2, \lambda) = x_1^{\alpha} x_2^{1-\alpha} + \lambda(M - p_1 x_1 - p_2 x_2) \tag{13.9}$$

となる．

[問題2] 上のラグランジュ関数 L について1階条件を求めなさい．

[解説]

これに対応する1階の条件は，

$$\alpha x_1^{\alpha-1} x_2^{1-\alpha} - \lambda p_1 = 0 \tag{13.10a}$$

$$(1-\alpha) x_1^{\alpha} x_2^{-\alpha} - \lambda p_2 = 0 \tag{13.10b}$$

$$M - p_1 x_1 - p_2 x_2 = 0 \tag{13.10c}$$

となる．

[問題3] ラグランジュ関数の1階条件を解くことにより，最適解 (x_1^*, x_2^*) を求めなさい．

[解説]

まず，(13.10a) 式と (13.10b) 式を整理することにより，

$$\frac{\alpha}{1-\alpha} \frac{x_2}{x_1} = \frac{p_1}{p_2} \quad \Rightarrow \quad x_2 = \frac{p_1}{p_2} \frac{1-\alpha}{\alpha} x_1 \tag{13.11}$$

を得る．これを (13.10c) に代入すれば，

$$x_1^* = \alpha \frac{M}{p_1} \tag{13.12}$$

を得る．さらに，

$$x_2^* = (1-\alpha) \frac{M}{p_2} \tag{13.13}$$

を求めることができる．これは，消費者の最適選択の結果として，財 1 への支出金額 $(p_1 x_1)$ が予算 M のうち α の割合となり，財 2 への支出金額 $(p_2 x_2)$ が予算 M のうち $1-\alpha$ の割合となることを示している．また，

$$\lambda^* = \alpha^\alpha (1-\alpha)^{1-\alpha} \left(\frac{1}{p_1}\right)^\alpha \left(\frac{1}{p_2}\right)^{1-\alpha} \tag{13.14}$$

となることも分かる．

13.2　2 期間モデルにおける消費者行動 -------

　ここでは，2 期間にわたる消費について最適行動をとる消費者を考える．第 1 期と第 2 期の消費量をそれぞれ c_1, c_2 とする[3]．消費者の生涯効用を

$$u(c_1, c_2) = u(c_1) + \frac{1}{1+\rho} u(c_2) \tag{13.15}$$

と表す．なお，ここでは第 1 期と第 2 期の効用関数は同じであると想定し，時間選好率 ρ（>0）によって，将来の効用を割り引いて生涯効用を算定する消費者を考えている．このような想定は，現在と将来で同量の消費を行なったとしても効用で評価するならば現在の効用のほうが大きいことを意味する．また，ρ が大きくなればなるほど，将来に対する待忍度は小さくなり，現在の消費を選好する度合いが大きくなる．ここでは，消費者の時間選好率 ρ を外生変数であると想定する．

　また，消費者が稼得した所得を残さずにすべて消費に配分すると想定するならば，生涯にわたる予算の制約は

$$c_1 + \frac{c_2}{1+r} = y_1 + \frac{y_2}{1+r} \tag{13.16}$$

と表現できる．この制約は，この消費者が遺産を残さないことを意味する．

3　第 1 期を若年期，第 2 期を老年期とよぶこともある．ここで提示している 2 期間モデルは，世代重複モデルにおける分析の基礎である．世代重複モデルは年金問題などを経済学的に分析する際に用いられる．この点に興味ある読者は，学部上級レベルもしくは大学院レベルのマクロ経済学の教科書を参照してほしい．

ただし，y_1, y_2 は，それぞれ第1期と第2期に得られる所得を表す．なお，ここでは，簡単化のために，所得 y_1 と y_2 はともに定数と仮定する．第1期において，第1期の所得と消費の差が貯蓄であり，

$$s = y_1 - c_1 \tag{13.17}$$

が成立する．さらに，その貯蓄の果実と第2期の所得の和が第2期の消費へと向けられること，つまり，

$$c_2 = (1 + r)s + y_2 \tag{13.18}$$

が成立する．この2式を整理すれば，生涯にわたる予算制約式である（13.16）式となることを確認できる．

消費者の直面する問題は，予算制約（13.16）のもとで生涯効用（13.15）を最大化することである．この問題を解くために λ をラグランジュ乗数として，次のようなラグランジュ関数を設定することになる．

$$L(c_1, c_2, \lambda) = u(c_1) + \frac{1}{1+\rho} u(c_2) + \lambda \left(\tilde{y} - c_1 - \frac{c_2}{1+r} \right) \tag{13.19}$$

である．ただし，新たな記号 $\tilde{y}$ については

$$\tilde{y} \equiv y_1 + \frac{y_2}{1+r} \tag{13.20}$$

であり，この記号は消費者の生涯所得を表す．

最大化のための1階の条件は

$$u'(c_1) = \lambda \tag{13.21a}$$

$$\frac{1}{1+\rho} u'(c_2) = \lambda \frac{1}{1+r} \tag{13.21b}$$

$$c_1 + \frac{c_2}{1+r} = \tilde{y} \tag{13.21c}$$

となる．ここで，（13.21a）式と（13.21b）式を整理すると，

$$(1+\rho)\frac{u'(c_1)}{u'(c_2)} = 1 + r \tag{13.22}$$

を得る．この式は，異時点間の最適な消費が利子率（r）と消費者の時間選

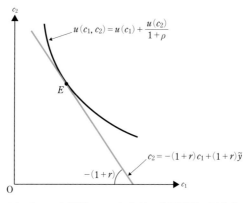

図13-1　2期間モデルにおける生涯効用の最大化

好率（ρ）に依存することを示している．なお，一般に，（13.22）式は消費に関するオイラー方程式とよばれる．

　これを経済学的に解釈してみよう．まず，無差別曲線の接線の傾きについて考える．（13.15）式を全微分して $du = 0$ とすることにより，

$$u'(c_1)dc_1 + \frac{1}{1+\rho}u'(c_2)dc_2 = 0 \qquad (13.23)$$

となる．これを整理すれば，

$$-\frac{dc_2}{dc_1} = \frac{(1+\rho)u'(c_1)}{u'(c_2)} \qquad (13.24)$$

を得るが，これは第2財で測った第1財の限界代替率を示している．つまり，（13.22）式の左辺は，経済学的に解釈すると，第2財で測った第1財の限界代替率そのものであることが分かる．また，右辺は現在の消費を1単位犠牲にして貯蓄をそのまま同量だけ増加させることによって将来に獲得できる果実（将来の消費）であり，これは $1+r$ と表記される．さらに，$1+r$ は予算制約式の傾きである．したがって，左辺と右辺が一致するという条件は，無差別曲線と生涯にわたる予算制約式が互いに接する状態であり，この状態が図13-1において示されている．点 E では生涯にわたる消費者の効用が最大化

が実現されているという意味で，消費者の最適消費が実行されている.

　なお，以上では2期間モデルを取り扱ったが，無限期間を含む多期間モデルにおいても全く同様のオイラー方程式が導出される.

13.3　ラグランジュ乗数の意味 ----------------

　制約条件のある最適化問題は，一般的に，

$$
\begin{aligned}
&\max \ f(x_1, x_2) \\
&\text{subject to} \ \ g(x_1, x_2) = b
\end{aligned}
\tag{13.25}
$$

と表現される. この最適化問題を解くためには，次のラグランジュ関数

$$
L(x_1, x_2, \lambda) = f(x_1, x_2) + \lambda(b - g(x_1, x_2))
\tag{13.26}
$$

を設定することになる. ラグランジュ関数に関して1階条件を求めるならば，

$$
\frac{\partial L}{\partial x_1} = \frac{\partial f(x_1, x_2)}{\partial x_1} - \lambda \frac{g(x_1, x_2)}{\partial x_1} = 0
\tag{13.27a}
$$

$$
\frac{\partial L}{\partial x_2} = \frac{\partial f(x_1, x_2)}{\partial x_2} - \lambda \frac{g(x_1, x_2)}{\partial x_2} = 0
\tag{13.27b}
$$

$$
\frac{\partial L}{\partial \lambda} = b - g(x_1, x_2) = 0
\tag{13.27c}
$$

となる. 最適解 (x_1^*, x_2^*) について，一意の λ^* が存在し，（13.27）式のすべての式が満たされる.

　ここで，最適化問題（13.25）の制約条件にある定数 b に着目し，この b の値がわずかに変化した場合を考察する. 図13-2 に示されているように，b の変化は制約条件式の変化を促す（例えば，$C_1 \to C_2$ へのシフト）. このシフトにより最適化の再計算が必要であり，結果として，目的関数のグラフのシフト（$V_1 \to V_2$）を招き，最適点 $P_1(x_1^*, x_2^*)$ は別の最適点 $P_2(x_1^{**}, x_2^{**})$ へと移行する. このように，b の変化が最適値 (x_1^*, x_2^*) の値に影響を与えることが明らかである. この依存関係を明示的に考慮するために，最適値を b の関数として

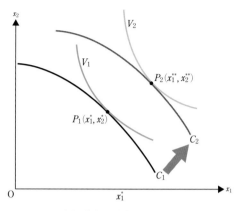

図 13-2　制約条件の変化による最適点の変化

$(x_1^*(b), x_2^*(b))$ と表記する.

　ここでは，定数 b が目的関数の最大値 $f(x_1^*(b), x_2^*(b))$ にどのような影響を与えるかについて数学的に分析してみよう．合成関数の微分の法則を用いることにより，

$$\frac{df(x_1^*(b), x_2^*(b))}{db} = \frac{\partial f(x_1^*, x_2^*)}{\partial x_1^*} \frac{dx_1^*}{db} + \frac{\partial f(x_1^*, x_2^*)}{\partial x_2^*} \frac{dx_2^*}{db} \tag{13.28}$$

と表現できる[4]．ここで，ラグランジュ乗数法における 1 階の微係数の条件（13.27a）式と（13.27b）式を考慮することによって，

$$\frac{df(x_1^*(b), x_2^*(b))}{db} = \lambda \left(\frac{\partial g(x_1^*, x_2^*)}{\partial x_1^*} \frac{dx_1^*}{db} + \frac{\partial g(x_1^*, x_2^*)}{\partial x_2^*} \frac{dx_2^*}{db} \right) \tag{13.29}$$

と同値変形することができる．さらに，制約条件 $g(x_1, x_2) = b$ に着目するならば，

$$\frac{\partial g(x_1^*, x_2^*)}{\partial x_1^*} \frac{dx_1^*}{db} + \frac{\partial g(x_1^*, x_2^*)}{\partial x_2^*} \frac{dx_2^*}{db} = 1 \tag{13.30}$$

を得る．したがって，（13.29）式と（13.30）式を整理することによって，

4　合成関数の微分については，**2.4 節**を参照のこと．

$$\frac{df(x_1^*(b), x_2^*(b))}{db} = \lambda^* \tag{13.31}$$

を得る.

　一般的に解釈するならば，b の大きさは資源制約量を表す．この制約量がほんの少し増大したときに，最適値 (x_1^*, x_2^*) が変化することによって，目的関数の値 f が λ の率で変化することを（13.31）式は示している．つまり，資源の限界生産力を表していると解釈できる．このような事情により，λ は資源の帰属価値（imputed price）もしくは資源の潜在価値（shadow price）とよばれることもある.

1. 消費者の効用最大化問題を考える．なお，効用関数を

$$u(x_1, x_2) = \frac{2}{3} \ln x_1 + \frac{1}{3} \ln x_2$$

とし，予算制約式を

$$p_1 x_1 + p_2 x_2 = M, \quad p_1 > 0, p_2 > 0, M > 0$$

とする．

(1) この最大化問題に対するラグランジュ関数を設定しなさい．

(2) 上で求めたラグランジュ関数に対する1階条件（3本）を求めなさい．

(3) 最大化の1階条件を満たす (x_1^*, x_2^*) の数値を求めなさい．

2. 効用関数として，

$$u(x_1, x_2) = (x_1 - \gamma)^\alpha x_2^{1-\alpha}$$

を考える．γ は正の定数である．これは，ストーン・ギアリー型効用関数とよばれるものである．なお，予算制約式として，

$$p_1 x_1 + p_2 x_2 = M$$

を設定する．消費者は所与の価格 (p_1, p_2) と一定の所得 M のもとで，効用最大化を行うものとする．

(1) ラグランジュ乗数を λ として，ラグランジュ関数 L を定義しなさい．

(2) ラグランジュ関数に対応する1階条件を3本の式で示しなさい．

(3) 最大化の1階条件を満たす消費量 (x_1^*, x_2^*) を求めなさい．

3. 消費者の生涯効用最大化問題を2期間モデルで考える．

効用関数を

$$u(c_1, c_2) = \ln c_1 + \frac{\ln c_2}{1 + \rho}$$

と設定し，生涯にわたる予算制約式を

$$c_1 + \frac{c_2}{1 + r} = 201$$

とする．なお，$r = \rho = 0.01$ とする．

(1) ラグランジュ乗数を λ として，ラグランジュ関数 L を設定しなさい．

(2) ラグランジュ関数に対応する1階条件を3本の式で示しなさい．

（3）前問から，c_1 と c_2 の関係を求めなさい．

（4）生涯効用最大化に関する1階条件を満たす c_1^* と c_2^* の値を求めなさい．

■この講では，通時的経済の話題について解説する．具体的には，経済成長率，利子率に関連した割引現在価値，期待形成，そして，政府の異時点間にわたる予算制約について考える．これらの話題のそれぞれについて，離散時間と連続時間を用いた定式化を紹介する．これらの話題は主として，マクロ経済学において議論されることが多い．

14.1 経済成長率

14.1.1 離散時間における経済成長率

ここでは，第 t 期の GDP の水準を x_t とする．なお，t は自然数であり，$t = 0, 1, 2, \cdots$ である．第 $t+1$ 期の成長率 g_{t+1} は次のように定義される．

$$g_{t+1} = \frac{x_{t+1} - x_t}{x_t} \tag{14.1}$$

であり，任意の $t \geq 0$ について成立する．例えば，$x_{2019} = 500$, $x_{2020} = 550$ としよう．このとき，$g_{2020} = 0.1$ であり，これは，成長率 10% を意味する．

ここで，成長率を一定値（$g_{t+1} = g$）であると仮定するならば，

$$x_{t+1} = (1+g)x_t \tag{14.2}$$

と変形できる．この式は x_t に関する差分方程式であると解釈することができる．任意の $t \geq 0$ について（14.2）式が成立することから，代入を繰り返すことによって

$$x_t = (1+g)x_{t-1} = (1+g)^2 x_{t-2} = \cdots \tag{14.3}$$

が成立する．初期値を x_0 とするならば，x_t を陽表的に時間 t の関数として表記することができる．

$$x_t = (1+g)^t x_0 \tag{14.4}$$

これを差分方程式の解とよぶ．この式により，ゼロ期の GDP の水準（x_0）が分かれば，第 t 期の GDP の水準を算定できることになる．

14.1.2 連続時間における経済成長率

ここでは，t 時点の GDP の水準を $x(t)$ と表記する．なお，t は実数である．t 時点の成長率 $g(t)$ は次のように定義される．

$$g(t) = \frac{x'(t)}{x(t)} \tag{14.5}$$

なお，$x'(t) = dx(t)/dt$ であり，変数 $x(t)$ の時間微分である．

ここで，成長率が一定値（$g(t) = g$）であると仮定するとき，（14.5）式は

$$x'(t) = gx(t) \tag{14.6}$$

と変形できる．この式は $x(t)$ に関する微分方程式と解釈することができる．また，初期値を $x(0)$ とするならば，$x(t)$ を陽表的に時間 t の関数として表記することができる．つまり，

$$x(t) = e^{gt} x(0) \tag{14.7}$$

となる．これを微分方程式の解とよぶ．ただし，記号 e は自然対数の底を表している[1]．この場合も離散時間と同様に，ゼロ時点の GDP の水準（$x(0)$）が分かれば，t 時点の GDP の水準を算定できることになる．

---

1 自然対数については，**1.2 節**を参照のこと．

14.1.3 差分方程式における g と微分方程式における e^g の関連性

さて，差分方程式における g と微分方程式における e^g の関連性について数学的見地から検討を行ってみよう．離散時間のモデルにおいて 1 期間で g の率で成長した場合を考える．このとき，

$$x_1 = (1+g)x_0 \tag{14.8}$$

が成立する．この 1 期間を 2 分割し，等分割した 1/2 の長さの各期間で $g/2$ の率で経済が成長すると考えよう．このときの 1 期間の成長率は 2 回の複利で計算して

$$\left(1+\frac{g}{2}\right)^2 \tag{14.9}$$

となる．同様に考えて，1 期間を n 分割し，等分割した $(1/n)$ の長さの各期間で g/n の率で経済が成長したと考えよう．このときの 1 期間の成長率は n 回の複利で計算して

$$\left(1+\frac{g}{n}\right)^n \tag{14.10}$$

となる．以上の操作は図 14-1 において直観的に示されている．

我々の最終目的は，$n \to \infty$ としたとき，n 回分割された場合の複利がどのような値になるかを調べることである．ここで，$s = n/g$ と定義しよう．このとき，

$$\left(1+\frac{1}{s}\right)^{sg} \tag{14.11}$$

であるから，

$$\lim_{n \to \infty}\left(1+\frac{g}{n}\right)^n = \lim_{s \to \infty}\left[\left(1+\frac{1}{s}\right)^s\right]^g = e^g \tag{14.12}$$

と求めることができる．なお，(14.7) 式において $t=1$ とすれば，

$$x(1) = e^g x(0) \tag{14.13}$$

を求めることができる．

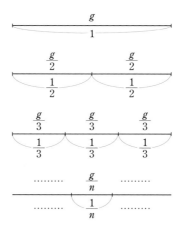

図14–1　1 期間における成長率 g の等分割

以上の議論により，次の考察にたどり着く．(14.12) 式を導出する過程から明らかなように，離散時間における成長率 (14.8) 式を等分割によって時間の刻み幅を小さくする操作を繰り返すことにより，連続時間における成長率 (14.13) へと変換できることが分かった．もちろん，これは完全な同値変形ではなく，概念的な意味で密接な類似性を指摘したに過ぎない．例えば，$g=0.01$（成長率 1%）のとき，$e^g=1.010050\cdots$ であり，その差は $e^g-(1+g)=0.000050$ である．また，$g=0.1$（成長率 10%）のとき，$e^g=1.105170\cdots$ であり，その差は $e^g-(1+g)=0.005170$ となる．

14.2　割引現在価値------------------------------

ここでは，異時点間における価値の換算の方法について経済学的に考える．例えば，利子率が年に 5% であるならば，現在の 100 万円は 1 年後には，$100(1+0.05)=105$ 万円の価値をもつ．また，同じく利子率が 5% の水準で維持されるならば，現在の 100 万円は，2 年後には，$100(1+0.05)^2=110.25$ 万円の価値をもつ．これらの考え方は，現在を基準に将来の価値がどう換算さ

れるかという見方である.

逆に, 1 年後かもしれないし, 30 年後かもしれない将来の価値を現在の価値に換算して評価することが必要になる. これを割引現在価値とよぶ. 例えば, ある金融商品もしくは企業の価値について, 30 年後の価値が算定できた場合, 上と同じように, 利子率が 5% であるならば, 来年の 100 万円に関する割引現在価値は, $100/(1+0.05)$ 円であり, 30 年後の 100 万円に関する割引現在価値は, $100/(1+0.05)^{30}$ 円となる.

以上の議論を一般的に定式化するならば, 元本 A の t 期後の将来価値 FV について, $FV_t = (1+r)^t A$ が成立する. ただし, r は利子率であり, 正の一定値を取ると仮定している. 同様に, 第 t 期における B に関する割引現在価値 CV について, $CV_t = A/(1+r)^t$ が成立する.

ここで, 政府が発行する永久確定利付債（コンソル債）について考えてみよう. この債券の購入者は永久的にに毎年, 確定した利息 C 円を受け取る権利を得る. ある経済主体が, この債券を購入して, 次の年から毎年 C 円を受け取ることを想定する. 割引現在価値の概念を利用して, この永久確定利付債の価値 V は,

$$V = \frac{C}{1+r} + \frac{C}{(1+r)^2} + \frac{C}{(1+r)^3} + \cdots \tag{14.14}$$

と定式化できる. ここで, (14.14) 式の両辺に対して $1+r$ で割算を行うと

$$\frac{1}{1+r}V = \frac{C}{(1+r)^2} + \frac{C}{(1+r)^3} + \frac{C}{(1+r)^4} + \cdots \tag{14.15}$$

となる. さらに, (14.14) 式と (14.15) 式に関して辺々引算を行うと,

$$\left(1 - \frac{1}{1+r}\right)V = \frac{C}{1+r} \tag{14.16}$$

となる. ただし, このとき, $\lim_{n \to \infty} C/(1+r)^n = 0$ となることを利用している. (14.16) 式をさらに整理すると,

$$V = \frac{C}{r} \tag{14.17}$$

を得る.

次に, 連続時間の枠組みで永久確定利付債について考察してみよう. 債券

の購入者は，確定した利息として毎時点に一定値 C 円を受け取るのであるから，時点 s に得る利息の割引現在価値は Ce^{-rs} となる．さらに，購入した時点をゼロ時点とし，各時点で確定した利息 C を永久に受け取ることに注意すれば，その価値は

$$V = \int_0^\infty Ce^{-rt}dt \tag{14.18}$$

と表記できる．これを計算するならば，

$$V = \left[C\left(-\frac{1}{r} \right)e^{-rt} \right]_0^\infty = \frac{C}{r} \tag{14.19}$$

となり，これは離散時間の場合と一致する．

14.3 期待形成

　経済学において将来の予想を明示的に考察することが多い．予想形成（期待形成）を取り扱う理論としては，合理的期待や適応的期待がある．合理的期待形成理論では，マクロ経済の構造や将来の政策に関する告知などの利用可能な最大限の情報を収集かつ分析することによって，企業や家計などの経済主体が将来の経済状況について期待形成を行うことが想定される．

　ここでは，経済学的内容に深く立ち入らず，適応的期待の数学的分析に目を向ける．

▶ 離散時間における適応的期待形成

　経済主体が経済変数 x について予想形成を行うことを考える．x_t が第 t 期に実現した値であり，x_{t+1}^e が第 $t+1$ 期に実現すると予想される値とする．適応的期待形成は

$$x_{t+1}^e - x_t^e = \alpha(x_t - x_t^e) \quad (0 < \alpha < 1) \tag{14.20}$$

と定式化される．これは，第 t 期で生じた予測誤差（実現値 − 予想値）に比例して予想値を部分的に修正していくことを示しており，α は調整速度である．

また，

$$x_{t+1}^e = \alpha x_t + (1-\alpha)x_t^e \quad (0<\alpha<1) \tag{14.21}$$

と変形することもできる．この場合，次期の予想値が今期の実現値と今期の予想値の加重平均値として計算されることを示している．（14.21）式が任意の t について成立することに注意して，反復的に代入を実行することにより，

$$\begin{aligned}
x_{t+1}^e &= \alpha x_t + (1-\alpha)\big[\alpha x_{t-1} + (1-\alpha)x_{t-1}^e\big] \\
&= \alpha x_t + (1-\alpha)\alpha x_{t-1} + (1-\alpha)^2\big[\alpha x_{t-2} + (1-\alpha)x_{t-2}^e\big] \\
&\cdots \\
&= \alpha x_t + (1-\alpha)\alpha x_{t-1} + (1-\alpha)^2 x_{t-2} + \alpha(1-\alpha)^3 x_{t-3} + \cdots \\
&\quad + \alpha(1-\alpha)^n x_{t-n} + (1-\alpha)^{n+1} x_{t-n}^e
\end{aligned} \tag{14.22}$$

となる．この結果により，

$$x_{t+1}^e = \sum_{k=0}^{\infty} \alpha(1-\alpha)^k x_{t-k} \tag{14.23}$$

と表記することができる．この式は，第 $t+1$ 期の予想値はそれ以前の実現値に関する加重平均値として求められることを示している．なお，上式では，$\lim_{n\to\infty}(1-\alpha)^{n+1}x_{t-n}^e = 0$ であることを利用している[2]．また，（14.23）式の右辺において，実現値 x_{t-k} に対する係数は $\alpha(1-\alpha)^k$ $(k=0,1,2,\cdots)$ であるが，$\sum_0^\infty \alpha(1-\alpha)^k = 1$ となることに注意が必要である．なお，関数 $f(k)=\alpha(1-\alpha)^k$ $(k=0,1,2,\cdots)$ は確率論における幾何分布と同型である．

▶ **連続時間における適応的期待形成**

$$\frac{dx^e(t)}{dt} = \alpha(x(t) - x^e(t)) \tag{14.24}$$

この式の両辺に $e^{\alpha t}$ を掛けて変形するならば，

$$\frac{dx^e(t)}{dt}e^{\alpha t} + \alpha x^e(t)e^{\alpha t} = \alpha x(t)e^{\alpha t} \tag{14.25}$$

を得る．上式に対して区間 $(-\infty, v]$ で定積分を行うならば，

2　この場合，過去のすべての値 x_{t-n} $(n=1,2,3,\cdots)$ が有限値をとることを想定している．

$$\int_{-\infty}^{v} \frac{dx^e(t)}{dt} e^{\alpha t} dt + \int_{-\infty}^{v} \alpha x^e(t) e^{\alpha t} dt = \int_{-\infty}^{v} \alpha x(t) e^{\alpha t} dt \qquad (14.26)$$

となる[3]．ここで，**5.2節**で説明した部分積分の公式を利用することによって，

$$\int_{a}^{b} f'(x)g(x)dx + \int_{a}^{b} f(x)g'(x)dx = \left[f(x)g(x) \right]_{a}^{b} \qquad (14.27)$$

を得る[4]．これを左辺に適用するならば，

$$左辺 = \left[x^e(t)e^{\alpha t} \right]_{-\infty}^{v} = x^e(v)e^{\alpha v} \qquad (14.28)$$

となる．したがって，（14.26）式について，

$$x^e(v) = \int_{-\infty}^{v} \alpha x(t) e^{-\alpha(v-t)} dt \qquad (14.29)$$

を得る．これは，時点 v における予想インフレ率は過去の時間間隔 $(-\infty, v)$ において実現したインフレ率を加重平均した値であることを示している．なお，加重関数 $f(t) = \alpha e^{-\alpha(v-t)}$ について

$$\int_{-\infty}^{v} f(t)dt = \left[e^{-\alpha(v-t)} \right]_{-\infty}^{v} = 1 \qquad (14.30)$$

が成立することに注意が必要である．なお，ここで用いられた関数 $f(t)$ は確率論における指数分布の密度関数と同型である．

14.4 政府の異時点間の予算制約--------------

　離散時間を用いて政府の予算について考察する．国債残高を B，利子率を r (>0)，政府支出を G，租税収入を T として，

$$rB_t + G_t = T_t + B_{t+1} - B_t \qquad (14.31)$$

となる．ただし，右下添字 t は期間を表す．上記の政府の予算制約式の左辺は歳出であり，国債費と政府支出 G の和である．なお，国債費とは，既発の

3　定積分については，**4.3節**を参照のこと．
4　部分積分の公式については，**5.2節**を参照のこと．

国債に対する利払のための支出であり，rB である．そして，右辺は歳入であり，税収 T と公債金の和である．なお，公債金とは，追加的な国債発行により調達した資金であり，$B_{t+1} - B_t$ となる．また，以下の分析では，利子率 r は簡単化のために一定としている．なお，やや細かい話になるが，上の定式化では，暗黙のうちに，国債の種類が1種類であることを想定している．現実には，国債の種類には複数のものが存在しており，例えば，2019年12月現在の日本では，個人向け国債の場合，変動金利型満期10年，固定金利型満期5年，固定金利型満期3年といった3種類の国債が発行されている．

上述の式を単純に移項することによって

$$B_{t+1} = (1+r)B_t + G_t - T_t \tag{14.32}$$

を得る．上の2式は単年度における財政支出と税収について着目しているに過ぎない．近年，日本経済にとって厳しい状況が続いており，財政収支について経済学的見地から冷静な判断が必要とされていると言っても過言ではない．

この式が任意の $t = 1, 2, 3, \cdots$ について成立することに注意すれば，

$$\frac{B_2}{1+r} = B_1 + \frac{G_1 - T_1}{1+r}$$

$$\frac{B_3}{(1+r)^2} = \frac{B_2}{1+r} + \frac{G_2 - T_2}{(1+r)^2}$$

$$\vdots$$

$$\frac{B_s}{(1+r)^{s-1}} = \frac{B_{s-1}}{(1+r)^{s-2}} + \frac{G_{s-1} - T_{s-1}}{(1+r)^{s-1}} \tag{14.33}$$

が成立する．これらを辺々加えることによって，通時的な予算制約として

$$\frac{B_s}{(1+r)^{s-1}} = B_1 + \sum_{t=1}^{s-1} \frac{G_t}{(1+r)^t} - \sum_{t=1}^{s-1} \frac{T_t}{(1+r)^t} \tag{14.34}$$

を得る．

政府の予算制約を考えるときには，無限期間，つまり，計画期間を $[1, \infty)$ と想定することが多い．このときには，ポンジ・ゲーム禁止条件を追加的に想定することが標準的である．ポンジ・ゲーム禁止条件とは，

$$\lim_{s \to \infty} \frac{B_s}{(1+r)^{s-1}} \le 0 \qquad (14.35)$$

として定式化され，借金を借金でまかなうという「自転車操業」を行うことを禁止する条件である．ポンジとは人名であり，彼は，主に1920年代のアメリカで高利回りを喧伝して不特定多数の人々から出資金を募りながらも，実際には収益事業を遂行しておらず，新しい出資者からの出資金を既存の出資者への配当に回しているだけであった．このような自転車操業的事業は正当な経済活動ではありえない．のちに，彼は出資金詐欺で有罪判決を受け刑務所に収監されている．

　（14.34）式と（14.35）式を組み合わせることによって，通時的な予算制約式として，

$$B_1 + \sum_{t=1}^{s-1} \frac{G_t}{(1+r)^t} \le \sum_{t=1}^{s-1} \frac{T_t}{(1+r)^t} \qquad (14.36)$$

を得る．したがって，ポンジ・ゲーム禁止条件による経済的含意は，政府の無限期間にわたる財政支出の割引現在価値の流列が無限期間にわたる税収の割引現在価値の流列を下回ることにある（厳密には，初期に存在する国債残高を考慮しなばならない）．なお，厳密な不等号が成立する場合には，財政支出の増加もしくは税収の減少が可能な状態である．したがって，政府の合理的判断として，（14.36）式では，等号が成立することが通常であり，ポンジ・ゲーム禁止条件も基本的には等号で表記されることが標準的であることに注意すべきである．

理解を深めるための例題

　ここでは，連続時間の政府予算制約式を検討する．記号については，離散時間の政府予算制約式と同様である．さらに，利子率rが一定となることも仮定する．

　政府の予算制約式は

$$rB(t) + G(t) = T(t) + \frac{dB(t)}{dt} \qquad (14.37)$$

として表現できる．単純な移項によって

$$\frac{dB(t)}{dt} = rB(t) + G(t) - T(t) \qquad (14.38)$$

と表記することもできる．右辺は財政赤字を表している．これが正値となるならば，政府が公債の新規発行によって財政赤字に等しい額を賄うことを示している．

問題1 単年度の関係を示す政府予算制約式（14.38）を期間 $[0, s]$ における財政支出と税収の割引現在価値の流列の関係を示す通時的な政府予算制約式に変換しなさい．

［解説］

まず，（14.38）式の両辺に e^{-rt} を掛けることによって，

$$\frac{dB(t)}{dt}e^{-rt} - rB(t)e^{-rt} = G(t)e^{-rt} - T(t)e^{-rt} \tag{14.39}$$

を得る．これについて定積分を実行するならば，

$$\int_0^s \frac{dB(t)}{dt}e^{-rt}dt + \int_0^s (-r)B(t)e^{-rt}dt = \int_0^s G(t)e^{-rt}dt - \int_0^s T(t)e^{-rt}dt \tag{14.40}$$

となる．ここで，部分積分の公式を利用するならば，

$$\int_a^b f'(x)g(x)dx + \int_a^b f(x)g'(x)dx = \left[f(x)g(x) \right]_a^b \tag{14.41}$$

を得る．これを左辺に適用するならば，

$$\left[B(t)e^{-rt} \right]_0^s = \int_0^s G(t)e^{-rt}dt - \int_0^s T(t)e^{-rt}dt \tag{14.42}$$

を得る．

問題2 連続時間におけるポンジ・ゲーム禁止条件は，

$$\lim_{s \to \infty} B(s)e^{-rs} = 0 \tag{14.43}$$

と表記される．このとき，財政支出の割引現在価値の流列と無限期間にわたる税収の割引現在価値の流列に関する関係を数式で示しなさい．

［解説］

（14.42）式と（14.43）式を考慮することによって

$$B(0) + \int_0^\infty G(t)e^{-rt}dt = \int_0^\infty T(t)e^{-rt}dt \tag{14.44}$$

を得る．

1. 以下の計算を実行しなさい。なお，計算機を用いてよい．
   (1) $g = 0.9$（成長率90%）のとき，e^g の値を小数点第6位まで求めなさい．
   (2) $g = 0.9$（成長率90%）のとき，e^g と $1 + g$ の差を求めなさい．

2. 永久確定利付債ではなく，有限期の確定利付債を考える．この債券の購入者は毎時点に確定した利息 0.01 円を受け取る権利を得る．期間は連続時間で考え，保有期間は $[0, 100]$ とする．また，一定の利子率1%（$r = 0.01$）が成立していると仮定する．
   (1) この確定利付債の価値 V を定積分を用いて表記しなさい．
   (2) 上記の V を計算しなさい．

3. 国債残高が一定率 μ で増加していると仮定する．つまり，$B(t) = e^{\mu t} B(0)$ が成立しているとする．このとき，ポンジ・ゲーム禁止条件（14.43）を常に満足させる μ の条件を求めなさい．

4. やや荒唐無稽ではあるが，特定のある時点 $S > 0$ で地球そのものが終末を迎えると予想されたとしよう．つまり，政府の予算制約は有限期間 $[0, S]$ において計画されることになる．もちろん，S は有限値である．このとき，政府の財政支出の割引現在価値の流列が税収の割引現在価値の流列と厳密に一致するための国債残高に関する条件を求めなさい．なお，簡単化のために $B(0) = 0$ とする．

第15講
経済動学

■この講では，まず，1変数1階差分方程式における安定性などの基本的事項を解説する．その後，1変数1階差分方程式を応用した経済的話題を解説する．具体的には，ソロー型経済成長モデルを取り扱うが，これはマクロ経済における長期的動向を分析するためのモデルである．また，生産過程における負の外部性を新たに導入することによってソローモデルを拡張し，カオス的動学について解説する．この拡張モデルでは成長と循環が同時に発生することを学ぶ．

15.1　1変数1階差分方程式 --------------------

15.1.1　差分方程式の基礎

　ここでは，差分方程式の基礎知識について提示するが，まず，等差数列と等比数列について復習しよう[1]．期間 t における変数 x の値を x_t と表記する．この x_t について，第ゼロ期を初期として，期間の経過の順に $\{x_0, x_1, x_2, \cdots\}$ と並べたものを数列とよぶ．経済学では，GDP，利子率，インフレ率，失業率，外国為替相場などが時間の経過とともに変化する代表的な変数である．日本では公的統計が整備されており，GDP は内閣府の国民経済計算年次推計で毎年発表されている．また，失業率は総務省の労働力調査で毎月発表されている．さらに，株式相場や外国為替相場は秒刻みで変動している．

1　数列については，『数学基礎15講』の第10講を参照のこと．

等差数列も等比数列も，期間 $t+1$ における変数の値 x_{t+1} と期間 t における値 x_t との間に成立する一定の関係である．等差数列は，

$$a_{t+1} = a_t + d \quad (t = 0, 1, 2, \cdots) \tag{15.1}$$

として与えられる．なお，d は公差と呼ばれ，一定値をとる．また，等比数列は

$$b_{t+1} = rb_t \quad (r \neq 0, \ t = 0, 1, 2, \cdots) \tag{15.2}$$

と定式化できる．なお，r は公比と呼ばれ，一定値である．

等差数列（15.1）について繰り返し計算を実行をすると，ある期間 s の a_s の値として，

$$
\begin{aligned}
a_s &= a_{s-1} + d \\
&= (a_{s-2} + d) + d \\
&= (a_{s-3} + d) + 2d \\
&\quad\vdots \\
&= a_0 + sd
\end{aligned}
\tag{15.3}
$$

を得ることができる．この式は，初期値 a_0 が与えられた場合，s 期間後の a_s の値を示している．

また，等比数列（15.2）について繰り返し計算を実行をすると，ある期間 s の a_s の値として，

$$
\begin{aligned}
b_s &= rb_{s-1} \\
&= r^2 b_{s-2} \\
&\quad\vdots \\
&= r^s b_0
\end{aligned}
\tag{15.4}
$$

が成立する．この式も，初期値 b_0 が与えられた場合，s 期間後の b_s の値を表示している．

この講では，1変数1階差分方程式についてのみ説明を加える．1変数1階差分方程式は，一般的に，

$$x_{t+1} = f(x_t) \quad (t = 0, 1, 2, \cdots) \tag{15.5}$$

と表記され，期間 $t+1$ における変数の値 x_{t+1} と期間 t における値 x_t との間に成立する一定の関係を関数 f で定式化している．また，$f^{t+1}(a) = f^t(f(a))$ とする．

初期値として x_0 が与えられるならば，$x_1 = f(x_0)$ と計算できる．さらに，$x_2 = f(x_1) = f^2(x_0)$ となる．以下，繰り返すことにより，任意の s について $x_s = f(x_{s-1}) = f^s(x_0)$ となる．

以上，1変数1階差分方程式 $x_{t+1} = f(x_t)$ が数列 $\{x_0, x_1, x_2, \cdots\}$ を生成することを確認した．以下では，この数列の定性的性質を分析するための位相図分析を解説しよう．まず，この関数 f について

$$x_* = f(x_*) \tag{15.6}$$

を満たす点 x_* が存在することを想定する．$x_0 = x_*$ であれば，任意の $t \geq 0$ について $x_t = x_*$ となる．このような特別な性質をもつ x_* は定常点もしくは均衡点とよばれる．経済学においては，この定常点に着目しつつ，その動学的挙動について分析を行うことが標準的である（もちろん，定常点が存在しない経済モデルもあり得る）．

1変数1階差分方程式であれば，位相図分析を用いて直観的な理解を得ることが容易である．位相図を描くときには，まず，横軸に x_t をとり，縦軸に x_{t+1} をとる．さらに，この平面に45度線と差分方程式の関数 f を追加する．

図15-1(a)を例にとって，初期値 x_0 が与えられた場合の数列 $\{x_0, x_1, x_2, \cdots\}$ の生成について位相図による説明を以下に掲げる．まず，x_0 が与えられると，それに対応して，$x_1 = f(x_0)$ が確定する．これが点 P であり，その座標は (x_0, x_1) である．もちろん，点 P の高さは x_1 となる．次に，点 P を平行移動し，45度線と交わる点を点 Q とする．点 Q の座標は (x_1, x_1) である．さらに，$x_2 = f(x_1)$ であることに注意すれば，点 R の高さが x_2 となる．もちろん，点 R の座標は (x_1, x_2) である．同様に，点 R を平行移動して，45度線との交点を点 S とすれば，その座標は (x_2, x_2) となる．この手続きを繰り返すことにより，数列 $\{x_0, x_1, x_2, \cdots\}$ が生成される．

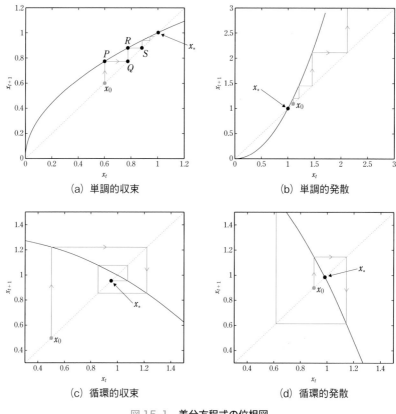

(a) 単調的収束 (b) 単調的発散 (c) 循環的収束 (d) 循環的発散

図 15-1　差分方程式の位相図

　一般に，位相図分析においては，典型的には，4つの動学的挙動が観察される．この分類を行う際には，定常点における関数 f の接線の傾き，つまり，$f'(x_*)$ の値が大きな役割を果たす．なお，位相図は，階段図もしくはクモの巣図とよばれることもある．その理由は図 15-1 から明らかであろう．

　図 15-1(a)では，$0 < f'(x_*) < 1$ のケースを取り扱っている．このとき，初期点 x_0 から出発する解の軌道は単調に x_* へと限りなく近づいていく．このような動学的挙動を安定であるという．次に，図 15-1(b)では，$1 < f'(x_*)$ のケースを取り扱っている．このとき，初期点 x_0 から出発する解の軌道は単

調に x_* から発散していく。このような動学的挙動を不安定であるという。また、図 15-1(c) では、$-1 < f'(x_*) < 0$ のケースを取り扱っている。このときの解の軌道は振動を伴ない x_* へと限りなく近づいていく。このような動学的挙動も安定である。最後に、図 15-1(d) では、$f'(x_*) < -1$ のケースを考察している。このときの解の軌道は振動を伴ない x_* から乖離していく。このような動学的挙動は不安定である。

理解を深めるための例題

1 変数 1 階差分方程式として、

$$x_{t+1} = 0.8x_t + 20 \tag{15.7}$$

を考える。なお、この問題を解く際には、図 15-1 において提示されているような位相図を各自作図してみて欲しい。

問題 1 初期値を $x_0 = 10$ とするとき、x_1 と x_2 の値を求めなさい。

[解説]

(15.7) 式に $x_0 = 10$ を代入することにより、

$$x_1 = 0.8 \cdot 10 + 20 = 28 \tag{15.8}$$

さらに、この $x_1 = 28$ を (15.7) 式に代入することにより、

$$x_2 = 0.8 \cdot 28 + 20 = 42.4 \tag{15.9}$$

を得る。

問題 2 この差分方程式の定常点を求めなさい。

[解説]

(15.7) 式において

$$x_* = 0.8x_* + 20 \tag{15.10}$$

を満たす x_* が定常点である。これを解くと、$x_* = 100$ となる。

15.1.2 差分方程式におけるカオス

以上の説明では、差分方程式が生成する解の軌道が定常点に限りなく近づ

くか，もしくは発散するか，また，その軌道が単調的か，もしくは循環的かについて着目して分類した．

　以下では，リー・ヨークの定理（1975 年）について簡単な紹介を提示する．この定理は 1 変数 1 階差分方程式を取り扱っており，単純な差分方程式が複雑な解軌道を生み出すことを発見した．複雑な軌道とは，収束も発散もしないで，一定の範囲で非周期的に変動している軌道である．このような軌道をカオス（混沌）とよぶ．単純な式がカオス（混沌）を生み出すという逆説的結果は，残念ながら発表当時にはその重要性について明確に認識されることはなかった．このように，革新的内容を含む新しい理論が受け入れられないことは，科学の発展過程でよくある事例である．しかしながら，これらの定理の重要性が徐々に認識され始めると，数学，工学，気象学，化学，および，経済学において非線形動学を用いた研究が爆発的に増加することになった．単純な法則が複雑な結果を生み出すことを示したカオス理論は，従来の決定論的力学における支配的な科学的常識を覆し，パラダイムシフトをもたらすことになった．

　リー・ヨークの定理では，連続な関数 f をもつ差分方程式 $x_{t+1}=f(x_t)$ について，$x_3 \leq x_0 < x_1 < x_2$ が満たされるならば，その差分方程式にはカオスが発生することが示されている．もちろん，$x_1=f(x_0)$, $x_2=f^2(x_0)$, $x_3=f^3(x_0)$ である．なお，この定理の条件では，$x_0=x_3$ であることも許されている．この等号が成立することは，3 周期解が発生することを意味している．このような事実から，1 変数 1 階差分方程式におけるカオスにとって，3 周期解は大きな意味をもつ[2]．

　ここでは，数学的に厳密な内容に深入りすることは避け，数値例を取り扱うことによって，カオスの深遠さに触れることにしよう．以下に掲げる差分方程式はロジスティック方程式とよばれるものであり，

$$x_{t+1}=ax_t(1-x_t) \qquad (15.11)$$

$3.5699\cdots < a \leq 4$ においてカオスが発生することが知られている．ここでは，

2　シャルコフスキーの定理（1964 年）では，3 周期解が存在するならば，任意の周期解が存在することが示されている．

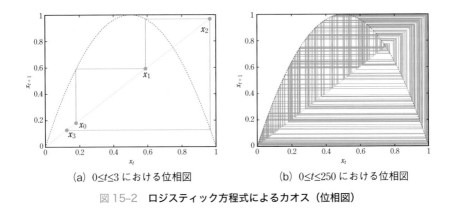

(a) $0 \leq t \leq 3$ における位相図 　　　　　(b) $0 \leq t \leq 250$ における位相図

図 15-2　ロジスティック方程式によるカオス（位相図）

$a = 4$ に設定して数値計算を実行した．すべての図において，初期値は $x_0 = 0.18$ で固定しており，図 15-2 (a) では，$0 \leq t \leq 3$ における位相図を示しているが，リー・ヨークの定理の条件である $x_3 \leq x_0 = 0.18 < x_1 < x_2$ が満たされていることが分かる．さらに，図 15-2 (b) では，$0 \leq t \leq 250$ における位相図を提示しているが，解の軌道が収束も発散もしないで一定の範囲で複雑に変動していることが観察できる．

　また，図 15-3 では，解軌道を時系列で表示することによって，カオスの特徴である初期値鋭敏性を提示している．2 つの初期値を $x_0 = 0.2$ と $x_0 = 0.21$ と設定してそれぞれに対応する解軌道を描いている．初期値鋭敏性とは，動学方程式において初期値の微小な差が時間が経過するに伴い指数関数的に拡大され，最終的には全く異なる解軌道が生み出される性質である．動学方程式が完全に決定論として定式化されているにもかかわらず，カオス動学が予測不可能であると言われるのは，この初期値鋭敏性に起因する．よく用いられる例え話であるが，初期値鋭敏性とは，ブラジルで 1 匹の蝶が羽ばたくと，その影響で翌月にテキサスで竜巻が発生することを意味しているのである．

これは気象学における事例であるが，科学一般において観測誤差は付きものである．決定論的な動学過程において，初期値の微小の差に依存して全く異なる結果が生まれるという発見は，現在の非線形動学や複雑系などの研究を

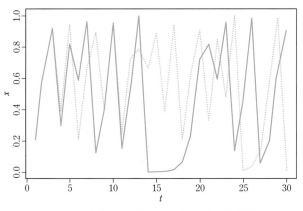

図15-3　初期値に関する解の鋭敏性（時系列）

大きく発展させる原動力となった.

　このような複雑で非周期的な解軌道が出現する重要な理由として，(1) 定常点が局所的に不安定であること，(2) 単峰型のグラフであることによって解軌道が一方的に発散することがなく，解軌道の変動の範囲が有界な値に留められていることが挙げられる（もちろん，この2つの要素だけではカオスの特徴である複雑性を生み出すことは保証されない）.

15.2　ソロー型経済成長モデル ------------------

　マクロ経済学において経済成長理論は重要な位置を占めている. 資本蓄積によって引き起こされる経済成長を明確にモデル化した経済学者として，ハロッドの存在を指摘することができる. 彼は，ケインズ経済学の動学化を推進すると同時に，成長経路の不安定性を示した. その後，ソローとスワンにより新古典派経済学の視点からの経済成長理論が展開された. ここでは，新古典派経済成長理論を紹介する.

　新古典派経済成長理論では，資本・労働比率（$k_t = K_t/N_t$）の値が時間経過

とともにどう変化していくかが分析の主眼となる．ただし，K_t は資本量であり，N_t は雇用量である．資本・労働比率は，資本装備率ともよばれ，労働者 1 人当たりの資本量を表す．

労働力人口 L_t が一定率 n で成長すると仮定することにより，

$$L_{t+1} = (1+n)L_t \tag{15.12}$$

と定式化でき，さらに，労働市場において失業が発生することなく，常に完全雇用が実現することを想定するので，

$$L_t = N_t \tag{15.13}$$

となる．これにより，資本・労働比率 k は

$$k_t = \frac{K_t}{N_t} = \frac{K_t}{L_t} \tag{15.14}$$

となる．この経済では労働と資本を投入して，生産活動が行われている．Y を産出量として，生産関数を以下のように定義する．

$$Y_t = F(N_t, K_t) \tag{15.15}$$

なお，それぞれの生産要素の限界生産力はともに正であると仮定する．つまり，$\partial F/\partial N > 0$ と $\partial F/\partial K > 0$ が成立する．また，$F(N, 0) = 0$ となることも仮定する．これは，資本が存在しない場合には，労働投入があっても，産出がゼロになることを意味している．さらに，生産関数が 1 次同次関数であることも想定する．数学的には，

$$\theta Y_t = F(\theta N_t, \theta K_t) \tag{15.16}$$

が成立することを想定する．これは，規模に関して収穫一定であることを意味する．生産関数が一次同次であることに注意すれば，

$$y_t = \frac{Y_t}{L_t} = F\left(1, \frac{K_t}{L_t}\right) = f(k_t) \tag{15.17}$$

となる．

なお，経済成長理論で忘れてはならない重要な事実は，毎期に実施される

設備投資 I が長期的には，資本設備（もしくは資本ストックともよばれる）K の増大をもたらすということである．この事実は，資本蓄積式として

$$K_{t+1} = K_t + I_t - \delta K_t \quad (0 < \delta < 1) \tag{15.18}$$

と定式化される．つまり，$t+1$ 期の資本 K_{t+1} は，t 期の資本 K_t と t 期の投資 I_t の和から資本減耗を差し引いたものである．ここでは，資本減耗率 δ が一定であることを想定している．この式では，企業による設備投資が経済成長の要因であることが定式化されている．

また，財市場の均衡条件（$Y = C + I$）について考慮しなければならないが，貯蓄は所得のうち消費に回されなかったもの（$S = Y - C$）であるという定義を考慮すれば，財市場の均衡条件は

$$I_t = S_t \tag{15.19}$$

と変形できる．なお，貯蓄関数として，

$$S_t = sY_t \quad (0 < s < 1) \tag{15.20}$$

を想定する．s は限界貯蓄性向である．

▶ 差分方程式の導出

資本・労働比率（$k_t = K_t / L_t$）と労働人口の成長率が一定であることを考慮することによって，

$$\frac{k_{t+1}}{k_t} = \frac{K_{t+1}}{K_t} \frac{L_t}{L_{t+1}} = \frac{1}{1+n} \frac{K_{t+1}}{K_t} \tag{15.21}$$

となる．また，資本蓄積式について

$$\frac{K_{t+1}}{K_t} = 1 - \delta + \frac{I_t}{K_t} \tag{15.22}$$

が成立する．さらに，財市場の均衡条件，貯蓄関数，および，労働者 1 人当たりの生産関数を考慮すれば，

$$\frac{I_t}{K_t} = s \frac{Y_t}{K_t} = s \frac{f(k_t)}{k_t} \tag{15.23}$$

上記の3本の方程式をまとめることによって，ソロー型経済成長モデル

$$k_{t+1} = \frac{1}{1+n}[(1-\delta)k_t + sf(k_t)] (= G(k_t)) \tag{15.24}$$

を得る.

以下では，ソロー型経済成長モデルの動学過程について分析していくが，簡単化のために，生産関数をコブ・ダグラス型として分析を進めていく．つまり，

$$Y_t = AN_t^{1-\alpha}K_t^{\alpha} \quad (A>0,\ 0<\alpha<1) \tag{15.25}$$

と想定する．ここで，A は全要素生産性とよばれ，一定値をとる．この生産関数について資本・労働比率 k を用いて書き直せば，

$$f(k_t) = Ak_t^{\alpha} \tag{15.26}$$

を得る．これにより，

$$k_{t+1} = G(k_t) = \frac{1}{1+n}\left[(1-\delta)k_t + sAk_t^{\alpha}\right] \tag{15.27}$$

を得る.

まず，定常状態の値を求める．定常状態とはすべての t について $k_{t+1}=k_t$ が成立する状態であるから，$k_* = G(k_*)$ を解くことによって

$$k^* = \left(\frac{sA}{n+\delta}\right)^{\frac{1}{1-\alpha}} \tag{15.28}$$

を得る．なお，$k=0$ も定常状態の定義を満たす点であるが，この状態は資本設備 K がゼロの状態であり，分析対象として除外する．

次に，関数 $G(k)$ の形状について考察する．まず，$G(0)=0$ が成立することが分かる．そして，

$$G'(k_t) = \frac{1}{1+n}\left[(1-\delta) + sA\alpha k_t^{\alpha-1}\right] > 0 \tag{15.29}$$

$$G''(k_t) = \frac{1}{1+n}\left[sA\alpha(\alpha-1)k_t^{\alpha-2}\right] < 0 \tag{15.30}$$

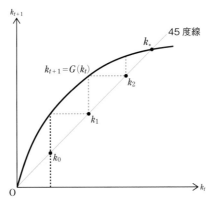

図 15-4　ソロー型経済成長モデルの位相図

を得る（$0<\alpha<1$, $0<\delta<1$ であることに注意）．以上より，関数 G は原点を通り，その傾きは常に正である凹関数であることが分かる．さらに，$G'(0)=\infty$ であることに注意すれば，ソロー型経済成長モデル（15.27）について，図 15-4 において示されるような位相図を得ることができる．なお，$0<G'(k_*)<1$ が常に成立することに注意して欲しい．

　この位相図により，ソロー型経済成長モデルの動学過程は定常点 k_* へ単調に限りなく近づくことが分かる．つまり，k_* が安定的であることが理解できる．

　定常状態における経済が持つ性質について若干の考察をここで簡単に示す．まず，$k=k_*$ となることと人口成長率が一定（n）であることから資本設備の成長率も n となる．さらに，（15.26）式に着目すれば，定常状態では 1 人当たり産出量 y も一定となり，この事実は，定常状態において産出量 Y の成長率も人口成長率 n に等しくなることを示している．

15.3 経済成長モデルにおけるカオス----------

　前節のソロー型経済成長モデルの解説では，全要素生産性 A が一定であると考えた．ここでは，生産活動に伴って汚染物質が発生し，それが生産に負の外部効果をもたらすことを想定する．この負の外部性を数学的に定式化する簡便な方法として，（15.25）式で一定とした全要素生産性 A を k の関数とし，$A'(k)<0$ と想定することが考えられる．

　以下では，ソロー型経済成長モデルでカオスが発生する可能性について検討していく．例えば，$A(k)=B(M-k)^{\beta}$（$B>0, \beta>0, M>0$）という定式化を想定するならば，負の外部性を伴う生産関数は

$$f(k)=B(M-k)^{\beta}k^{\alpha} \tag{15.31}$$

となる．ここで，$M<k$ となるとき，生産量は負となるので，M は非負の生産量を維持する資本・労働比率の上限値を与えることになる．

　生産関数（15.31）の数学的性質をまとめると次のようになる．

(1) $f(0)=f(M)=0$

(2) $0<k<\alpha M/(\alpha+\beta)$ のとき，$f'(k)>0$ であり，他方，$\alpha M/(\alpha+\beta)<k$ のとき，$f'(k)<0$ となる．また，$k=\alpha M/(\alpha+\beta)$ のとき，$f'(k)=0$ である．

　以上により，生産関数（15.31）は $0\leq k\leq M$ の範囲で非負の値をとる単峰型となることが分かる．

▶ カオス発生の数値例

　負の外部性を伴う生産関数を想定したソロー型経済成長モデルでカオスが発生することを確かめるために，以下の数値例を設定する．

$$\delta=1,\ s=0.2,\ n=0.01,\ \alpha=0.5,\ B=10.1,\ M=2,\ \beta=0.5$$

　これにより，経済成長モデルは

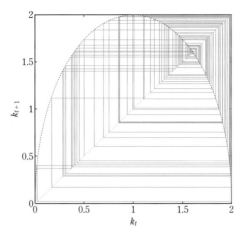

図 15-5　経済成長におけるカオス（位相図）

$$k_{t+1} = 2\sqrt{(2-k_t)k_t} \qquad (15.32)$$

となる.

　初期値として $k_0 = 0.5$ を選択し，$0 \le t \le 100$ の範囲で位相図を描いたのが図 15-5 である．この図において，資本・労働比率 k に対してカオス的変動が発生していることが確認できる．経済学的には，資本・労働比率だけではなく，生産 Y や消費 C もカオス的変動を呈していることにも注意が必要であり，マクロ経済における景気変動が発生していることが分かる.

　ここで紹介したモデルはかなり単純化されたモデルであり，現実のデータと 1 対 1 に対応させることはできない．しかしながら，長期の経済成長や中期の景気循環といった動学的過程を非線形動学の理論を適用してモデル分析を推進する努力は今なお，最先端の経済学で継続されている.

1. 1変数1階差分方程式として，$x_{t+1} = 1.2x_t - 2$ を考える.

   （1）初期値を $x_0 = 20$ とするとき，x_1 と x_2 の値を求めなさい.

   （2）この差分方程式の定常点を求めなさい.

2. ロジスティック型差分方程式 $x_{t+1} = f(x_t) = 4x_t(1 - x_t)$ を考察する.

   （1）ゼロ以外の定常点 x_* を求めなさい.

   （2）定常点 x_* におけるグラフの接線の傾き $f'(x_*)$ を求めなさい.

   （3）定常点 x_* は安定か否かを答えなさい.

3. 差分方程式 $k_{t+1} = G(k_t) = 2\sqrt{(2 - k_t)k_t} = 2[(2 - k_t)k_t]^{1/2}$ を考える.

   （1）ゼロ以外の定常点 k_* を求めなさい.

   （2）定常点におけるグラフの傾き $G'(k_*)$ を求めなさい.

   （3）定常点 k_* は安定か否かを答えなさい.

練習問題解答

1. (1) 1　　(2) $\dfrac{n^2+4n-5}{n^2+n-2}=\dfrac{(n+5)(n-1)}{(n+2)(n-1)}=\dfrac{n+5}{n+2}$ に注意して 2　　(3) 2

(4) $\dfrac{n+1}{n}=1+\dfrac{1}{n}$ に注意して 1

2. x が全区間で連続であることを認めると，公式「関数の和，スカラー倍，積，商の連続性」より，分子の $-x$ は x のスカラー倍なので連続で，分母の $2x^2+2$ に関しては，$2x^2$ は x の積とスカラー倍でできているので連続で $2x^2+2$ は連続関数同士の和なので連続でかつ全区間で 0 にならない．よって連続関数同士の商 $\dfrac{-x}{2x^2+2}$ は全区間で連続関数である．

3. $\displaystyle\lim_{x\to 0+0}(-x+1)=\lim_{x\to 0-0}(x+1)=1=f(0)$. つまり $\displaystyle\lim_{x\to 0}f(x)=f(0)$ を満たすので連続である．

$$\lim_{h\to 0+0}\frac{f(h)-f(0)}{h}\underset{\text{右から近づけるから}}{=}\lim_{h\to 0+0}\frac{(-h+1)-1}{h}=-1$$

$$\lim_{h\to 0+0}\frac{f(h)-f(0)}{h}\underset{\text{左から近づけるから}}{=}\lim_{h\to 0+0}\frac{(h+1)-1}{h}=1$$

となり $x=0$ において微分係数が存在しないので微分不可能.

4. (1) $3x^2-4x+1$　　(2) $\dfrac{5}{4}x^{\frac{1}{4}}-\dfrac{3}{4}x^{-\frac{1}{4}}$　　(3) $2(x-1)(4x^2-2x+1)$

(4) $2xe^{x^2}$　　(5) $\dfrac{2}{x}\log_a e$　　(6) $\dfrac{1}{x\log_e x}$

5. $y=x^{\sqrt{2}}$ とすると，$x=e^{\log_e x}$ であるから $y=e^{\sqrt{2}\log_e x}$ とかける．ここで，$y=e^{\sqrt{2}u}$, $u=\log_e x$ とおくと，

$$\frac{dy}{dx}=\frac{dy}{du}\frac{du}{dx}=\sqrt{2}e^{\sqrt{2}u}\frac{1}{x}=\sqrt{2}\frac{x^{\sqrt{2}}}{x}=\sqrt{2}x^{\sqrt{2}-1}$$

6. (1) $f'(x)=0$ を満たす x を求める．$f'(x)=2xe^{2x}+2x^2e^{2x}=2x(1+x)e^{2x}=0$ より，$x=-1,0$ が極値をとる候補である．$f''(x)=(4x^2+8x+2)e^{2x}$ より，$f''(-1)=-2e^{-2}<0$ なので，$x=-1$ で極大値 $f(-1)=\dfrac{1}{e^2}$ をもつ．

また，$f''(0)=2>0$ なので，$x=0$ で極小値 $f(0)=0$ をもつ．

(2) $f'(x)=0$ を満たす x を求める．$f'(x)=\log_e x-1=0$ より，$x=\dfrac{1}{e}$ が極値をとる候補である．$f''(x)=\dfrac{1}{x}$ より，$f''\left(\dfrac{1}{e}\right)=e>0$ なので，$x=\dfrac{1}{e}$ で極小値 $f\left(\dfrac{1}{e}\right)=-\dfrac{1}{e}$ をもつ．

第2講

1. (1) $f_{x_1} = x_2 + 1$, $f_{x_2} = x_1 + 1$　　(2) $f_{x_1} = \dfrac{-2x_2}{(x_1 - x_2)^2}$, $f_{x_2} = \dfrac{2x_1}{(x_1 - x_2)^2}$

(3) $f_{x_1} = 6x_1 x_2^3$, $f_{x_2} = 9x_1^2 x_2^2$　　(4) $f_{x_1} = \dfrac{1}{x_1}$, $f_{x_2} = \dfrac{1}{x_2 - 1}$

2. (1) $t = x_1^2 x_2 - x_1 x_2^2$ とおいて，結局，$y_{x_1} = \dfrac{2x_1 - x_2}{x_1^2 - x_1 x_2}$, $y_{x_2} = \dfrac{x_1 - 2x_2}{x_1 x_2 - x_2^2}$

(2) $y_{x_1} = \dfrac{\partial \sqrt{s}u}{\partial s}\dfrac{\partial s}{\partial x_1} + \dfrac{\partial \sqrt{s}u}{\partial u}\dfrac{\partial u}{\partial x_1} = \dfrac{1}{2}s^{-\frac{1}{2}}u(2x_1) + \sqrt{s} = \dfrac{1}{2}\dfrac{1}{\sqrt{x_1^2 + x_2^2}}(x_1 + x_2)2x_1 +$

$\sqrt{x_1^2 + x_2^2} = \dfrac{2x_1^2 + x_1 x_2 + x_2^2}{\sqrt{x_1^2 + x_2^2}}$. x_2 に関する偏微分も同様にして $y_{x_2} = \dfrac{x_1^2 + x_1 x_2 + 2x_2^2}{\sqrt{x_1^2 + x_2^2}}$

3. (1) $\dfrac{dy}{dt} = \dfrac{\partial x_1 x_2}{\partial x_1}\dfrac{dx_1}{dt} + \dfrac{\partial x_1 x_2}{\partial x_2}\dfrac{dx_2}{dt} = x_2\left(\dfrac{1}{t}\right) + x_1 2te^{t^2} = e^{t^2}\dfrac{1}{t} + 2te^{t^2}\log_e t$

(2) $\dfrac{dy}{dt} = \dfrac{\partial x_1^2 x_2^{-2}}{\partial x_1}\dfrac{dx_1}{dt} + \dfrac{\partial x_1^2 x_2^{-2}}{\partial x_2}\dfrac{dx_2}{dt} = 2x_1 x_2^{-2} + (-2)x_1^2 x_2^{-3}(2t + 2) = 2(t+1)(t^2 + 2t)^{-2}$

$-2(t+1)^2(t^2 + 2t)^{-3}(2t + 2) = \dfrac{2(t+1)(t^2 + 2t + 2)}{t^3(t+2)^3}$

4. x_1, x_2 を微小に変化させたときの面積 S の変化量を求めれば良いので全微分を用いれば良い．面積 $S = x_1 x_2$ なので x_1, x_2 をそれぞれ dx_1, dx_2 だけ変化させた際の面積の変化量は公式「全微分」より，$S_{x_1} = x_2, S_{x_2} = x_1$ に注意して，$dS = x_2 dx_1 + x_1 dx_2$.

5. (1) $f_{x_1 x_1} = 6x_2^3$, $f_{x_1 x_2} = 9x_1^2 x_2^2$, $f_{x_2 x_2} = 6x_1^3 x_2$, $f_{x_2 x_1} = 9x_1^2 x_2^2$

(2) $f_{x_1 x_1} = \dfrac{2}{x_1^3 x_2}$, $f_{x_1 x_2} = \dfrac{1}{x_1^2 x_2^2}$, $f_{x_2 x_2} = \dfrac{2}{x_1 x_2^3}$, $f_{x_2 x_1} = \dfrac{1}{x_1^2 x_2^2}$

6. (1) $f_{x_1 x_1 x_1} = 24x_1$　　(2) $f_{x_2 x_1 x_1} = f_{x_1 x_2 x_1} = f_{x_2 x_2 x_1} = -8x_2$ となり，3次偏導関数においても偏微分する順番に依存せず決まることが分かる．

第3講

1. (1) 極値の1階条件より極値の候補は $(x_1, x_2) = (0, 0)$ である．点 $(0, 0)$ の判別式 $D = 4 > 0$ で $f_{x_1 x_1}(0, 0) = 2 > 0$ なので公式「極値の判定」より点 $(0, 0)$ は極小値 0 をとる．

(2) 極値の1階条件より極値の候補は $(x_1, x_2) = (0, 0), \left(\dfrac{a}{3}, \dfrac{a}{3}\right)$ である．点 $(0, 0)$ の判別式 $D = -a^2 < 0$ なので公式「極値の判定」より点 $(0, 0)$ 極値をとらない．点 $\left(\dfrac{a}{3}, \dfrac{a}{3}\right)$ の判別式 $D = 3a^2 > 0$ で $f_{x_1 x_1}\left(\dfrac{a}{3}, \dfrac{a}{3}\right) = 3a^2$ なので，$a > 0$ のとき，$\left(\dfrac{a}{3}, \dfrac{a}{3}\right)$ は極小値 $\dfrac{-a^3}{27}$ を，$a < 0$ のとき，$\left(\dfrac{a}{3}, \dfrac{a}{3}\right)$ は極大値 $\dfrac{-a^3}{27}$ をとる．

2. (1) ラグランジュ関数 $L = x_1 x_2 + \lambda(10 - x_1 + 2x_2)$ として極値の1階条件を解く

と $x_1 = 5, x_2 = -\dfrac{5}{2}$ が極値をとる候補である.

(2) ラグランジュ関数 $L = \sqrt{x_1 + x_2} + \lambda(1 - x_1^2 + 4x_2^2)$ として極値の 1 階条件を解く

と $x_1 = -\dfrac{2}{\sqrt{5}}$, $x_2 = -\dfrac{1}{2\sqrt{5}}$ と, $x_1 = \dfrac{2}{\sqrt{5}}$, $x_2 = \dfrac{1}{2\sqrt{5}}$ が極値をとる候補である.

3. 制約条件 $6x_1^2 - 3x_1x_2 + 6x_2^2 = 2$ のもとで $|OP| = \sqrt{x_1^2 + x_2^2}$ の最大値,最小値を求めればよいのでラグランジュの未定乗数法を用いる. $\sqrt{x_1^2 + x_2^2}$ が最大,最小になる時は,$x_1^2 + x_2^2$ も最大,最小になるので,ラグランジュ関数 $L = x_1^2 + x_2^2 + \lambda(2 - 6x_1 + 3x_1x_2 - 6x_2^2)$ として極値の 1 階条件を解くと $\left(x_1 = \pm\dfrac{\sqrt{2}}{3}, x_2 = \mp\dfrac{\sqrt{2}}{3}\right)$, $\left(x_1 = \pm\dfrac{\sqrt{30}}{15}, x_2 = \mp\dfrac{\sqrt{30}}{15}\right)$ が極値をとる候補である. 別の計算が必要になるが,$\left(x_1 = \pm\dfrac{\sqrt{2}}{3}, x_2 = \mp\dfrac{\sqrt{2}}{3}\right)$ のとき最大値 $\dfrac{2}{3}$ をとり,$\left(x_1 = \pm\dfrac{\sqrt{30}}{15}, x_2 = \mp\dfrac{\sqrt{30}}{15}\right)$ のとき最小値 $\dfrac{2}{\sqrt{15}}$ をとる.

4. 縦と横の長さをそれぞれ x_1, x_2 とすると,解くべき問題は,$x_1 + x_2 = 10$ のもとで $S = x_1x_2$ の極値を求めればよい(この問題では極大値が最大値となることは分かっているとしてよい). ラグランジュ関数 $L = x_1x_2 + \lambda(10 - x_1 - x_2)$ として極値の 1 階条件を解くと $x_1 = 5, x_2 = 5$ となり,正方形のとき面積が最大で 25 になることが分かる.

5. $x_1^2 + x_2^2 = 1$ は円を $2x_1 + x_2 = b$ は直線を表している. ここでは円と直線の接点が先述の例題で求めた極値 $\left(\pm\dfrac{2}{\sqrt{5}}, \pm\dfrac{1}{\sqrt{5}}\right)$ と一致することを確かめればよい. 円の方程式と直線の方程式の共有点は,$5x_1^2 - 4bx_1 + b^2 - 1 = 0$ の解で与えらえる. それが一点で接するのは,2 次方程式の判別式の条件 $D = (4b)^2 - 4 \times 5 \times (b^2 - 1) = 0$ から $b = \pm\sqrt{5}$ と分かる. その際の解 $x_1 = \pm\dfrac{2}{\sqrt{5}}$. したがって,$x_2 = \pm\dfrac{1}{\sqrt{5}}$ であり,これは極値と一致する.

6. [事実を用いた方法] $f(x_1, x_2) = x_1^2 + x_2^2 - 1 = 0$ なので,$f_{x_1} = 2x_1$, $x_{x_2} = 2x_2$ より点 $\left(\dfrac{1}{\sqrt{2}}, \dfrac{1}{\sqrt{2}}\right)$ における接線の傾きは,$-\dfrac{2\frac{1}{\sqrt{2}}}{2\frac{1}{\sqrt{2}}} = -1$

[1 変数関数の微分を用いた方法] 点 $\left(\dfrac{1}{\sqrt{2}}, \dfrac{1}{\sqrt{2}}\right)$ を通る円の方程式を 1 変数関数として $x_2 = \sqrt{1 - x_1^2}$ と書けることを用いる. $x_1 = \dfrac{1}{\sqrt{2}}$ における接線の傾きは,x_2 の $x_1 = \dfrac{1}{\sqrt{2}}$ に関する微分係数である. $(x_2)' = \left(\sqrt{1 - x_1^2}\right)' = \dfrac{-x_1}{\sqrt{1 - x_1^2}}$ に,$x_1 = \dfrac{1}{\sqrt{2}}$ を代入すると結局傾きは -1

第4講

1. (1) $\dfrac{1}{4}x^4 - \dfrac{1}{3}x^3 + \dfrac{1}{2}x^2 - x + C$　　(2) $\dfrac{2x\sqrt{x}}{3} + C$　　(3) $2e^x + C$

(4) $-2\log_e|-2x^2 + x| + C$　　(5) $\dfrac{5x}{6}\sqrt[5]{x}$　　(6) $4x - 4\log_e|x| - \dfrac{1}{x} + C$

(7) $\dfrac{8}{3}x\sqrt{x} + 4\sqrt{x} + C$　　(8) $e^{x^3} + C$

2. (1) $\dfrac{1}{5}\log_e\dfrac{33}{2}$　　(2) $\dfrac{4}{3}$　　(3) $\log_e 2 + e^2 - e$　　(4) $\dfrac{1}{2}(e^4 - 1)$　　(5) 2

3. $\displaystyle\int \dfrac{1}{x}\log_a e = \log_a e \log_e x + C = \log_a e \dfrac{\log_a x}{\log_a e} + C = \log_a x + C$

4. (1) $f(x)$ の原始関数を $F(x)$ とすると，$\displaystyle\int_a^a f(x)dx = [F(x)]_a^a = F(a) - F(a) = 0$

(2) $f(x)$ の原始関数を $F(x)$ とすると，左辺 $= \displaystyle\int_a^b f(x)dx = [F(x)]_a^b = F(b) - F(a)$, 右

辺 $= \displaystyle\int_a^c f(x)dx + \int_c^b f(x)dx = [F(x)]_a^c - [F(x)]_c^b = \{F(c) - F(a)\} + \{F(b) - F(c)\} = F(b) -$

$F(c)$. 以上より，$\displaystyle\int_a^b f(x)dx = \int_a^c f(x)dx + \int_c^b f(x)dx$ が成り立つことが示された.

5. (1) グラフと x 軸との交点の x 座標が $x = 0, 6$ であることに注意して，

$\displaystyle\int_0^6 (-x^2 + 6x) = 36$

(2) 2 つのグラフの交点の x 座標が $x = -\sqrt{2}, \sqrt{2}$ であることに注意して，

$\displaystyle\int_{-\sqrt{2}}^{\sqrt{2}} \{(-2x^2 + 4) - (x^2 - 2)\}dx = 8\sqrt{2}$

6. 両辺を x で微分すると，$f(x) = 2x$. そして，$x = a$ を問題の式の両辺に代入すると，$0 = a^2 - 4$ より $a = \pm 2$

第5講

1. (1) 部分積分を用いて解く. $\dfrac{1}{9}x^3(3\log_e x - 1) + C$　　(2) $t = \log_e x$ とおいて置換積分を用いて解く. $\dfrac{1}{2}(\log_e x)^2 + C$　　(3) $\dfrac{x^2 + 2}{x} = x + \dfrac{2}{x}$ に注意して，$\dfrac{1}{2}x^2 + 2\log_e|x| + C$　　(4) $t = x^2$ とおいて置換積分を用いて解く. $\dfrac{1}{2}e^{x^2} + C$
(5) $t = \sqrt{x}$ とおいて置換積分を用いて解く. $2\log_e|\sqrt{x} - 1| + C$　　(6) 有理式の積分より $4\log_e|x + 3| - 3\log_e|x + 4| + C$　　(7) $t = -3x + 1$ とおいて置換積分を用いて解く. $-\dfrac{1}{12}(-3x + 1)^4 + C$　　(8) $t = 4x - 3$ とおいて置換積分を用いて解く. $\dfrac{1}{4}\{(4x - 2)\log_e(4x - 2) - (4x - 2)\} + C$　　(9) $t = 2x + 4$ とおいて置換積分を用いて解く. $\dfrac{1}{3}\sqrt{(2x + 4)^3} + C$　　(10) 有理式の積分を用いて解く. $\log_e|x - 3| - \log_e|x + 3| + C$　　(11) $t = 2x + 1$ とおいて置換積分を用いて解く. $\dfrac{2}{7}\sqrt[4]{(2x + 1)^7} + C$　　(12) $t = x^2 + 8x - 3$ とおいて置換積分を用いて解く.

$\dfrac{1}{8}(x^2+8x-3)^4$

2. (1) $t=4-x^2$ とおいて置換積分を用いて解くと，$\dfrac{8}{3}$　　(2) $e^3-\dfrac{1}{e}$

(3) $t=\log_e x$ とおいて置換積分を用いて解くと，$\log_e 2$　　(4) $t=4-x^2$ とおい

て置換積分を用いて解くと，$2-\sqrt{3}$　　(5) 部分積分を用いて解くと，$4e^2+2$

---

1. (1) 3×4 行列　　(2) 1×1 行列．つまり定数．

2. (1) $AC,BA,BC,CB,CD,CE,DB,DE,EA,EC$ の 10 組み．2×3 行列になる組
み合わせは，BA,DB,DE,EA の 4 通りで，それぞれ

$$BA=\begin{pmatrix} -6 & 4 & 6 \\ -6 & 8 & 18 \end{pmatrix} \quad DB=\begin{pmatrix} 2 & 0 & 3 \\ -2 & 0 & 3 \end{pmatrix}$$

$$DE=\begin{pmatrix} -1 & 0 & 1 \\ 1 & 1 & 2 \end{pmatrix} \quad EA=\begin{pmatrix} -3 & 5 & 12 \\ -2 & 1 & 1 \end{pmatrix}$$

(2) $\begin{pmatrix} -9 & 7 & 21 \\ -3 & 8 & 30 \end{pmatrix}$

3. $\begin{pmatrix} 3a & 1+2b \\ 2b & c \end{pmatrix} = -\begin{pmatrix} 3a & 2b \\ 1+2b & c \end{pmatrix}$ を満たす a,b,c を求めればよい．$a=0$，$b=-\dfrac{1}{4}$，$c=0$

4. $n=2$ のとき，$A^n=\begin{pmatrix} 0 & 0 & 1 \\ 0 & 0 & 0 \\ 0 & 0 & 0 \end{pmatrix}$．$n\geq 3$ のとき，$A^n=\begin{pmatrix} 0 & 0 & 0 \\ 0 & 0 & 0 \\ 0 & 0 & 0 \end{pmatrix}$

5. $\begin{pmatrix} a_1 & 0 & 0 \\ 0 & a_2 & 0 \\ 0 & 0 & a_3 \end{pmatrix}\begin{pmatrix} b_1 & 0 & 0 \\ 0 & b_2 & 0 \\ 0 & 0 & b_3 \end{pmatrix} = \begin{pmatrix} a_1b_1 & 0 & 0 \\ 0 & a_2b_2 & 0 \\ 0 & 0 & a_3b_3 \end{pmatrix}$ より題意は示された．

第7講

1. (1) a^2-b^2　　(2) $(a-1)^2(a+2)$　　(3) $(x_2-x_1)(x_3-x_1)(x_3-x_2)$

2. (1) $\dfrac{1}{1+a^2}\begin{pmatrix} 1 & a \\ -a & 1 \end{pmatrix}$　　(2) $-\dfrac{1}{2}\begin{pmatrix} 4 & -2 \\ -3 & 1 \end{pmatrix}$

(3) $\begin{pmatrix} 6/13 & -7/13 & -2/13 \\ 3/13 & 3/13 & -1/13 \\ 1/13 & 1/13 & 4/13 \end{pmatrix}$

3. (1) $\begin{pmatrix} x_1 \\ x_2 \end{pmatrix}=\begin{pmatrix} 1 \\ 1 \end{pmatrix}$　　(2) $\begin{pmatrix} x_1 \\ x_2 \\ x_3 \end{pmatrix}=\begin{pmatrix} 1 \\ 0 \\ 1 \end{pmatrix}$　　(3) 解なし　　(4) $\begin{pmatrix} x_1 \\ x_2 \\ x_3 \end{pmatrix}=\begin{pmatrix} 1 \\ 1-t \\ t \end{pmatrix}$ （t は任意定数）

4. (1) $\begin{pmatrix} x_1 \\ x_2 \end{pmatrix} = \begin{pmatrix} -1 \\ 2 \end{pmatrix}$　　(2) $\begin{pmatrix} x_1 \\ x_2 \end{pmatrix} = \begin{pmatrix} 5 \\ -3 \end{pmatrix}$　　(3) $\begin{pmatrix} x_1 \\ x_2 \\ x_3 \end{pmatrix} = \begin{pmatrix} 1 \\ 2 \\ 3 \end{pmatrix}$

5. 掃き出し法を用いて解くため，行の基本変形を用いると，拡大係数行列は以下のように変形される．

$$\begin{pmatrix} 1 & 0 & 0 & \vdots & \frac{k+3}{2} \\ 0 & 1 & 1 & \vdots & 1 \\ 0 & 0 & 1 & \vdots & \frac{k+3}{2} \end{pmatrix}$$

したがって，$k \neq -3$ のとき，解は一意に定まり，

$$\begin{pmatrix} x_1 \\ x_2 \\ x_3 \end{pmatrix} = \begin{pmatrix} \frac{k+3}{2} \\ 1 \\ \frac{k+3}{2} \end{pmatrix}$$

第8講

1. (1) 固有値 $\lambda = 1, -2$．$\lambda = 1$ に属する固有ベクトル $\begin{pmatrix} 1 \\ 0 \end{pmatrix}$，$\lambda = -2$ に属する固有ベクトル $\begin{pmatrix} 1 \\ -1 \end{pmatrix}$

(2) 固有値 $\lambda = 2, 1, -1$，$\lambda = 2$ に属する固有ベクトル $\begin{pmatrix} 0 \\ 1 \\ 3 \end{pmatrix}$，$\lambda = 1$ に属する固有ベクトル $\begin{pmatrix} -2 \\ 1 \\ 6 \end{pmatrix}$，$\lambda = -1$ に属する固有ベクトル $\begin{pmatrix} 0 \\ 1 \\ 0 \end{pmatrix}$

2. (1) $B = \begin{pmatrix} -3 & 0 \\ 0 & 1 \end{pmatrix}$　　(2) $B = \begin{pmatrix} 2 & 0 & 0 \\ 0 & 1 & 0 \\ 0 & 0 & -1 \end{pmatrix}$

3. (1) $P = \begin{pmatrix} 1 & 1 \\ 0 & -3 \end{pmatrix}$ を用いると，$B = P^{-1}AP = \begin{pmatrix} 1 & 0 \\ 0 & -2 \end{pmatrix}$ と対角化される．

$A^n = PB^n P^{-1}$ より，$A^n = \begin{pmatrix} 1 & 0 \\ 0 & -2 \end{pmatrix}\begin{pmatrix} 1 & 0 \\ 0 & (-2)^n \end{pmatrix}\begin{pmatrix} 1 & 1/3 \\ 0 & -1/3 \end{pmatrix} = \begin{pmatrix} 1 & \frac{1}{3} \\ 0 & -\frac{1}{3}(-2)^{n+1} \end{pmatrix}$

(2) $P = \begin{pmatrix} -1 & -2 & -1 \\ 3 & 5 & 3 \\ 0 & 2 & 2 \end{pmatrix}$ を用いると，$B = P^{-1}AP = \begin{pmatrix} 1 & 0 & 0 \\ 0 & 2 & 0 \\ 0 & 0 & 3 \end{pmatrix}$ と対角化される．

$A^n = PB^n P^{-1}$ より，$A^n = \begin{pmatrix} -1 & -2 & -1 \\ 3 & 5 & 3 \\ 0 & 2 & 2 \end{pmatrix}\begin{pmatrix} 1 & 0 & 0 \\ 0 & 2^n & 0 \\ 0 & 0 & 3^n \end{pmatrix}\begin{pmatrix} 2 & 1 & -1/2 \\ -3 & -1 & 0 \\ 3 & 1 & 1/2 \end{pmatrix} =$

$\begin{pmatrix} -2+3\cdot 2^{n+1}-3^{n+1} & -1+2^{n+1}-3^n & \frac{1}{2}-\frac{1}{2}3^n \\ 6-15\cdot 2^n+3^{n+2} & 3-5\cdot 2^n+3^{n+1} & -\frac{3}{2}+\frac{1}{2}3^{n+1} \\ -3\cdot 2^{n+1}+6\cdot 3^n & -2^{n+1}+2\cdot 3^n & 3^n \end{pmatrix}$

4. (1) 固有方程式を解いて固有値を求めると，固有値は $\lambda = 6, 1$ である．それぞ

れに対応する固有ベクトルを連立 1 次方程式 $(\lambda E-A)\mathbf{u}=0(\lambda E-A)\mathbf{u}=0$ を解いて，$\lambda=6,1$ それぞれに属する固有ベクトルを $\mathbf{u}_1,\mathbf{u}_2$ とすると，$\mathbf{u}_1=\begin{pmatrix}1\\-2\end{pmatrix}$，$\mathbf{u}_2=\begin{pmatrix}2\\1\end{pmatrix}$．これら固有ベクトルの内積を取ると 0 になることが分かり題意が示された．

(2) 固有方程式を解いて固有値を求めると，固有値は $\lambda=4,1,-1$ である．それぞれに対応する固有ベクトルを連立 1 次方程式 $(\lambda E-A)\mathbf{u}=0(\lambda E-A)\mathbf{u}=0$ を解いて，$\lambda=4,1,-1$ それぞれに属する固有ベクトルを $\mathbf{u}_1,\mathbf{u}_2,\mathbf{u}_3$ とすると，$\mathbf{u}_1=\begin{pmatrix}1\\1\\1\end{pmatrix}$，$\mathbf{u}_2=\begin{pmatrix}1\\-2\\1\end{pmatrix}$，$\mathbf{u}_3=\begin{pmatrix}1\\0\\-1\end{pmatrix}$．全ての固有ベクトルの組みで内積を取ると全て 0 になることが分かり題意が示された．

5. 固有方程式を解いて，固有値は a_{11},a_{22},a_{33}．つまり対角成分が固有値になることが分かる．これは一般の上三角行列に対して成立する．

第 9 講

1. (1) $20-2P=3P$ より，$P^*=4$　　(2)（a）題意より，$\begin{pmatrix}2&1\\-3&1\end{pmatrix}\begin{pmatrix}P\\X\end{pmatrix}=\begin{pmatrix}20\\0\end{pmatrix}$ を得る．左辺の 2×2 行列の行列式が 5 であることに注意しつつ，「クラメルの公式」を適用すれば，

$$P^*=\frac{\begin{vmatrix}20&1\\0&1\end{vmatrix}}{5},\quad X^*=\frac{\begin{vmatrix}2&20\\-3&0\end{vmatrix}}{5}$$

が成立する．これにより，$P^*=20/5=4,X^*=60/5=12$ を得る．

2. (1) 行列で表記すると，$\begin{pmatrix}1&-c(1-\tau)\\-1&1\end{pmatrix}\begin{pmatrix}C\\Y\end{pmatrix}=\begin{pmatrix}cT_0+C_0\\I+G\end{pmatrix}$ となる．「クラメルの公式」を適用することによって，

$$C^*=\frac{cT_0+C_0+c(1-\tau)(I+G)}{1-c(1-\tau)},\quad Y^*=\frac{I+G+cT_0+C_0}{1-c(1-\tau)}$$

を得る．

(2) Y^* を G に関して微分すると，$\dfrac{dY^*}{dG}=\dfrac{1}{1-c(1-\tau)}$ を得る．

3. (1) $\begin{pmatrix}b&1\\-d&1\end{pmatrix}\begin{pmatrix}dP^*\\dX^*\end{pmatrix}=\begin{pmatrix}da\\0\end{pmatrix}$

(2) 左辺の 2×2 行列の行列式が $b+d$ であることに注意しつつ，「クラメルの公式」により，

$$dP=\frac{\begin{vmatrix}da&1\\0&1\end{vmatrix}}{b+d},\quad dX^*=\frac{\begin{vmatrix}b&da\\-d&0\end{vmatrix}}{b+d}$$

となる．これにより，$dP^*/da = 1/(b+d)$, $dX^*/da = d/(b+d)$ を得る．

第10講

1. (1) $I-A = \begin{pmatrix} 0.9 & -1.1 \\ -0.2 & 0.8 \end{pmatrix}$. また，$\det(I-A) = 0.9 \cdot 0.8 - (-1.1) \cdot (-0.2) = 0.5$ となる．

(2) レオンチェフ行列を考慮することにより

$$1-a_{11} = 1-0.1 = 0.9 > 0, \quad \begin{vmatrix} 1-a_{11} & -a_{12} \\ -a_{21} & 1-a_{22} \end{vmatrix} = 0.5 > 0$$

となることが確認できる．

(3) $x_1 = \dfrac{\begin{vmatrix} f_1 & -a_{12} \\ f_2 & 1-a_{22} \end{vmatrix}}{\det(I-A)} = (0.8 \cdot 20 + 1.1 \cdot 20) \cdot 2 = 76$

$x_2 = \dfrac{\begin{vmatrix} 1-a_{11} & f_1 \\ -a_{21} & f_2 \end{vmatrix}}{\det(I-A)} = (0.9 \cdot 20 + 0.2 \cdot 20) \cdot 2 = 44$

を得る．

2. (1) $\begin{pmatrix} 3/4 & 1/4 \\ 1/3 & 2/3 \end{pmatrix}$

(2) 固有多項式は $\begin{vmatrix} \lambda-3/4 & -1/4 \\ -1/3 & \lambda-2/3 \end{vmatrix} = 0$ であり，これを解くと，$\lambda_1 = 1, \lambda_2 = 5/12$ を得る．これに対応する固有ベクトルはそれぞれ，$\mathbf{e}_1 = (1/3, 1/4)$ であり，また，$\mathbf{e}_2 = (1, -1)$ となる．

第11講

1. (1) $3/4$　(2) $15/17$

2. (1) $F'(N) = \dfrac{12N}{(2N^2+6)^2}$, $F''(N) = -\dfrac{72(2N^2+6)(N^2-1)}{(2N^2+6)^4}$　(2) $N=1$

3. (1) $\pi = 27N^{2/3} - 9N$　(2) $18N^{-1/3} - 9 = 0$　(3) $N^* = 8$

4. $1/\eta$

5. (1) $P = 100 - 2X$　(2) $\pi(X) = -2X^2 + 40X$　(3) $X = 10$

第12講

1. (1) $F_N(N,K) = 3N^{-2/3}K^{2/3}$, $F_K(N,K) = 6N^{1/3}K^{-1/3}$　(2) $F_{NN}(N,K) = -2N^{-5/3}K^{2/3} < 0$, $F_K(N,K) = -2N^{1/3}K^{-4/3} < 0$ より，労働と資本ともにその限界生産力が逓減する．　(3) $9(\theta N)^{1/3}(\theta K)^{2/3} = \theta Y$ が成立することにより，規模に関して収穫一定．

2. (1) 第1財に関する限界効用は $\partial u/\partial x_1 = 1/x_1$ であるから1となる. (2) $\ln(x_1 x_2) = 10$ より, $x_1 x_2 = e^{10}$. したがって, 無差別曲線は $x_2 = \varphi(x_1) = e^{10}/x_1$ となる. (3) $\varphi'(x_1) = -e^{10}/(x_1)^2$ より, 限界代替率は e^{10}.

3. (1) $\pi = 4N^{1/4}K^{1/4} - (1/2)N - (1/2)K$ (2) $N^{-3/4}K^{1/4} - (1/2) = 0, N^{1/4}K^{-3/4} - (1/2) = 0$ (3) $N = K$ が成立することに注意すれば, 労働に関する1階条件は, $N^{-3/4}N^{1/4} = 1/2$ となる. これを解いて $N = 4$. また, $K = 4$ を得る.

第13講

1. (1) $L = (2/3)\ln x_1 + (1/3)\ln x_2 + \lambda(M - p_1 x_1 - p_2 x_2)$ (2) $(2/3)(1/x_1) - \lambda p_1 = 0$, $(1/3)(1/x_2) - \lambda p_2 = 0, M - p_1 x_1 - p_2 x_2 = 0$ (3) $x_1^* = (2/3)M/p_1, x_2^* = (1/3)M/p_2$

2. (1) $L = (x_1 - \gamma)^\alpha x_2^{1-\alpha} + \lambda(M - p_1 x_1 - p_2 x_2)$ (2) $\alpha(x_1 - \gamma)^{\alpha-1}x_2^{1-\alpha} = \lambda p_1$, $(1-\alpha)(x_1 - \gamma)^\alpha x_2^{-\alpha} = \lambda p_2$, $M = p_1 x_1 + p_2 x_2$ (3) $x_1^* = \gamma + \alpha(M - p_1\gamma)/p_1$, $x_2^* = (1-\alpha)(M - p_1\gamma)/p_2$

3. (1) $L = \ln c_1 + \dfrac{1}{1+\rho}\ln c_2 + \lambda\left(201 - c_1 - \dfrac{1}{1+r}c_2\right)$ (2) $\dfrac{1}{c_1} = \lambda$, $\dfrac{1}{1+\rho}\dfrac{1}{c_2} = \lambda\dfrac{1}{1+r}$, $201 = c_1 + \dfrac{c_2}{1+r}$ (3) $r = \rho$ に注意して, $c_1 = c_2$ (4) $c_1^* = c_2^* = 101$

第14講

1. (1) $e^g = 2.45963$ (2) $e^g - (1+g) = 0.559603$

2. (1) $V = \int_0^{100}(0.01 e^{-0.01t})dt$ (2) $V = \left[-e^{-0.01t}\right]_0^{100} = -e^{-1} - (-e^0) = (e-1)/e$

3. $\mu < r$

4. $B(S)e^{-rS} = B(0) + \int_0^S G(t)e^{-rt}dt - \int_0^S T(t)e^{-rt}dt$ が成立することに加えて, $e^{-rS} > 0$ が成立することにより, $B(S) = 0$

第15講

1. (1) $x_1 = 22, x_2 = 24.4$ (2) $x_* = 10$

2. (1) $x_* = 3/4$ (2) $f'(x) = 4 - 8x$ により, $f'(x_*) = -2$ (3) 不安定

3. (1) $k_* = 2\sqrt{(2-k_*)k_*}$ により, $k_* = 8/5$ (2) $G'(k) = [(2-k)k]^{-1/2}(2-2k)$ により, $G'(k_*) = -3/2$ (3) 不安定

索　引

著者紹介

小林　幹（こばやし　みき）【第 1〜8 講執筆】

2008 年　京都大学大学院情報学研究科博士課程修了
　　　　　東北大学助教などを経て
現　在　立正大学経済学部准教授　博士（情報学）

主要著書・論文

『経済学のための数学の基礎 15 講』（新世社，2018 年）

Analysis and Control of Complex Dynamical Systems（共著），Springer, 2015.

"Time-delayed feedback control of diffusion in random walk-ers" (with H. Ando and K.
　　Takehara, *Physical Review*, E **96**, 012148 (2017))

吉田　博之（よしだ　ひろゆき）【第 9〜15 講執筆】

1998 年　神戸大学大学院経済学研究科単位取得退学
　　　　　名古屋学院大学経済学部専任講師を経て
現　在　日本大学経済学部教授　博士（経済学）

主要著書・論文

『景気循環の理論：非線型動学アプローチ』（名古屋大学出版会，2003 年）

"Dynamic analysis of policy lag in a Keynes-Goodwin model: Stability, instability, cycles
　　and chaos" (with T. Asada, *Journal of Economic Behavior and Organization,* 2007)
など

ライブラリ 経済学 15 講［BASIC 編］ 10
経済数学 15 講

2020 年 10 月 10 日 ⓒ　　　　　　　初 版 発 行

著　者　小 林　　幹　　　　発行者　森 平 敏 孝
　　　　吉 田 博 之　　　　印刷者　小宮山恒敏

【発行】　　　　株式会社　新世社
〒151-0051　東京都渋谷区千駄ヶ谷1丁目3番25号
編集☎(03)5474-8818(代)　　　サイエンスビル

【発売】　　　　株式会社　サイエンス社
〒151-0051　東京都渋谷区千駄ヶ谷1丁目3番25号
営業☎(03)5474-8500(代)　　振替　00170-7-2387
FAX☎(03)5474-8900

印刷・製本　小宮山印刷工業(株)
《検印省略》

ISBN978-4-88384-316-9
PRINTED IN JAPAN

サイエンス社・新世社のホームページのご案内
https://www.saiensu.co.jp
ご意見・ご要望は
shin@saiensu.co.jp　まで.

ライブラリ 経済学15講［BASIC編］ 4

財政学15講

麻生 良文・小黒 一正・鈴木 将覚 共著
A5判／296頁／本体2,350円（税抜き）

財政学を初めて学ぶ学生を対象に，その基本となる考え方を詳しく解説した入門テキスト．政府活動の根拠からはじまって，税制のあり方や財政政策の効果，さらに社会保障，地方財政の問題まで幅広いトピックスをカバーし，諸制度の背後にある経済理論を説き明かす．半期の講義に好適な15講構成．読みやすい2色刷．

【主要目次】

市場の失敗と政府の役割／財政制度概観／予算制度／公共財／外部性，情報上の失敗，自然独占／租税の基礎理論／労働所得税／資本所得税／間接税／税制改革の方向性／財政政策の効果／財政赤字と公債の負担／再分配政策／公的年金と医療／地方財政

発行　新世社　　　　発売　サイエンス社

日本経済論15講

脇田 成 著
A5判／256頁／本体2,300円（税抜き）

日本経済を学習するにあたって，知っておかねばならない事実と必要となる経済学的知識を15講にまとめたテキスト．バブル崩壊以降，経済政策をめぐってどのような論争があり，問題解決のために何がボトルネックになっているのかを解説し，これからの日本経済において「できること」を提案する．データをもとにして直面する実態をつかむセンスを伝授しつつ，読者が自分の頭で政策を判断するための考え方をガイドした．2色刷．

【主要目次】

日本経済はどう変動してきたか／準備／景気循環パターンの実務家的把握／停滞の真因／好循環をもたらすマクロのリンク／金融（1）／国際貿易構造の中の日本経済／国際金融市場が課すグローバルな制約／金融（2）／労働市場（1）／労働市場（2）／政府の役割と財政危機／人口減少と年金維持／地方経済の「壊死」と医療介護の疲弊／日本経済に何をなすべきか

発行 新世社　　発売 サイエンス社

統計学15講

山本 庸平 著
A5判／256頁／本体2,000円（税抜き）

経済学を学び，データ分析を行っていこうとする際に必要不可欠な統計学の基礎知識を解説した15講構成の入門テキスト．統計学特有の初学者が戸惑いやすい概念については解説の後に必ず例を入れ，事例を通しての学びを重視した．また，実際の分析についてはExcel利用を前提とし，操作やコマンドを紹介して，収載データについてダウンロードできる形としている．さらに，理解の確実な定着を配慮して各講の末尾に確認問題やレポート課題例を挿入し，豊富な練習問題を設けている．見やすい２色刷．

【主要目次】
統計学をはじめよう／記述統計（1）／記述統計（2）／確率／離散確率変数／連続確率変数／標本抽出と点推定／区間推定（1）／区間推定（2）／仮説検定（1）／仮説検定（2）／分散分析／回帰分析（1）／回帰分析（2）／回帰分析（3）

発行 新世社 発売 サイエンス社

ライブラリ 経済学15講[BASIC編] 9

計量経済学15講

小巻 泰之・山澤 成康 共著
A5判／224頁／本体1,950円（税抜き）

初学者でもExcelを使って計量経済学のデータ分析が行えること
を目的とした15講構成の入門テキスト．はじめにデータの持つ
性質や統計学の基礎知識を紹介しながら理論モデルに沿って単
回帰分析について解説し，続いて家賃等の身近な数値を使って
重回帰分析，時系列分析など複数データを用いた分析手法を案
内する．収載データはダウンロードして実際に分析を行える形
となっている．2色刷．

【主要目次】
経済を定量的に分析してみよう／分析に用いるデータの信頼性を考
える／分析に用いるデータをどのように利用するのか／データ間の
関係／回帰分析とは何か／推定結果の評価／仮説検定／消費関数の
推定と予測／重回帰分析／推定モデルの作り方／ダミー変数，トレ
ンド変数，ラグ変数／最小二乗法のバリエーション／仮説検定と予
測／時系列分析／演習

発行 新世社　　　発売 サイエンス社